建设新农村培养新农民系列丛书

一产农民“技能+基础”专用教材

乡村旅游经营管理

Xiang Cun Lv You Jing Ying Guan Li

杨永杰 耿红莉 主编

中国农业大学出版社
ZHONGGUONONGYEDAXUE CHUBANSHE

系列教材主　编　郑伯坤
系列教材副主编　昝景会　刘建波
系列教材编　者　赵晨霞　李玉冰　杨永杰　张文革
林宗源　凌　芳　王向军

《乡村旅游经营管理》

主　编　杨永杰　耿红莉
参　编　许红涛　李彩玲　秦志红　王春梅
王立荣　郑　莹　刘玉霞　雷　洋

建设新农村培养新农民系列丛书
一产农民“技能＋基础”专用教材

编审委员会

总　序

建设新农村是涉及千百万农民切身利益的事业，关键是要调动农民的积极性、主动性和创造性。农民是建设社会主义新农村的主体，农民的思想、道德、文化、职业技能等素质和水平，直接决定新农村建设的兴衰成败。

采取多种形式，培养与新农村建设要求相适应的一大批有文化、懂技术、会经营的新型农民，是新农村建设系统工程中的重要组成部分，是新农村建设内在的基本要求，是新农村建设最本质、最核心的内容。

加快社会主义新农村建设，要求改善农民的文化结构和技能结构，提升其文明素养和就业、创业能力。为此，北京市教委根据《北京市人民政府关于大力发展职业教育的决定》精神，在北京市开展了“技能＋基础”为核心课程的成人学历教育模式试点工作。为全面提升郊区农民的综合素质和职业能力，培养社会主义新型农民开拓了一种有效途径。

按照北京市教委的要求，北京市农业广播电视学校 2007 年开始实践“技能＋基础”新型农民培养模式，面向专业农民即从事种植业、养殖业的一产农民开展职业技能与综合素质培训，取得了显著效果。

“技能＋基础”新型农民培养模式，其要点在于普遍开展农民职业技能培训，进行职业技能鉴定，提高农民的职业能力。农民在取得相关农业工种的职业技能证书或绿色证书的前提下，加强文化基础教育和职业综合能力教育，从而完成对学员的中等专业教育。

具体做法是：

(1)围绕新农村建设规划的主导产业办班。

对农民实施学历教育，需要有乡镇、村委会以及农民个人三方的积极性。三方积极性的结合部，即当地新农村建设规划的主导产业。围绕主导产业办班，乡镇政府支持、村委会热心、农民有积极性。

(2)围绕农民的创业需求办班。

北京郊区有一部分四五十岁的农村劳动者尤其是女性劳动者，在劳动力转移就业中，走上了离土不离乡的自主创业道路，其中发展乡村旅游是一个重要创业方向。针对农民对旅游服务与管理知识技能的需求，北京市农广校经北京市教委批准于 2002 年设置了乡村旅游专业。在门头沟、延庆等区县旅游资源密集的乡镇村办起了旅游中专班。采取“技能＋基础”模式办学，受到农民欢迎。

(3)围绕城乡一体化化需要办班。

近年，京郊城市化进程加快，城乡一体化格局已初步形成，许多地方农民已经市民化。但是，一些市民化的农民存在就业困难。举办农民“技能＋基础”中专班，提高农村劳动力的综合素质即职业能力，实现了农村劳动力由基本就业向稳定就业、高质量就业发展。

为了推动“技能＋基础”的新型农民培养模式科学、规范、健康发展，北京市农委、市教委委托北京市农业广播电视学校组织力量编写了这套《建设新农村培养新农民系列丛书——一产农民“技能＋基础”专用教材》。本套教材结合北京郊区都市农业发展实际，依据都市农民的职业需求，吸取了相关专业最新研究成果，形成了一套新颖、通俗、实用的农民培训教材，为北京郊区都市农民职业教育的教学资源建设，做了基础性工作。

郊区新型农民培养工作任重道远，教育教学资源建设需进一步加大力度、加快速度，农民教育工作者应振奋精神、努力创新、开拓进取，为农民朋友生产出更多的精神食粮，为新型农民培养事业做出更大贡献。

丛书编委会

2009 年 8 月

前　　言

我国是农业大国，乡村永远是祖国大地上最美的景观。发展乡村旅游不仅满足人们休闲生活的需求，也是新农村发展的必然要求，前景十分广阔。

我国乡村旅游的兴起与发展是社会经济发展的产物和时代发展的需求。我国乡村旅游起步于 20 世纪 80 年代后期，发展于 90 年代中后期。由于改革开放的深入，经济进一步发展，人们的收入逐渐增加，尤其是北京、上海等大城市人们的生活观念和消费结构发生了很大的变化，开始要求生活质量的提高，推动了休闲生活方式的变革。为了迎合这种变革，在大城市附近的农村开始打出农家乐的旗号，四川成都的三圣乡开办了全国最早的农家乐，北京地区则发展了民俗旅游，揭开了乡村旅游的序幕。随着休闲旅游的进一步发展，原有的农家乐已经满足不了人们到乡村休闲旅游的需要，乡村旅游营运而生。作为农家乐和民俗旅游升级的乡村旅游其发展必然带有农家乐的一些先天不足，在人员素质、经营理念、经营方法及策略上均存在明显不足。本教材力图在乡村旅游的资源开发、经营策略、市场营销、餐饮服务、客房服务、导游服务及人员素质等方面进行有益的探索，希望它能够为乡村旅游的从业人员提供必要的知识和技能帮助。

本书第一章由杨永杰编写，第二章由郑莹编写，第三章由许红涛编写，第四章由耿红莉编写，第五章由秦志红编写，第六章由王立荣、刘玉霞和雷洋编写，第七章由王春梅编写，第八章由李彩玲编写。全书由杨永杰统稿。

由于本书编者水平有限，书中难免有疏漏之处，请读者批评指正。同时，本书在编写过程中也借鉴了许多专家的研究成果，在此一并表示感谢。

编　者

2010 年 5 月

目　录

第一章　乡村旅游概述

【学习目的】

- 了解乡村旅游的起源与类型
- 掌握乡村旅游的特征与本质
- 掌握乡村旅游的功能与意义
- 了解乡村旅游的发展趋势与方向

【引导案例】

“三个转变”全面提升大兴乡村旅游价值

近年来，大兴区依托都市农业，积极推进乡村旅游，以“农业园区向旅游景区转变、农产品向旅游商品转变、农民从第一产业劳动者向第三产业服务者转变”为目标，从而实现了乡村旅游价值的全面提升。

正是梨花盛开的时候，庞各庄镇梨花村的老憨农家院也迎来了一批又一批的客人。今年梨花开的晚，随着天气转暖一夜之间“千树万树梨花开”，来赏梨花的游客也一下子出现了井喷之势。仅星期六一天老憨农家院就接待了800多人次，赚了个盆盈钵满。

老憨搞民俗旅游接待有十多年了，但真正发展起来却是近二三年的事。在区旅游局的大力宣传和西瓜节、梨花节的带动下，庞各庄镇的品牌知名度不断提高。民俗旅游接待也逐渐从原来的节庆型成为常态化。

一年四季游客不断，老憨的农家院也越来越红火。柴鸡蛋、老玉米、红薯等农副产品深受游客喜爱，仅这一项年收入就可达10万元。现在老憨把果园承包出去，自己专门经营民俗旅游接待，还常年雇佣10多个人手，开展民俗接待服务，不但使农民向服务业转变，也解决了女40岁及40岁以上、男50岁及50岁以上有劳动能力的城镇人员的就业问题。

现在庞各庄镇共有民俗接待户103户。在镇旅游办公室的相关培训指导下，他们不断改善村容村貌、提升服务水平和服务质量，开展自主经营，将民俗接待、酒店、观赏采摘园等结成对子，不仅使游客享受到一条龙的优质服务，也形成了旅游产业链，带动了区域经济发展，提升了区域旅游品质。

乡村旅游是指以农村社区为活动场所，以乡村田园风光、森林景观、农林生产经营活动、乡村自然生态环境和社会文化风俗为吸引物，以都市居民为目标市场，以领略农村乡野风光、体验农事生产劳作、了解风土民俗和回归自然为旅游目的的一种旅游方式。乡村旅游具有开发范围广、资源丰富、类型多样、地域特色明显、原始野趣浓、易开发、投资少、见效快、参与性强、重游率高、消费较低等特点。乡村旅游的开展，一方面可以满足人们日益增长的休闲度假、回归大自然的需求；另一方面也为农村经济注入了新的活力，增加了农民收入，使传统古老的第一产业与朝气蓬勃的第三产业得到了有机地结合。

第一节　乡村旅游的起源与类型

我国的乡村旅游至少应包含以下内容：

一是以独具特色的乡村民俗民族文化为灵魂，以此提高乡村旅游的品位和丰富性。

二是以农民为经营主体，充分体现“住农家屋、吃农家饭、干农家活、享农家乐”的民俗特色。

三是乡村旅游的目标市场应主要定位为城市居民，满足都市人享受田园风光、回归淳朴民俗的愿望。

一、我国乡村旅游的起源

我国是一个古老的农业大国，农业资源丰富，景观类型多样，农耕文化悠久，具有发展乡村旅游的优越条件。我国的乡村旅游兴起于 20 世纪 80 年代末 90 年代初，是在市场需求的促动下，在农业发展急需调整产业结构、找新的经济增长点的情况下产生的，是供给与需求两个方面共同推动的结果。从供给的角度看，主要是农村产业结构调整的需要；从市场需求的角度看，主要是城市化进程加快的结果。20 世纪 80 年代，随着农村产业结构的调整，农业观光旅游项目的设计与开发成为农村地区发展旅游业的重要渠道，并为第一产业与第三产业的结合找到了一个重要的切入点。20 世纪 90 年代乡村旅游迅速发展，但总体上仍处于起步阶段。乡村旅游以观赏、品尝、购物、农作、文化娱乐、农艺学习、森林浴、乡土文化欣赏等观光、休闲活动为主。乡村旅游区往往靠近旅游景区（点），形成了“农游合一”的格局，且多分布在东部经济发达省区、大城市郊区县和特色农业地区。1998 年以来，随着生态旅游的展开，农家旅馆在我国经济发达地区悄然兴起，并成为乡村度假旅游的重要承载。乡村旅游实现了从观光旅游到度假旅游方式的升级，并成为我国广大农村发展第三产业的一条重要途径。我国乡村旅游虽然起步较晚，目前还处于初级阶段，但发展十分迅速。随着我国加入世界贸易组织（WTO），农业和农村将面临前所未有的挑战。乡村旅游作为促进农业产业结构调整、充分利用农村剩余劳动力资源、维护农村社会经济可持续发展的重要途径，其发展将会越来越受到重视。

【案例阅读】

京西有一个著名的爨底下村，全村依山而建。该村保存完整的四合院有76套，住房656间。其建筑风格既有江南水乡的细腻风韵，又有北方高宅大院整体的气势，一砖一木都蕴涵着古老的民族文化。

该村是北京著名的旅游村，旅游总收入已由2003年的200万元增长到2006年的855万元，每年户均收入4万元、人均收入1万元，全村实现了100%零距离就业，被称为“京西的布达拉宫”。爨底下村扬名天下是与它的一系列的市场营销分不开的。

首先，格外注重对外的宣传与营销，尤其是借助文学艺术作品如摄影图片、美术作品、影视宣传等向外界推广爨底下村。10年来，在爨底下村取外景的影视剧多达40多部，包括《三国演义》、《手机》等。

其次，注意对自身形象的树立。爨底下村注重树立“爨底下”品牌，以“爨”字和“爨底下”3个字分别申请了五大项、五十小类产品注册商标。五大项产品为蜂产品类、杂粮系列、干菜系列、干果系列、手工艺品类。当年刚刚运作就收入了10万元以上。

第三个营销策略就是与旅行社联合。爨底下村与一些旅行社联系，向他们推出优惠的门票和餐饮价格吸引其组团前往。这样一来，游客的数量急剧增加，爨底下村的乡村旅游也越来越红火。

爨底下村综合运用了美术作品等媒体营销；注册“爨”字商标打品牌营销；与旅行社联合实施联合营销。通过综合运用各种营销方式，从而形成了爨底下村独特的营销模式，促进了该村乡村旅游的发展。

上述案例说明，农民朋友也可在市场中拼搏，并能取得好的收益；封闭的山村和农家也可以与外面的世界建立密切的联系，并为自己带来发展的机遇。

二、乡村旅游的类型

乡村旅游主要有以下几种类型：

①乡村自然风光旅游。这种以乡野农村的自然风光为吸引物的旅游活动形式

多样，如乡间散步、爬山、滑雪、骑马、划船、漂流等。

②农庄旅游或农场旅游。其包括休闲农庄、观光果园、观光茶园、观光花园、休闲渔场和教育农园等。

③乡村民俗旅游和民族风情旅游。乡村民俗旅游以当地民间的日常生活方式及其文化吸引外来旅游者。从民俗生活的空间角度，可以分为山村民俗游、水乡民俗游、渔村民俗游等；从产品性质角度，可以分为观览型、参与型、休闲型等。

④乡村遗产旅游。乡村遗产是乡村重要的旅游资源，是乡村地方性和乡村文化精华的体现，成为乡村旅游资源中最国际化的旅游产品和旅游切入点。

⑤乡村意境体验旅游。乡村意境是乡村旅游资源，也是乡村重要的旅游产品，是景观环境与人地作用过程中特殊价值伦理的综合体现，是体验乡村景观环境的重要心理感应和认知产品。

以上几种乡村旅游类型并不是截然分离的，它们有时是相互涵盖的。

三、我国乡村旅游的发展

从 20 世纪 90 年代以来，我国的乡村旅游发展非常迅速，涌现出了一大批具有鲜明乡土特色和时代特点的乡村旅游地与乡村旅游区，如北京平谷的蟠桃采摘园和大兴的西瓜采摘园、淮北平原的“绿洲仙境”小张庄、江苏江阴华西村、上海的都市农业园、广东番禺的农业大观园等。这些乡村旅游地的开发和建设，不仅为城市居民提供了新的旅游休闲地域与空间，而且为农民致富和农村发展开辟了新的途径。国家旅游局把 1998 年定为“华夏城乡游”，1999 年定为“生态环境旅游年”，2006 年定为“中国乡村旅游年”。这其中就包含了乡村旅游，旨在推动我国乡村旅游的大发展。我们应抓住机遇，充分利用和保护乡村生态环境，大力开发乡村生态旅游，促进我国乡村旅游业的发展。

四、乡村旅游与其他旅游的区别

浏览文献可见，不同人士使用的乡村旅游的概念，其含义大同小异，只是称法不尽相同。有人认为乡村旅游就是农业旅游，有人认为乡村旅游包括农业旅游、森林旅游、文化旅游、探险旅游和民俗旅游等。

(一)乡村旅游与都市旅游

人们提出乡村旅游(Rural Tourism)的术语，应该是在地域上与都市旅游(Urban Tourism)相对应，是指在乡村地区所进行的旅游活动。乡野的农舍村落和田园风光，与都市的高楼大厦、车水马龙的景象截然不同。小桥流水、麦浪梯田、耕牛炊烟等乡村景观以及置身在这些景观中油然产生的清新、恬淡、静谧、安宁的心境，对于长期生活在城市的人们具有独特的吸引力，在一定程度上迎合了近年在市民当中逐渐兴起的回归自然、返璞归真的风气。手工劳作的农家活动，引发市民的好奇而跃跃欲试；付出辛劳后收获的产品和成果，使人别有一番欣慰和喜悦。村庄中的特色建筑和分布格局，与生活在其中的淳朴憨厚的农家儿女一起，形成独特的风景，吸引着从未见过或者久违不见这种风景的市民和境外人士。所有这些与都市区域不同的游憩魅力，是在乡村地区可能发展旅游的原因所在。

(二)乡村旅游与农业旅游

乡村旅游与农业旅游不完全等同，更不能包括森林旅游、文化旅游和探险旅游，但可以有民俗旅游的成分在内。乡村旅游有别于农业旅游，乡村旅游是按旅游地域空间划分的一种旅游形式，它与都市旅游相对；而农业旅游是从产业角度进行界定，指的是以农业活动为基础、农业与旅游业相结合的一种新型旅游形式，与工业旅游相对应。但由于农业多发生在乡村，所以二者在地理位置上有交集，但绝非完全对等。

(三)乡村旅游与森林旅游、生态旅游、探险旅游

从字面上可以理解，森林旅游是在森林地区所进行的旅游。虽然一些森林当中可能还坐落有个别村庄，但森林风光与田园风光的明显区别不可能将二者混为一谈，也不可能有“乡村包含森林”的说法，所以，乡村旅游不可能包括森林旅游。以山野探险为内容的探险旅游同样是发生在与乡村田园不同的地域，与乡村旅游有不同的内涵，不能随意扩大乡村旅游的范围。至于乡村旅游与生态旅游的关系是只有那些乡村旅游发展与生态环境保护相协调，坚持可持续发展原则，才能归属于生态旅游。

(四)乡村旅游与文化旅游、民俗旅游

关于乡村旅游包括文化旅游的提法说起来实际上有些多余。因为广义的文化无所不在，城市有城市的文化，乡村有乡村的文化，由于自然和社会历史发展的不同，不同的地区也必有不同的文化。但乡村旅游包含民俗旅游的成分在不少地方较明显地存在，要说乡村旅游包括民俗旅游或者在某些地方的乡村旅游主要是民俗旅游应该是可以的。与农业旅游相比，民俗旅游的范围比乡村旅游更广，在较好地保存着传统民俗的都市和城镇，同样可以有民俗旅游的产品。

(五)乡村旅游与农家乐

“农家乐”这种称法为农民老百姓所熟悉，它实际上是乡村旅游的一种形式，它的活动场所就是广大的农村地区，经营的主体就是以农民为主，游客所游玩的活动项目也主要是根据农业、农村和农民的“三农”资源所展开的，农家乐提供的服务项目主要是住宿、餐饮和农事体验。

【案例阅读】

平谷区东四道岭村，村子不大但很别致；高山脚下几棵茂密的老槐树，包裹着几处古朴人家；小院打扫得干干净净，院子里种的各色花草争相开放，各种蔬菜鲜嫩水灵，迎接着城里游客的到来。他们的农家小院装修得也很有特点，窗台上、门框下，一串串老玉米、红辣椒透出地道的"土"味。但这个"土"样，代表了这里的特色。它是纯朴自然、宁静祥和的山里人的真实写照。

在这里，一年四季有着不同感受。游客来到这里，在享受农家小院恬静生活的同时欣赏美丽的自然景色，心情不放松不愉悦才怪呢。

第二节 乡村旅游的特征

一、乡村旅游的基本特征

（一）乡村景观资源的丰富性

旅游资源一般包括自然旅游资源（如名山大川、森林草原等）和人文旅游资源（如名胜古迹、城市公园等）。我国是一个古老的农业大国，乡村地域广大辽阔，农业资源丰富，景观类型多样，农耕文化悠久，地域特色和民族特色均比较显著，具有发展乡村旅游得天独厚的条件。乡村景观是一个受人类调控的半自然半人工生态系统，既具有自然景观的特点，又具有人类活动参与下而形成的文化景观的内涵（如农村的民俗文化、种植文化、饮食文化、建筑文化等）。乡村景观资源之丰富，是其他类型的旅游活动所不可比拟的。如古朴的村庄作坊、原始的劳作形态、真实的民风民俗、土生的农副产品，这种在特定的地域上形成的"古、始、真、土"的独特性，具有城镇无可比拟的贴近自然优势，为游客回归自然、返璞归真提供了优越条件。

（二）时空结构上的分散性

乡村旅游资源大多以自然风貌、劳作形态、农家生活和传统习俗为主。农业生产各阶段受水、土、光、热等自然条件的影响和制约较大，因此，乡村旅游尤其是那些观光农业在时间上具有可变性特点，也导致乡村旅游活动具有明显的季节性。但是，因季节、气候的不同变化，却赋予了乡村旅游资源的不同风貌，可以满足不同口味的游客的不同需要。同时，乡村旅游资源的分散导致乡村旅游在空间上的分散性特点。这种空间上的分散扩大了旅游环境容量，可以避免城市旅游出现的拥挤和杂乱，缓解游客游览时的紧张情绪，最大限度地激发游客的旅游热情。

（三）旅游活动的参与性和体验性

乡村旅游不仅仅是单一的观光游览项目，而是包含观光、娱乐、康疗、民俗、科考、访祖等在内的多功能复合型旅游活动。与传统观光旅游中游客以静态和被动观光不一样，游客在主题行为上具有很大程度的参与性，如垂钓、采茶、采莲、捕渔、挖笋等日常劳作活动。乡村旅游重在体验，不仅能体验乡村的民风民俗、农家生活和劳作形式，而且能够在劳动的欢愉之余，购得自己满意的农副产品和民间工艺品，可谓一举多得。游客可通过直接品尝农产品（蔬菜瓜果、畜禽蛋奶、水产品等）或直接参与农业生产与生活实践活动（耕地、播种、采摘、打年糕、磨豆腐等），从中体验农民的生产劳动和乡村的民风民俗，并获得相关的农业生产知识和农业生活乐趣。

（四）文化层次上的高品位性

我国乡村绚丽多彩的民俗、农耕文化等具有悠久的历史和丰富的内涵，使乡村旅游在文化层次上具有高品位性的特点。乡村的各种民俗节庆、工艺美术、民间建筑、民间文艺、婚俗禁忌、趣事传说等，都赋予很深厚的文化底蕴。由于乡土社区的这种“浓厚的区域本位主义和家乡观念特色的非规范性”的特点，使这种民间文化具有很大的纯朴性和诡秘性。这对于城市游客来说，具有极大的诱惑力和吸引力。

（五）乡村旅游的多功能性

乡村旅游着重是让人们体验与大都市不同的“乡村生活”，而乡村生活很大一部分是农业劳作，比如观光农业园区不仅让游客在旅游的过程得到放松和娱乐，学习到很多农业知识，了解到不同的乡风民俗，而且园区自身仍然可以生产农作物产品。因此，乡村旅游具有与传统观光旅游不一样的游憩、生产、教育、环保等多种功能。

【案例阅读】

延庆东沟迷彩山庄位于残长城风景区沿线，三面被青山环抱，处在半山之上、长城脚下，环境宜人。它是以军旅生活为主题的山庄，您吃住在民俗户的农家院或军旅大院中，可以参加各种军事活动如参观军营、参加军训、野营打靶等，也可以到山间足球场踢一场山地足球赛，到了晚上，还可以参加篝火晚会，烧烤、狂欢。

（六）乡村旅游发展的可持续性

由于乡村旅游融乡村自然意象、文化意象和现代科技于一体、旅游发展与农业生产于一体，充分发挥生产、生态和社会三大功能，因而，乡村旅游是一种可持续旅游。尤其休闲观光农业是在原有农业生产条件和资源基础上，通过经营方式的调整，不破坏原有生产形态，而使其精致化、特色化的过程，所以其开发难度小，投资报酬率高，见效快，经济效益和社会效益明显，实现地区经济、生态和社会的可持续发展。

二、乡村旅游的本质特征

乡村旅游的本质特征是乡村性。它是乡村旅游的核心吸引力和独特卖点。从资源的吸引力角度分析，乡村地区在长期的历史发展过程中，各种生产、生活要素的积累和沉淀造就了乡村具有独特的自然资源和文化资源，包括乡村田园风光、特色饮食、民居建筑、农耕文化、节日庆典等。这些资源极具乡土气息、乡村特色，是乡村旅游的核心吸引物，也是促进旅游流涌向乡村的驱动力。从游客的需求角度分析，乡村旅游正迎合了游客回归乡土、亲近自然的旅游需求。

第三节　乡村旅游的功能与意义

一、乡村旅游的功能

功能是系统的对外输出，一般表现为被考察主体的目标效用。台湾大学农业推广系教授陈昭郎博士总结出休闲农业的 7 种功能（陈昭郎，2004），即经济功能、社会功能、教育功能、环保功能、游憩功能、医疗功能和文化传承功能。当然，社会功能可以体现在教育、环保、医疗、文化传承等功能上。

（一）基本功能

从世界各地与我国的休闲农业发展历程来看，乡村旅游与其所承载的功能基本相似，主要为以下 6 个方面：

①经济功能。促进农副产品的就地销售、就地增值和农村劳动力的就地转化，拓宽农民增收渠道，提高农民收入，改善农业和农村产业结构。

②社会功能。旅游开发带来的客流、资金流和信息流，对农村、农民和农业产生着潜移默化的影响，改善农业生产环境，改良农民生活卫生状况，提升农村生活环境，增加农村公共设施，增进城乡居民交流，缩小城乡差别，推进城乡经济统筹发展，提升农村生活品质，构建和谐社会。

③教育功能。提供城市居民和学生认识农业、了解农村动植物生长过程、体验农村生活、认识农村文化、了解农民生活状态、增进对“三农”问题的理解等。

④环保功能。为吸引休闲游憩客源，乡村旅游目的地或观光农业园区必然会主动改善环境卫生，提升环境品质，维护自然生态均衡，并借助乡村旅游、观光农业相关知识的教育提高人们对环境保护与生态保护重要性的认识，主动做好资源保

护工作。

⑤游憩保健功能。农业特有的柔和的农业景观、舒缓的生活节奏和天人合一的生活状态，对于解除市民工作和生活的压力以及休养身心具有其他传统景区不可替代的作用。

⑥文化传承功能。乡村旅游、观光农业的发展可使农村特有的生活文化、产业文化及许多民俗文化得以继承，同时能使其得到创新和发展，创造出具有特殊风格的农村文化。

把一个乡村旅游目的地或一个休闲观光农业园区作为一个系统来考察其功能，逻辑上更清楚。它们对外界输出的是两类产品，即农产品和旅游产品。乡村旅游的农产品一般具有两重性，即不与旅游项目结合，是单独的农产品，而与旅游的观赏、体验、购物等结合，就是一种旅游产品。乡村旅游与观光农业的经营目标之一就是要强化农产品作为旅游吸引物的吸引力，充分挖掘农产品的旅游附加值，成为一种旅游吸引物的符号，成为一种主要的旅游资源。

(二)派生功能

农产品及其产生环境、生产技术、生物景观等与其所包含的农耕文化协同乡村资源、服务设施和过程构成休闲服务产品体系，派生出如下诸多功能：

一是对农业部门和同行提供农产品品种和生产管理的示范，即农技示范功能。

二是对城市居民尤其是在城市长大的青少年的求知旅游者提供学习、了解农业技术、农村文化、乡村民俗的机会，即教育功能。

三是对暂时转换生活形态、放松身心的城市旅游者提供体验与恢复身心健康的场所与机会，即游憩与保健功能；转换生活形态和放松身心，还可以通过让旅游者直接参与农作劳动来完成，即劳动体验功能。

四是对于纯观光者提供生物景观为主体的景观资源，即观光功能。

五是对于购物旅游者可以提供与城市购物场所完全不同的购物过程，提供最新鲜的产品，同时可以提供产品生产技术，尤其是采收的体验，即购物旅游功能。

从整个社会层面考察，乡村旅游与休闲观光农业在提供农产品与旅游服务产品过程中，起到了传承农耕文化的作用，让农村居民认识到乡村环境、建筑、文化的经济效用，促使农村居民自觉地承担起保护与挖掘乡土的东西的责任和动力。同时，为了吸引游客，乡村旅游的开发又促进了乡村环境与卫生的改善，自觉地改变了原有的不良卫生习惯，而城市游客带来的观念、信息以及对生活的要求又可以成为促进农村社区进步的推动力。

二、发展乡村旅游的意义

从社会经济的宏观角度看,乡村旅游是第一产业与第三产业的结合,具有诸多意义。

(一)扩大农业经营范围和规模,增加农民收益

发展乡村旅游,把农产品就地直接销售给旅游消费者,减少了农产品的运销环节,无形中增加了农民的收益;同时,农民又可从提供休闲服务中获取合理的报酬,增加农民收入。

(二)增加农村就业机会,缓解三农发展困境

乡村旅游将农业由单一产业向第三产业扩展,扩大了农业的经营范围与服务领域,为农村剩余劳动力提供了更多的就业机会。乡村旅游的发展,不但带动了地方经济的发展,而且有效地带动了周边农民收入的增加。例如,浙江省舟山市普陀区勾山镇竹馨休闲园通过举办"青饼节",在一个多月的时间里,带动100多个农村闲散劳动力就地转化。

(三)有利于缩小城乡差别,促进经济社会的协调发展

乡村旅游可以增加农民与城市居民之间的交流与沟通;同时,旅游开发为农村带来了客流和信息流,促进农村经济的发展和农村面貌的改善,提高农民的素质和生活品质,缩小城市差别,促进农村社会的进步和城市乡村的共同繁荣与发展。例如,浙江省衢州市柯城区的七里乡,以发展农家乐为契机,大力进行村庄环境整治、村庄道路改造,不但农民的经济收入得到极大的提高,而且农民的生活环境、公共设施得到了较好的改善。

(四)促进农业形态保留,合理开发、利用和保护农村自然资源、文化资源

农业一直被认为是个弱质产业,比较效益低下。随着市场经济的发展,客观上要求农业改变面貌,扩大经营范围、提高附加值就成为一个主要的发展方向。乡村旅游为这种转变提供了一种有效途径。它不仅能提高农产品商品率,而且能把农业的生态效益和民俗文化等无形产品转化为合理的经济收入,从而大大提高农业的经济效益。乡村旅游扩大了农业经营范围和规模,使农业由第一产业向第三产业跨越。它强化了旅游观光功能,其结构和内容受市场的导向作用较为明显,使农业用最小的资源成本获得了最大的经济效益和社会效益。消费者的直接参与,加强了生产、加工、销售一体化的经营体制,为农村经济找到了新的增长点。从而使农业及耕地能在地位日益弱化的情况下得以保存和发展。

乡村旅游除了提供采摘、销售、观赏、垂钓、游乐等活动外,部分劳动过程可以让旅游者亲自参与、亲自体验;农村丰富的乡土文物、民俗古迹等多种文化资源,可供参观;通过寓教于乐的形式,让参与者更加珍惜农村的自然资源和文化资源,激起人们热爱劳动、热爱生活、热爱自然的兴趣,也进一步增强人们保护自然、保护文化遗产、保护环境的自觉性。

(五)为人们提供新的活动场所,为旅游业的产业延伸提供了契机

随着城市人口的集中,经济的发展和都市化程度的不断提高,身居城市的人们,逐渐被"水泥丛林"所包围,被"柏油沙漠"所环绕,被"三废"和噪声污染所困扰,"都市综合征"随之而来。乡村旅游集农业劳动、农产品生产及休闲、度假于一体,给人们增加了内容丰富、形式多样的活动内容,为人们提供了新的活动空间,有利于人们的身心健康。这一新的游憩场所的出现为减轻传统旅游热点景区的客流压力提供了缓冲场所,为旅游产业的可持续发展提供了新的平台。

第四节　中国乡村旅游发展新趋势与新模式

一、我国乡村旅游发展的特点与问题

(一)我国乡村旅游发展的特点

我国乡村旅游经历20多年的发展,初步形成了以下三大特点:

①从空间特征上看,乡村旅游可划分城郊型、景郊型、村寨型三大类。城郊型是我国乡村旅游区位模式的主要形式。这种类型主要是依托大中城市,可定位为城市居民休闲的"后花园"。近几年来,各个城市城郊观光农业、农家乐、民族村寨旅游蓬勃发展,已成为城市居民节假日休憩、娱乐度假的首选,此形式目前最为成熟。景郊型主要是依托大型景区在市场上的知名度,开始展示特色,以景区游客为主要的目标市场,开发中较多地保存着乡村的原生状态。村寨型主要是依托特色村寨及其群落的乡村来开展旅游。随着国际乡村旅游市场的发展,国内旅游者开始"返璞归真,回归自然",置身于优美的田园风光和秀丽山水间。因此,拥有传统的文化旅游活动与田园风光的村寨具有率先发展成为相对独立的乡村旅游胜地的优势。

②从开发模式上看,乡村旅游以农业观光和休闲农业为主。目前,我国乡村旅游开发正从以观光旅游和休闲农业为主,向集观光、考察、学习、参与、康体、休闲、度假、娱乐等为一体的综合型方向发展;此外,还有探险旅游、商务旅游、会议旅游、探亲访友旅游等各种形式。其中,国内游客参与率和回游率比较高的乡村旅游项目是以"住农家屋,吃农家饭,干农家活,享农家乐"为内容的民俗风情旅游和以收获各种农产品为主要内容的务农采摘旅游。

③从开发层次上看，我国的乡村旅游仍处于低水平开发阶段。目前我国乡村旅游开发粗放，且方向不明确，仍处于低水平开发阶段。乡村各种资源未能充分有效地利用，产品雷同、品位不高、低水平盲目重复较多，且季节性很强，不能满足游客多层次、多样化和高文化品位的旅游需求。乡村旅游深度开发不够。许多乡村旅游产品只是在原有生产基础上稍加改动和表层开发，缺乏创新设计和深度加工，文化品位不高，特色不明显，难以让游客感受和体验乡村旅游区的形象，从而影响了乡村旅游发展的后劲。

(二)我国乡村旅游发展亟待解决的问题

目前，乡村旅游不仅在国际旅游中成为热门，国内也渐成时尚，全国不少地区乡村旅游不断升温，但自发增长期的乡村旅游尚存在遍地开花、良莠不齐、特色不显、内容不丰、规范不力、服务不周、规模不大、品牌不响等诸多问题。归结起来，我国乡村旅游亟待解决的问题有如下 5 个：

①经营理念低俗化。经营者经营理念与游客需求之间存在差距。经营理念低俗倾向严重，忽视了“乡村性”和“地方性”的法宝，未能深入挖掘乡村旅游资源的文化内涵，不能满足多层次游客尤其是少年儿童求知、求真、求趣的需要。目光短浅的井底意识还表现在不愿走出本地去做比较，学习别人的先进管理经验的要求不强烈；单兵独战的多，团结协作少，致力于树立景区形象的意识不强。因此，发展乡村旅游需要专业的培训、指导和政府的引导。既然发展乡村旅游既符合经营农户的根本利益，也顺应了城市居民休闲旅游需求的形势，又贯彻了农村产业结构调整的基本方针，那么政府相关职能部门在乡村旅游产业化进程中要有所作为，而且能大有作为。

②品牌定位趋同化。乡村旅游品牌是为乡村旅游树立一个持久的稳定可靠的良好形象，使旅游消费者心中对乡村旅游怀有情感的认知，有一定的信任感，并让消费者有一种差别。正是这种差别才成为吸引旅游者的兴趣，提高其购买欲望，最终形成乡村旅游的品牌这一无形资产。乡村旅游品牌定位是根据乡村旅游的竞争状况和产品优势，确定其在旅游业中的竞争优势，根据乡村旅游者的需要和动机进行品牌定位，并通过品牌形象设计使消费者能选择其旅游产品。品牌定位是一个复杂的系统工程，从品牌差异性、旅游产品的购买价值、传播媒体、经营管理以及技术和服务创新方面给予定位，目的是追求卓越的服务、追求完善的服务。

③乡土文化城市化。农耕文化与现代文化的“和谐相融”是乡村旅游可持续发展的难点问题。旅游地文化向外来文化趋同问题在乡村旅游地尤其突出。由于参加乡村旅游的旅游者一般都来自经济相对发达的城市，发达的经济孕育产生的强势文化对经济欠发达的乡村旅游区的弱势文化具有很强的影响力，城市游客的大

量进入使乡村的弱势文化向城市的强势文化靠拢，乡村旅游赖以依托的文化资源必将消失，乡村对都市旅游者的吸引力也就丧失了，所以，必须加强我国乡村旅游具有可持续发展的冲力和“后劲”。

④管理模式混乱化。乡村旅游的发展需要现代管理知识。旅游业作为服务行业，有其特殊性。服务管理是一个非常重要的环节。地方政府应该建立专门机构统一管理和协调，指导地方旅游的发展。运用服务营销，拓宽市场通道，做好挖掘市场需求、洞察环境和形势变化、发现问题并解决问题等工作。要增强乡村旅游参与人员的服务意识和管理观念，在充分认识旅游产品整体性的基础上，有效组合各环节，体现价值最大化。要使乡村旅游持续、协调和健康地发展，必须采用政府主导以及行政、经济、法律等相配套的宏观调整、监督、指导和管理手段与方法。乡村旅游区的政府职能部门要把乡村旅游的管理纳入政府的行政管理职能，各级政府职能部门要明确责任，制定出乡村旅游相关管理办法或条例，对乡村旅游的规划审批、经营管理、安全管理、环境卫生等方面进行规范与监督，引导其逐步走向行业协会自律管理。

⑤产业组织自发化。由于受乡村土地分散、小规模经营的弊端的制约，我国目前的乡村旅游存在分散、规模小、个体经营比重大、乡村旅游产品单一、产品深层次开发不够、产业经济结构不健全、经济贡献小的问题。因此，要以土地联合经营为核心，形成合作经营组织，综合利用乡村的景观资源和农业景观，建设乡村旅游基地，提供多方面、全方位的旅游产品与服务，推动乡村旅游的规模发展。

二、我国乡村旅游的发展趋势

乡村旅游在我国刚起步，旅游市场发展还很不成熟，在乡村旅游的动机还停留在“观光”层面上。随着时代的进步，人们的旅游需求不断发生变化，单纯观光式旅游产品越来越不能适应需要，愈来愈多的旅游者选择能转换心情、亲近自然的生态旅游、文化旅游、民俗风情旅游等游览形式。这种追求特殊的新型旅游，可使旅游者增长新的见识，是一种求新、求知的高层次旅游。因此，乡村旅游将具有田园风光观光、休闲度假、自然生态和民俗文化专项旅游的综合功能，“观光—休闲—专项”旅游的复合体产品将应运而生。特色化、规范化、规模化、品牌化是乡村旅游未来发展的基本趋势。

（一）中国乡村旅游发展的理念趋向

1. 加强特色性，塑造鲜明的乡村意象和浓郁的乡土气息

乡村意象是乡村在长期的历史发展过程中在人们头脑里所形成的“共同的心理图像”。乡村意象具有极为丰富的内涵，主要表现为乡村景观意象和乡村文化意

象。乡村意象具有“可印象性”和“可识别性”的特点，并且能够得到大多数人的普遍认可。乡村意象本身就是一幅极为优美的图画，反映了乡村秀丽的田园风光和淳朴的浓浓乡情，能够激发城市游客前往乡村寻找回归原始的梦，满足他们的“归属感”。由此可见，乡村意象对于城市游客具有极大的吸引力，是促使城市游客去乡村进行旅游的强大动力。乡土文化的神秘性和入境旅游者对乡土文化的好奇心必将吸引更多的国际客源流向乡村。

2. 挖掘文化性，体验淳朴的乡村民俗和复古的乡村遗迹

乡村旅游是一种文化含量大的旅游。我国乡村除了美丽的自然旅游资源外，更多的和最能吸引旅游者的则是淳朴、神秘的人文旅游资源。它们包括乡村民俗文化、乡村文化遗迹以及乡村各行各业的行业文化。明确这一发展方向是使之规范化、健康、高速发展的根本保证。文化因素本来就是乡村旅游得以兴起的根基。中国传统的“天人合一”的哲学思想给我们指出了一个深刻的道理，即只有贴近自然的才是永久属于人类的。文化旅游正是这一传统哲学思想在旅游业发展方向上的体现。换句话说，乡村旅游也是保护原始生态环境和传统文化的最佳方式。乡村旅游正是在人们意识到环境的恶化将使人类失去栖息地及文化一体化将是人类最大的悲剧之后，成为城里人青睐、追求的新方向。然而，我国的乡村旅游不能只停留在观赏、采摘的表象繁荣上，必须走与文化旅游相结合的道路，挖掘拓展民族文化中丰富的内涵，才能持久而兴旺地发展下去。

3. 强化基地性，整合分散的乡村资源和乡村旅游设施

长期以来，因受各种条件的制约，我国乡村产业存在资源利用粗放原始、产业发展落后、新兴产业缺乏、生态破坏严重、农民生活水平低、生活环境面临威胁等问题。因此，以乡村产业生态化和多功能化，加强乡村旅游基地建设，增加农民收入，改善农村环境，提高生活质量的新思路，具有重要的现实意义。由于乡村旅游目的地大都位于城市的周边郊区和经济发展水平相对较低的农村地区，那里许多基础设施都比较落后，其中食宿设施尤其突出，这在很大程度影响着游客对乡村旅游地的选择。因此，合理科学地建设乡村旅游设施，加强乡村旅游基地建设，使其既能满足乡村旅游者的需要，又能与乡村农业环境相协调就显得非常重要。

（二）中国乡村旅游发展的模式趋向

1. 农旅结合的复合性开发模式

开发我国乡村旅游资源，要注意农耕文化的灌注，以提高其文化品位；进行亦农亦旅、农旅结合的复合性开发模式，加强农耕文化与现代文化的和谐相融。亦农亦旅、农旅结合的复合性开发模式是降低投资风险的有效途径。乡村旅游资源不属稀有旅游资源，几乎所有具备地缘优势、交通便利的都市周边地区都可以搞乡村

旅游。因此，乡村旅游难以形成垄断性竞争优势。乡村旅游也不是暴利项目，不能奢望高门票收入。加之农村经济基础薄弱，乡村旅游难以对抗投资的高风险性。因此，探索乡村旅游投资风险的有效途径非常必要。亦农亦旅、农旅结合的复合性开发就是一种降低投资风险的可行性较强的发展模式。以农求稳，以旅求富，一次投资双重收获，就能降低投资风险，调动起更多农民搞乡村旅游的积极性。

乡村景观遗产是在传统生活方式受到工业革命的冲击，乡村社区传统生活的逐步被抛弃，激起了人们对具有传统特色的生活方式的乡村工艺品和其他物品的关注和依恋。最为突出的是乡村人口大批流向富有吸引力的附近的工业城镇。乡村社区传统生活方式的放弃促进了人们对传统生活方式的关注和对相关遗产的渴望，推动了乡村景观遗产的市场化和商品化。乡村主题博物馆的蓬勃发展成为乡村景观遗产保护的重要方式，主要保护逐步消失的乡村生活的纪念。乡村景观个性的表达由于乡村旅游发展而成为一种必然的新兴经济行为。

2. 乡村民俗体验与主题文化村落发展模式

我国乡村旅游的发展，依托乡村民俗文化和人文景观的开发将具有显著的知名度和吸引力，逐渐地成为乡村旅游开发的中心。主题文化村落是在原有的古老村落的基础上改造而成，开发一系列的复古怀旧产品。此类度假村的住宿环境均为古所整修，或是以古建筑的式样为设计蓝图（如四合院、石板屋建筑等），还可以搭配古董家具或是展示古老的农具（如石磨、石臼等）以及古意盎然的景观环境和古朴陈旧的家居设计，其内部装修通过书法、绘画、雕塑、古董等艺术表现形式，使客人在休闲之余感受丰富的文化底蕴和怀有深厚的历史沧桑感。它是对现已消失的民俗文化通过信息搜集、整理、建设、再现，让游客了解过去的民俗文化。如向游客表演用方形的扁担挑水、用原始农具耕作、用独轮车运输等古老的传统习俗以及各种民间舞蹈。这种模式的优点是可以令时光“倒流”，满足游客原本不能实现的愿望。

3. 现代商务度假与企业庄园建设模式

企业庄园是农户租赁给企业，是企业员工商务度假基地。企业庄园依托乡村自然景观和人文景观资源而建设的具有观光、休闲、度假功能的乡村游憩景观综合体，以乡村自然景观、乡村农事生产、乡村风俗民情为主体，是乡村景观、地方性特色景观的展示空间。企业庄园不进行特意的人工景观汇集，而是真实展示乡村景观的本来面貌。对于企业庄园的功能来讲，应强调参与性与体验型。在企业庄园中，员工们可以参加一些力所能及的简单农活，如养殖、耕作、浇灌、采花、摘果、种菜等，也可以参加同日常生活相关的体力劳动，像推磨、烹饪等，让企业员工享受到质朴悠然的田园生活。

4. 农业产业化与产业庄园模式

在传统乡村产业经济发展中，产业的纵向关联发展较弱。农业生产以农产品为最终产品，农产品深加工水平较低。农业产业化是乡村资源优势转化为市场优势、乡村工业产业升级的重要途径，将推动乡村产业经济一体化的发展。而产业庄园是集农事生产、乡村旅游为一体的现代化农庄。它不仅是进行科学化农事生产的基地，也是提供食、宿、行、娱、购、游等旅游六要素的服务性企业。因此，产业庄园的管理既要体现生产性农庄的特点，又要满足服务性企业的需要，同时，还要把生产与服务进行有机的交融和联系，达到农事生产为旅游服务，旅游服务促进农事生产之目的。

【案例】

从2007年开始，北京市旅游局总结推出了8种全新乡村旅游业态，即乡村酒店、国际驿站、采摘篱园、生态渔村、休闲农庄、山水人家、养生山吧、民族风苑。这8种乡村旅游新业态产品的推出，是北京市旅游局在乡村旅游业蓬勃发展的基础上，为打造第二代乡村旅游而提出的崭新概念，在国内乡村旅游领域中尚属首创。这必将改变京郊乡村旅游产品单一、特色不突出的现状，进一步提升乡村旅游产业的规模和质量，促进乡村旅游产业的升级换代。为了规范上述新业态的发展，由北京市旅游局牵头，制定了《乡村旅游特色业态标准及评定》。

具有休闲、娱乐、求知、教育功能的乡村酒店将农业景观、生态景观、田园景观与住宿、餐饮设施进行结合，为游客提供乡村休闲体验。国际驿站是以家庭(户)为基本旅游接待单位，并形成一定规模的经营主体。采摘篱园是能提供观赏和采摘特色蔬菜、果品或其他特色农作物等休闲活动的高新农业实验基地或种植基地，具有观赏、采摘、学习和科普等综合功能。生态渔村是依托乡村良好的自然生态、村容风貌和渔业特色产业，以“鱼、渔”和水体景观为主题旅游吸引物，可提供特色餐饮、观光游览、休闲娱乐等服务的乡村旅游接待场所。休闲农庄占地7 hm^2 以上，以农业生产和乡村生活为依托，以农耕文化为核心，利用田园景观为游客提供乡村生产生活、休闲体验以及住宿、餐饮等基本服务。山水人家指具有一定规模，以自然山水景观为资源实质，以游山玩水为代表活动，能够为游客提供观光、娱乐、住宿、餐饮、购物等多种功能的山水环境度假场所。养生山吧是依托山地资源，以绿色健康、修身养性为经营理念，可从事颐养身心、健康休闲、舒适度假的活动场所。它将绿色、养生理念融入于乡村旅游发展，以自然生态、环境保护为出发点，提供符合人体安全、健康的宜憩、颐养、健康的产品，并引导社会公众节约和环境意识。民族风苑是以少数民族建筑、服饰、风俗生活形式和宗教信仰与生产方式等为依托，集中展示少数民族风情，以提供少数民族风情体验为特色的旅游休闲娱乐综合接待场所。

请分析：8 种新的旅游业态划分对北京乡村旅游发展的影响。

【复习思考题】

1. 分析乡村旅游的特征及本质。
2. 分析乡村旅游的功能与作用。
3. 结合本地实际分析乡村旅游目前存在哪些问题？应该如何发展？

第二章　乡村旅游开发

【学习目的】

- 掌握乡村旅游资源的概念、类型及其特点
- 掌握乡村旅游资源的评价方法
- 掌握乡村旅游市场的调查方法
- 掌握乡村旅游的产品定位和市场定位

【引导案例】

赏梨花、采桑葚、摘西瓜、吃“西瓜全羊宴”……北京大兴区给游客带来多种旅游休闲新选择。2006 年，这个区通过举办西瓜节、桑葚节、梨花节等一系列节庆活动，大力发展民俗、观光、采摘旅游。截至 2006 年 6 月底，全区接待游人 120 万人次，同比增长 19%，完成旅游收入 1.47 亿元。据统计，仅在 5 月中旬到 6 月中旬，来大兴采摘西瓜的游客超过 6 万人次，摘走西瓜 40 万 kg，销售西甜瓜 2 000 多万 kg。第四届安定桑葚文化节期间，御林古桑园接待游客 20 多万人次，门票收入 28 万元，带动了当地民俗旅游接待、果桑销售、餐饮、桑蚕等相关旅游产品的迅速发展，农民增收 80 万元。

庞各庄镇薛家营村用西瓜和羔羊烹制的“西瓜全羊宴”，吸引了来自各地的旅游者。梨花村 2 000 hm^2 梨园内空气清新。在这个“天然氧吧”中赏梨花，品农家饭，住农家院，体味民俗风情，让人流连忘返。民俗旅游接待户勾振兴介绍说，2006 年梨花节期间接待游客 1 800 多人，光农家饭收入就达 6 000 多元。

上述案例说明，乡村旅游的开发不但可以增加经济效益和提高地区知名度，而且能够使旅游者感受到其中的文化。当人类社会跨入 21 世纪的时候，我国进入全面建设小康社会，加快推进社会主义现代化新的发展阶段。我国的旅游业也蓬勃兴旺起来，并且向着个性化、多样化方向发展和繁荣起来。特别是近几年来，中国的乡村旅游迅速地发展起来，成为旅游业中的一股强劲势头。我国的乡村旅游以自己独有的特色和魅力，迎接着 21 世纪中国旅游黄金时代的到来。因此，乡村旅游资源的开发和利用已成为我国乡村旅游业兴旺发达的重中之重。

第一节　乡村旅游资源与优势分析

一、乡村旅游资源分析

（一）乡村旅游资源的内涵

什么是乡村旅游资源？在了解乡村旅游资源概念之前，首先要了解旅游资源的概念。遗憾的是，关于旅游资源的定义学术界众说纷纭、莫衷一是。好在诸家都把“能够激发人们的旅游动机”和“吸引旅游者”看做是旅游资源的本质属性。

同样，乡村旅游资源的内涵也没有一个统一的得到广泛认可的界定。我们认为：乡村旅游资源是指乡村地域范围内能够被利用的景观及景观资源，是对无论是乡村居民或城市居民都能够产生吸引力，并满足旅游需求的乡村事物、事件、过程、活动、人物、乡村文化、乡村民俗、口头传说、民间艺术、乡土教育等资源。可以说，乡村旅游资源是以自然环境为基础、人文因素为主导的人类文化与自然环境紧密结合的文化景观。

乡村旅游资源之丰富，是其他类型的旅游活动不可比拟的。我国地域的多样性造就了丰富多彩的乡村旅游资源。这是乡村发展旅游产业的坚实基础。乡村旅游资源大多以自然风貌、劳作形态和传统习俗为主。

（二）乡村旅游资源的类型

乡村旅游资源作为旅游资源中的一个个体，大体上可以把其分为两类，即乡村自然旅游资源和乡村人文旅游资源。

1.乡村自然旅游资源

乡村自然旅游资源基本上是天然赋存的，主要指天象景、山石景、水景和生物景观等自然景象和事物。地貌、气候、水文、土壤、生物等是组成乡村自然环境的要素。不同要素的组合构成了乡村景观的基底。

自然环境的各要素在农村景观的形成中起着不同的作用。地貌条件对乡村景观的宏观外貌起着决定性的作用。其中，海拔的高低、地形的起伏决定了农村景观的类型，如江南平原地区的水乡景观、山区的梯田景观等。气候条件影响着动植物分布、土地类型、耕作制度及民居类型。水文条件也影响着农业类型、水陆交通、聚落布局等。土壤条件直接影响了农业生产的布局。生物尤其是植物是组成乡村景观的重要因素，形成了各具特色的森林景观、农田景观、草原景观等；不同的动物种群又形成了牧场、渔场、饲养场等不同的景观。

【知识链接】

我国乡村具备山地、高原、丘陵、平原和盆地等5大地貌基本类型。各种地貌都具有一定旅游价值,但又各有不同特点。我国是一个多山的国家,山地的旅游价值最高。由于发育的不同,山地景观差异很大;同时,由于海拔高度、地表物质组成成分、物质结构、坚硬程度和风化程度各不相同,尤其是地壳运动产生的高山幽谷、地层凹陷、断裂地带,形成了峰、崖、柱、谷、洞、火山口、石墩、树林和花果等不同的自然景观。

我国从南到北,河流成网,湖泊棋布,仅地表水就分为江河、湖荡、海洋、溪涧、瀑布、急流、池塘、冰雪、泉眼等,此外还有一些地下伏流、泉水喷涌。其中,仅自然形成的湖泊就有2万多个,都具备一定的景观价值。这些湖泊大多数与高山、丘陵相伴,山水相依,形成绿水青山、险壁深谷、深峡湍流、高山平湖以及龙潭、瀑布、跌水相映成趣的万千气象。

我国疆域辽阔,南北地跨纬度近50°,地形上下高差几千米,不仅有寒温带、温带、暖温带、亚热带、热带和赤道带之分,在同一地区又因地形高差而形成明显的垂直气候带之别,同时由于受季风环境影响,形成各地区之间的气候差异,极大地影响了农业生产、四季物产、动植物、自然景观和人居环境、社会习俗等。除了宜人的气候是发展乡村旅游的必备条件外,一些地方,特殊的气候条件还能形成特殊的旅游资源,如与山水资源组合形成的云海、佛光、彩虹、雪山、冰川、冰河、雾凇、海市蜃楼等。

2.乡村人文旅游资源

乡村人文旅游资源是指能够吸引人们前往的古今中外人类活动的文明成就和民族风貌。可划分为乡村有形人文旅游资源和乡村无形人文旅游资源。

有形人文旅游资源是乡村旅游资源中游客亲身观察到的具体的事物和现象,如农作物、牲畜、林木、聚落、交通工具、人物、服饰等有形的物质。这些要素的不同组合,形成了不同乡村景观的外部特征,如竹楼、大榕树、水稻田、水牛、身着对襟短袖衫和宽肥长裤的男子、身穿浅色窄袖大襟短衫和筒裙的女子、小乘佛教寺庙构成了傣族乡村特有的景观,又如吊脚楼、风雨桥、筒裙、水田等构成了侗乡独有的民族风情。

乡村旅游资源还有一些不能被人们直接通过感官感知的无形的非物质的成分,称为乡村无形人文旅游资源,如人们的思想意识、道德情操、价值观念、心理特征、民族性格、历史沿革、风俗习惯、宗教信仰等。这些东西虽然是无形的,但游客可以亲身体会到他的魅力。它们构成了乡村旅游资源的核心,是乡村旅游资源的灵魂和精髓所在。

【案例阅读】

黑井是云南省楚雄彝族自治州的一个小镇。到黑井旅游更多就是去体味历史文化带给我们的感受。黑井是滇中四大名盐井之一，清代盛极一时。黑井之盐除供应滇中全境外还远销滇东、滇东北和川西等地。当时商贾云集，文化繁荣，小小陇川江沿岸寺庙、道观、教堂等宗教文化设施有80余处。但是，熬卤水制盐对森林生态系统造成了严重的破坏；海盐入侵搅乱了“官盐”对市场的控制；一平浪煤矿的开采和“移卤就煤”的资源配置战略调整等几个方面的原因，最终导致了黑井的没落。而今，走在黑井狭窄的老街上，透过红砂岩小巷看着陇川江水向北逝去，不禁让人联想起盐都黑井的兴盛与衰亡，思考着现实生活中的功名利禄。这就是历史文化无形资源带给旅游者的体验。

(三)乡村旅游资源的特征

乡村旅游资源是旅游资源的一部分。乡村旅游资源在满足旅游资源基本特征的基础上还呈现出自身的特点。

1.人与自然的和谐性

乡村景观的形成过程是人与地理环境的不断磨合的过程。当人们掌握了自然规律和人地关系协调的时候，大自然就给予人们优惠，反之则受到大自然的惩罚。人们对自然环境长期改造和适应形成的乡村景观是人与自然共同创造的和谐的文化景观。

乡村旅游区域具有独特的自然生态风光，人口相对稀少，受工业化影响程度低，保存着生态环境的相对原始状态，并且乡村区域的生活方式和文化模式也相对保留着自然原始状态，水光山色、森林草原、奇石异洞、荒漠戈壁、草棚木屋、生物资源、耕作习俗、农业产品、生活生产用品、手工艺品、民俗风情等无不体现出人与自然的和谐统一。

2.广泛性

世界上除高山、沙漠和酷寒地带外，广泛居住着从事农、林、牧、渔业的居民。不同的自然环境孕育了不同的农耕文明。在自然条件的基础上，人们通过世世代代不断的努力，创造了各有特色的乡村景观，其中不少可以作为乡村旅游资源进行开发利用。例如，我国长白山的白桦林场、内蒙古的草原牧场、江南的茶园和洞庭湖稻田，这些都成了乡村旅游可开发的资源。所以，乡村旅游在空间分布上具有广泛性的特点。

3.多样性

乡村旅游资源内容非常丰富，并且类型也多种多样，既有农村、牧村、渔村、林区等不同的农业景观，集镇、村落等不同的聚落景观，还有各地区不同民族、不同文化带来的丰富多彩的民俗风情。

4.地域性

乡村旅游资源与自然环境、社会环境的关系十分密切,在不同的环境影响下形成了不同的类型。例如,湿润区形成森林景观;半干旱区形成草原景观;干旱区形成荒漠景观等。即使同一种类型,在不同的自然条件下又有不同的特征。例如,同样是森林景观,在不同的自然条件下形成热带雨林、常绿阔叶林、落叶阔叶林、针阔叶混交林、针叶林等。

由政治、宗教、民族、文化、人口、经济、历史等要素组成的社会环境的差异又往往形成了不同的乡村民俗文化,如民族服饰、信仰、礼仪、节日庆典等。由于地球上自然环境和社会环境的地域差异性,形成了乡村旅游资源具有明显地域性的特点。

5.季节性

乡村旅游资源的季节性既表现在人们一年内的生产、生活运行规律,也表现在随四季的变化而形成的自然环境、农业生产和社会生活的季节变化和明显的周期性的特点。所以,乡村旅游资源具有季节性的变化规律。例如,受到气候变化的影响,乡村景观的风貌随季节而变化,具有明显的差别,春天山花烂漫、夏天苍翠欲滴、秋天硕果累累、冬季白雪皑皑。

6.民族性

民族文化是乡村旅游资源的重要内容。每个民族都有本民族特有的文化。信息交流频繁的城市,原来的民族文化较多地融合了其他民族的文化,使原有的民族文化发生变异。而广大农村和少数民族地区,由于地理区位、交通和信息条件的限制,使传统的原汁原味的民族文化能较完整地保留下来。所以,乡村旅游资源具有明显的民族性特点。越是民族性强的旅游资源,越具有吸引力。

7.教育性

乡村旅游资源具有乡土特色,旅游者在旅游过程中参与和体验乡村生活,并且倡导旅游者在游览的过程中了解农家的生活习俗、认识农业生产的过程,增加旅游者对乡村社会以及环境保护的认知能力。

二、乡村旅游发展的优势条件

乡村旅游在我国发展的时间不是很长,但很快得到了广大旅游者的认可和喜爱。从20世纪90年代以来,我国乡村旅游发展非常迅速。乡村旅游的快速发展有其特有的优势条件。

(一)独特的活动对象

乡村地域广大辽阔,种类多样,加上受工业化的影响较小,多数地区仍保持着自然的风貌，留存着风格各异的风土人情、乡风民俗。古朴的村庄作坊、原始的劳动形态、真实的民风民俗、土生的农副产品，是开展乡村旅游活动所必不可少的条件。这种在特定地域上形成的“古、始、真、土”，具有城镇无可比拟的贴近自然的优势，为游客回归自然、返璞归真提供了优越条件。

（二）分散的时空结构

“上下五千年，十里不同俗”的乡村旅游资源，大多以自然风貌、劳动形态、农家生活和传统习俗为主，受季节和气候的影响较大。因此，乡村旅游时间上的可变性和空间上的分散性可以满足游客多方面的需求。同时，乡村旅游资源分散导致乡村旅游在空间上的分散性特征。这种空间上的分散可以避免城市旅游出现的拥挤和杂乱，缓解游客游览时的紧张情绪，最大限度地激发游客的旅游热情。

（三）参与的主体行为

乡村旅游不是单一的观光游览活动，它还包括观光、娱乐、康疗、民俗、科考、访祖等旅游活动。乡村旅游的复合性导致游客行为上的很大程度的参与性，如垂钓、划船、捕捞、娱乐、参与劳作等。乡村旅游重在体验，能够体验乡村的民风民俗、农家生活和劳作形式，在劳动的欢快之余，还可购得满意的农副产品和民间工艺品。

（四）高品位的文化内涵

乡村绚丽多彩的民间传统文化，有着悠久的历史和丰富的内涵，致使乡村旅游在文化层面上有着高品位的特点。乡村的各种民俗节庆、工艺美术、民间建筑、民间文艺、婚俗禁忌、趣事传说等，都赋予了乡村旅游很深厚的文化底蕴。由于乡村地区具有浓厚的区域特征和家乡特色，使民间传统文化有很大的纯朴性和诡秘性，对于城市游客来说，具有极大的诱惑力和吸引力。

（五）开发模式多种多样

乡村旅游开发模式种类较多，能够满足游客们的多种多样的需求。一是乡村自然风光旅游。这种以乡野农村的自然风光为吸引物的旅游活动形式多样，如乡间散步、爬山、滑雪、骑马、划船、漂流等。二是农庄旅游或农场旅游，包括休闲农庄、观光果园、观光茶园、观光花园、休闲渔场和教育农园等。三是乡村民俗旅游和民族风情旅游。以当地民间的日常生活方式及其文化吸引外来旅游者，如山村民俗游、水乡民俗游、渔村民俗游等。四是乡村遗产旅游。乡村遗产是乡村地方和乡村文化精华的体现，也使其成为最国际化的旅游产品和旅游切入点，如我国的平遥古城、丽江古城、乌江古镇等以其历史文化名扬世界。五是乡村意境体验游。旅游者在乡村会产生对山水田园文化的深层体会，并从中真正获得一种意境美的享受和情操的陶冶，如江南水乡能体会“小桥、流水、人家”的独特韵味，犹如身在山水田园作品所描写的诗情画意般的美丽梦境中。

【案例阅读】

江苏省常熟市支塘镇蒋巷村

蒋巷村是一个典型的全国文明村,农业、村办工业、生态环境、居民居住条件和村容村貌建设,都超过了全国农村现代化建设示范村的各项考核指标,国务院总理温家宝曾来村里视察。蒋巷村在发展乡村旅游的定位上,突出了社会主义现代化新农村的形象,在开发利用其资源上有独创性。

生态湿地、鱼塘(水资源)——生态养鸭塘、垂钓休闲区、脚踏船、九曲桥、江南石拱桥、荷花荡、水乡风光、农民乐园、主楼茶室游憩。

四季花香(气候、生态资源)——春桃花、垂柳、菜花、夏芙蓉、荷花、秋菊花、红枫、冬香樟、翠竹、腊梅,生态种养园、果园观赏。

阡陌良田(田园资源)——江南田园风光、农耕劳作场景、无公害粮油生产基地观赏。

禽蛋瓜果(物产、生态资源)——优质有机大米、生态家禽(蛋品)、乳鸽、油桃、雪枣、冬笋、鱼虾品尝与选购。

新农村风貌(社区资源)——村民新家园(乡村别墅群)、村民蔬菜园、老年公寓、工业园、蔬菜园、小学、幼儿园、服务中心、医疗保健中心、村宾馆、农民剧场、商业服务区、禽兽养殖场、生活污水处理站考察。

村史风俗(非物质文化资源)——传统教育展览馆、民俗馆、地方戏曲小调、邻里友善关系考察与欣赏。

第二节 乡村旅游资源开发

乡村旅游资源的开发就是运用一定的资金和技术,对乡村的自然旅游资源和社会文化旅游资源进行开发利用,使其产生经济价值及其他多种价值,提高其综合价值。那么,对乡村旅游资源进行开发,不能盲目进行。首先要对其进行评价,对客源市场进行调查,然后遵循一定的原则,再在总体规划的基础上对其有的放矢地进行开发。

一、乡村旅游资源评价

(一)对乡村旅游资源的评价

对乡村旅游资源进行开发之前,首先要对其进行评价,确定乡村旅游资源的价值构成和价值水平,从而为决策者提供有意义的开发信息。

乡村旅游资源评价是指按照一定的标准确定某一旅游资源在所有旅游资源或同类旅游资源中的地位，即从纵向和横向两个方面对旅游资源进行比较对照，以确定被评价旅游资源的重要程度和开发利用价值。正确客观科学地评价乡村旅游资源是乡村旅游开发的基础和前提，评价的准确性将直接关系到旅游资源的开发前景。

对乡村旅游资源进行评价应从以下 5 个方面着手：

①美学观赏性。旅游的基本形式是观光，观光是旅游者鉴赏美的活动。乡村旅游也同样如此，优美的自然环境和事物是其开发的首要条件。任何一个旅游者进行旅游的首要目的就是对目的地进行观赏，观赏其自然的美和事物的美。都市人来到乡村旅游首先是体验田园风光的美和事物的纯洁美。

②奇特性。奇特性是指旅游资源的特色、个性，也就是“与众不同”、“唯我独有”、“人有我优”、“人优我特”的特征。旅游资源的奇特性越是突出，其吸引力也就越大，从而具有越高的旅游价值。例如，我国黄山，以其奇松、怪石、云海、温泉“四绝”而名扬四海，享有“震旦国中第一奇山”之美誉；桂林山水因其奇秀而得“甲天下”之美称。

③规模与组合。旅游资源的规模表现在数量、质量及占地面积的大小等方面。一定规模的旅游资源才具有较高的旅游价值。旅游资源组合是指各类资源在地域上的组合状况。一是指自然资源与人文资源的结合与补充情况；二是指各要素的组合与协调性；三是指景观的集聚程度。旅游资源的组合程度越高，其开发价值也越大。

④旅游功能。旅游功能是指旅游资源能够满足某种旅游活动需要的作用，如观赏、探险、体验等。一项旅游资源若兼有 2 种或 2 种以上的旅游功能，能够吸引多个游客群体，宜于进行多种旅游活动，那么其价值就更大。

⑤环境质量和容量。吸引旅游者不仅在于资源，更重要的是在于环境。远离都市嚣尘的旅游者来到大自然的怀抱是要体验乡村的悠闲和自在，而贫瘠的土地、污染的河流、肮脏的环境是不会对旅游者产生兴趣的。

但是，并非是接待的旅游者越多越好，超过了合理的旅游环境容量，最终只会得不偿失。旅游环境容量是指在不致严重影响旅游资源特性、质量及旅游者体验的前提下，旅游资源的特质和空间规模所能连续维持的最高旅游利用水平。当然，在充分满足上述条件下，旅游环境容量大者，旅游资源价值就高。

(二)对乡村旅游资源开发条件的评价

乡村旅游资源的开发固然受旅游资源本身条件所决定，但外部客观条件对乡村旅游资源开发的限制也是必须考虑的，因此，应对以下 4 个方面进行评价：

①可进入性。可进入性是指旅游者进入旅游目的地的难易程度。乡村旅游资源的开发地的可进入性问题是一个值得考虑的主要因素。若此地区由于空间的障碍、法律约束或设施供给能力而使旅游者无法到达目的地，则其没有可利用的价值。例如，西藏旅游以前由于交通不便一直很难发展，而青藏铁路开通后，西藏成为中国旅游又一大热点。

②客源条件。一定数量的客源是维持旅游经济活动的必要条件。游客数量与旅游经济效益是直接相关的。客源条件从空间和时间两个方面分析。从空间分析，主要分析有哪些客源地、与主要客源地的距离及交通条件、主要客源地的人口特征及其社会经济文化状况。从时间分析，主要分析旅游资源季节变化可能形成的旅游淡季，这与旅游资源所在地的气候特征有一定关系。

③自然环境。旅游地的自然环境对旅游资源的质量、时间节律和开发有着直接影响作用。环境优美、气候宜人能够给游人带来更深刻的感受；而气候恶劣、灾害频繁将直接影响游客的生命财产安全，直接影响旅游资源的开发及其效益。

④社会经济环境。乡村旅游资源所在地的经济状况和社会状况也直接影响其发展能力。当地农业的发展水平影响着各种农副产品的供给情况，当地社会的开放程度决定了当地的居民对外来事物和思想的接受程度，这些都将直接或者间接地影响乡村旅游资源的价值。

【案例阅读】

任家沟景区开发条件评价

任家沟地处陕西省商洛市商南县县城东南部约3 km处，背山面水，气候宜人，自然地理条件极佳。

一、区位优势

规划地位于商南县县城东南方，距离约为3 km。通往规划地的道路为县乡道，路宽3.5 m。县河与即将建成的高速公路在规划地南侧呈平行走向，鸡公峪河与县河在此交汇。

二、自然地理条件

规划地现状多为山地丘陵，土质优良，极适宜茶叶生长。规划区内有鱼塘6处，面积6 800 m^2；耕地以种植小麦、玉米为主。规划地年降水量丰富，气候温和湿润，年平均气温14.0℃。地质灾害主要为洪涝灾害和山体滑坡。

三、经济发展趋势

商南县特色产业渐成规模。茶叶是商南县的形象产业。茶园总面积达

5 870 hm^2，年产值8 000余万元，是我国西部最北端的新兴茶区，被誉为“中国茶叶之乡”。杜仲、黄姜、丹参等中药材种植面积5 300多 hm^2，年产中药材5万t，产值近1亿元，被列为“国家级丹参规范化种植示范基地”和“陕西省中药材规范化种植基地县”。畜禽年饲养量202万头(只)，林果基地26 700多 hm^2。茶叶、蔬菜、畜禽、猕猴桃四大类10余处无公害基地已通过省级认定，2个67 hm^2 无性系茶园被批准为国家级标准化农业示范区。

旅游行业异军突起，旅游产业已经在商南县产生了1∶6的财富效应。如有“生态王国”、“峡谷之都”之称的金丝峡，2006年接待游客为10.8万人。规划地共有158户，村民人均收入1 860元/年；主要靠种植、养殖为主，多数劳动力在县城打工。

二、乡村旅游市场调查

乡村旅游开发离不开对市场的研究。通过调查，能够了解乡村旅游市场总体态势和游客对规划区域乡村旅游产品的需求状况，为规划者提供第一手材料和可靠信息，为充分利用旅游资源寻找客源市场和途径。

(一)乡村旅游者规模及构成调查

调查的主要内容：经济发展水平与人口特征；收入与闲暇；乡村旅游者数量与消费构成，即调查乡村旅游产品或服务的现实与潜在的乡村旅游者数量(旅游者国籍、民族、年龄、性别、职业、入境方式以及地区分布等)，统计乡村旅游者消费(吃、住、行、游、购、娱)水平及构成、滞留时间等；乡村旅游者对乡村旅游产品质量、价格、服务等方面的要求和意见。

(二)乡村旅游动机调查

旅游动机是指促使一个人出去旅游和选择何种旅游方式的内在心理原因。乡村旅游是人们领略乡村田园风光、体验古老的乡村劳作、了解风土民俗和使人们回归自然的旅游方式。因为旅游者各自的文化背景、社会环境、个性特征等各不相同，乡村旅游者的旅游动机也具有多样类型。

【知识链接】

城里人为什么喜欢到乡下来

一、追求新的生活方式

由于我国30年的改革开放，经济不断发展，人民越来越富裕，再加上闲暇时间增多，人们迫切需要旅游。旅游如同吃饭穿衣、学习工作一样不可或缺，旅游正在成为他们的一种新的生活方式。到乡村旅游就成了城里人的不错选择。

二、释放压力

大自然是天然的疗养师。乡村环境的自然因素较多，生活比较随意，节奏比较缓慢，闲适而恬淡，不像城里那么紧张，那么急速，可以为城里人提供一种与平时不同的新鲜的闲适气氛。乡村生活，对城里人来说，不论是观光还是参与农事活动，都能让他们暂时远离忙乱烦恼，让他们获得放松。开展乡村特色旅游，一定要了解、满足城里人的这种需求。

三、渴望宁静

渴望宁静是现代城市人对自然的一种向往与回归。城市化给城市带来繁荣的同时也导致了令人烦恼的"拥挤"、"嘈杂"、"喧嚣"和各种各样的环境污染。城市人渴望逃避城市、逃避尘嚣、逃避污染。他们渴望拥有一片绿地、一份空间、一方宁静，以沉淀自己杂乱的心情。乡村就是他们追求宁静的理想之地。

四、愉悦心灵

乡村旅游能给旅游者带来在城市里享受不到的快乐。例如，参与赏果、摘果、品果、购买新鲜水果活动，可以获得新鲜、新奇的快乐；参与钓鱼、狩猎、骑马、烧烤等活动，可以获得劳动收获的喜悦；即使在"农家乐"有限的场地里开展下棋、打牌、打麻将、打台球、唱卡拉 OK 等普普通通的娱乐活动，其快乐感和在城市时也不相同。

五、挑战自我

到乡村旅游，参与某些专项运动，挑战自我，主要是年轻人的选择。他们希望到广阔的乡村寻找挑战运动，如绝壁攀缘、峡谷漂流、岩洞探险等。这样可以增长见识、体验和毅力，可以磨炼意志、耐力和克服困难的信心。

(三)乡村旅游行为调查

旅游行为是指乡村旅游者的旅游动机在旅游过程中的实际体现。乡村旅游行为调查是为了弄清客源地乡村旅游者何时旅游、何处旅游、由谁来决策旅游活动以及乡村旅游的方式如何。

(四)旅游产品调查

旅游产品是旅游企业一切经营活动的主体。旅游企业在确定旅游营销组合策略时，旅游产品和服务是其组合的前提。

旅游产品调查内容包括：旅游资源和旅游设施相结合的旅游服务；资源的口味、级别以及旅游产品的特色、优势、风格、荣誉、组合方式；提供给旅游者的优惠条件和付款方式；旅游产品的市场生命周期；旅游产品的市场占有率和销售潜力；旅游者对旅游产品或服务的评价和接受程度；旅游者购买或接受服务的频率；旅游者对旅游产品还有哪些要求和意见等。

【案例阅读】

乡村旅游调查问卷

尊敬的女士、先生：

本问卷为本公司搜集资料所用，不署名，不涉及任何商业性个人隐私。您的真实填写对本公司旅游开发至关重要。请您协助本公司填写这张调查表，在符合您的情况的项目内用“√”表示。谢谢您的协助！

您的性别：A 男　B 女

您的年龄：A 65 岁以上　B 45～64 岁　C 25～44 岁　D 24 岁以下

您的文化程度：A 本科以上　B 大专　C 中专及高中　D 初中及以下

您的职业：A 公务员　B 企事业管理人员　C 专业/文教科技人员
D 服务销售人员　E 工人　F 军人　G 农民　H 离退休人员

您的收入：A 1 000 元以下　B 1 000～2 000 元　C 2 000～3 000 元
D 3 000 元以上

您一年计划旅游次数：A 1 次　B 2 次　C 3～4 次　D 5 次以上

您有私家车吗？A 有　B 无

来自农村：A 本人　B 爱人　C 父母　D 爷爷奶奶

如果您有时间，您愿意去乡村旅游吗？A 愿意　B 不愿意　C 无所谓

您有过乡村旅游经历吗？A 有　B 无

您到乡村旅游的目的：

A 看风景，呼吸新鲜空气　B 释放都市紧张生活、工作压力

C 采摘或购买新鲜农产品　D 了解民俗，体验乡村生活

E 让孩子了解农业生产知识，接受教育　F 探亲返乡

您到乡村旅游的出行方式：A 个人旅行　B 家庭或亲友结伴
C 旅行社组织　D 单位组织

您一次结伴出行人数为：A 2 人　B 3～4 人　C 5～6 人　D 7 人以上

您一次出行停留时间：A 1 天　B 2 天　C 3 天　D 4 天以上

您一次出行的距离为：A 50 km 以内　B 50～150 km　C 150～300 km
D 300 km 以上

您一次出行的人均花费为：A 低于 100 元　B 100～199 元　C 200～299 元
D 300 元以上

三、乡村旅游资源开发的原则和程序

乡村旅游资源的开发是在特定的乡村环境中进行的，开发过程及开发后的经营都将对乡村社会、经济和环境产生重大的影响，同时，对乡村旅游资源的开发也是为了乡村城镇化的发展而进行的，要考虑乡村居民的切身利益，以切实增加乡村居民的收入和解决其富余劳动力的就业问题。因此，对乡村旅游资源的开发要遵循一定的原则和程序。

（一）乡村旅游资源开发的原则

1. 乡土特色原则

乡村旅游对于都市人群来说，在于乡村的特有魅力，既要保持乡村的特有的“土”味和“野”味，也要保持乡村旅游资源的原汁原味，展示乡村本土的特有民俗民风，让游客体验到其独特之处。

2. 自然美和人工美的协调发展

乡村旅游资源的开发是在其原有的自然风景的基础上进行的加工改造，而要使自然美和人工美有机地结合起来，协调二者的发展，不能单纯地强调某一个方面。如果在原有的自然美的基础上进行合理的人为加工改造，则会使其变得更加“青山秀水”。

3. 保护性开发原则

对乡村旅游资源的开发还要遵循保护性的开发原则，要维护好当地的生态资源，防止人为的破坏和污染。开发是目的，保护是前提。对于乡村旅游资源如果不善加保护，最终会丧失开发和经营赖以存在的基础。

4. 经济效益和社会效益相结合的原则

乡村旅游资源的开发要以取得最大经济效益为目的。因此，在开发前和开发中要注意投入、产出的测算，不能盲目地开发、建设。同时，要注意社会效益，不能只单纯地追求经济效益，要考虑旅游者的身心健康和获得更多的知识。朴实无华的大自然给人以返璞归真的感受，使人得到充分的休息，以求健康长寿。

（二）乡村旅游资源开发的程序

第一，综合社区利益，根据地区的特点和实际，拟订开发项目。乡村旅游资源的开发要充分考虑社区利益，既要立足于资源优势，又要考虑到市场的需求，同时结合地方特色和文化特征等具体实际，在资源优化配置的基础上，拟订具体的开发项目。

第二，成立开发指导委员会，与地区居民进行沟通，以获得反馈信息。拟订好具体的开发项目后，成立开发指导委员会，具体负责项目资金，并与当地的居民进行交流、沟通，以获得及时的反馈信息。

第三，根据反馈信息，对项目进行可行性研究，同时咨询当地居民以获得支持。由开发指导委员会组织专家就目标市场、经济状况、生态环境的保护等进行综合性的分析、研究，并咨询当地的居民，结合实际，以获得当地居民的大力支持。

第四，项目修订和完善。由开发指导委员会对专家的研究报告进行评估，对项目进行修订和进一步的完善。

第五，筹集开发资金。可以由政府筹集，或由当地居民筹集，或引进外地投资。权衡各种投资渠道的利弊，选择切实可行的有效的筹集资金的方法进行筹集，实行“谁投资，谁受益”的方针。

第六，项目实施。通过以上5个步骤后，最后可对项目进行具体实施，对乡村旅游资源进行具体的开发。

第三节　乡村旅游特色定位

【引导案例】

仙居地处浙江东南部。宋真宗赵恒以其“洞天名山，屏蔽周卫，而多神仙之宅”下诏命名“仙居”，意为“神仙居住的地方”。全县乡村旅游在旅游形象定位上面做足了“仙”字文章，在“仙”字字号的“主干”品牌指导下，进行发散拓展，创设“仙”字系列的次分品牌，如仙人之旅、仙乡农家游、仙黄牌三黄鸡（仙鸡）、仙梅、仙梨等；以形成完整的品牌架构，以互补集束型和形象引领型旅游产品群占领相关市场，形成强势市场影响力。根据仙居乡村旅游的特点，针对游客细分市场的不同需求，进行了不同的定位。如对老年市场，提出“寻找记忆中的童年，生态仙居圆梦游”；对青年市场，提出“寻找远去的家园，生态仙居逍遥游”；对少年市场，提出了“寻找姥姥的故乡，生态仙居快乐游”。

一、乡村旅游形象定位

乡村旅游起源于1855年的欧洲法国。在我国，它作为一种古老而新鲜的旅游形式逐渐被现代旅游者追捧。乡村旅游成为了各地政府和旅游企业大力发展的对象。由于乡村旅游的大力开发，在旅游市场上必然形成激烈竞争，而旅游地之间的竞争在很大程度上是旅游形象之间的竞争。为寻求乡村旅游地的持续发展，延长乡村旅游地的生命周期，乡村旅游地形象定位策划显得尤为重要。

(一)旅游形象及旅游形象定位的概念

旅游形象是旅游者和社会公众对某一地区旅游的总体印象和综合评价。它既是客观存在的,又可通过各种方式和途径来塑造。

旅游形象定位就是通过设计和促销有特色的旅游产品,让社会公众和旅游者了解本地区与其他地区的差异从而形成独特的市场销售点。简单地说,就是要使旅游地在游客心中形成生动、鲜明而独特的感知。

旅游形象定位是向旅游者推出吸引人的旅游卖点。旅游形象定位源自地方独特性,是旅游地的自然环境和人文地理典型特征的集中揭示,是一种综合性的地域性的自然地理基础、历史文化传统和社会心理积淀的三维时空组合。它一般由一句精辟的主题口号概括和表现出来。国际上一些著名旅游地都有自己独特的形象。例如,威尼斯是水城,慕尼黑是啤酒城,巴黎是艺术之都,曼谷被称为天使之都,纽约是联合国之都,维也纳是音乐之都,巴格达是一千零一夜的故乡等。

(二)乡村旅游形象定位的原则

正确的形象定位是现代乡村旅游发展的前提。有了正确的形象定位,旅游地才能在激烈的旅游市场竞争中立于不败之地。在进行形象定位时,要依据以下原则:

第一,从自身资源出发,突出特色。进行形象定位,首先要认清自身的优势和劣势,扬长避短,合理定位。每个乡村都有自己独特的旅游资源,而它们是别的地区很难模仿的,正是吸引力所在。因此,乡村旅游在定位时一定要突出自己的独特性。

第二,与竞争者的定位相区别。在激烈的市场竞争中,只有提供与竞争者有区别的产品,才能获得竞争优势,盲目跟风、随波逐流的做法只会让旅游地陷入困境。另外,现代旅游业可以利用的资源越来越多,以往不被看做旅游资源的事物也变成了旅游资源。乡村旅游取胜的策略是实施差别化策略,开发特色产品,寻找市场空隙,开拓新市场。

(三)乡村旅游地形象建立的基本过程

乡村旅游地形象的建立一般包括前期的基础性研究和后期的显示性研究。基础性研究包括地方性研究、受众调查和分析、形象替代性分析等;显示性研究主要是讨论、创建旅游形象的具体表达,如理念识别、视觉符号以及传播口号等。在乡村旅游地旅游形象的实现过程中,地方文脉分析占重要地位。

地方文脉分析主要是对乡村旅游地的资源特色和传统的民俗民间文化或后期形成的乡村社区文化等进行分析,试图寻找区别于其他地区的乡村环境氛围特性并具有代表性的旅游地本质。文脉分析在旅游地形象建立中具有基础性和重要性，因为形象的内容源自文脉。同时，在乡村旅游形象设计中，地方文化的渗透是关键，也是旅游形象的灵魂所在。

市场调查分析为了在通过文脉分析得出旅游地基本形象后通过对旅游者关于目的地认识与感知来确定旅游目的地的总体印象，它是选择旅游地形象宣传口号的基础和前提，因为旅游地形象传播的对象是旅游者。通过调查确定形象，目的是满足潜在旅游者的预期心理。

旅游地竞争分析的目的是为了体现旅游地的个性化与差异化。旅游地难免存在竞争，同时旅游者对旅游目的地认知过程中，存在"先入为主"的效应，因此，策划定位旅游地形象时必须进行竞争性分析，以免处在其他同类旅游地的形象遮蔽中。例如，水上乐园威尼斯，钟表王国瑞士等，这些个性、本质是无法改变的事实。对于资源与功能雷同的旅游地，在透彻分析了地方文脉后，突出其有别于其他旅游地的本质特征。在产品设计与打造上应突出个性与差异化的特点，通过产品差异突出旅游地形象差异。

乡村旅游地形象的客体是乡村区域，而主体包括规划设计师和旅游者。设计师是完成旅游地形象的基础信息分析——核心理念的提炼——形象包装的过程，而旅游者则是完成对旅游地形象的评价。因此，旅游地形象是由开发者和旅游者共同决定的。

【案例分析】

为配合大明山的旅游发展，南宁市委市政府决定将大明山的形象口号定位为"岭南八桂奇山，壮乡人间仙境"。那么，大明山的形象为什么要定位为"奇山"呢？这个形象定位又有什么内涵呢？

一、大明山的文脉特征

文脉往往反映并构成一个地区形象的基础。包括旅游资源在内的地方文脉分析是旅游形象策划的出发点，只有准确把握地方文脉，才能进一步挖掘和提炼相应的地方特色，从而构造鲜明、独特、符实的旅游形象，并以形象魅力开拓和扩大客源市场。

综合分析大明山的文脉特征，主要体现在一个"奇"字。大明山的"奇"，突出表现在天象、地质、水文、草坪、佛光等方面，主要有"奇水"、"奇石"、"奇山"、"奇天"。

（一）奇水——赤水

位于大明山片区试验区的龙湖、橄榄河峡谷等地和核心区的水陈峰附近，景区内有不同颜色的水系。以上山公路为界，公路以北的水色为暗红色，公路以南的长城大峡谷的水则为普通清水，甚为奇特。

（二）奇石——田螺石和石英石带

田螺石位于大明山汉江沟，因水流冲刷而形成田螺状巨石。石英石带位于北回归线标志塔附近沟谷等地，呈带状分布，黑白相间，非常规则齐整。

（三）奇山——天坪、天书和坐佛、卧佛

大明山海拔1 200～1 300 m的山顶部位，有8处不长乔灌木的大草坪，几乎分布在一条直线上，也称天坪。天坪内土壤为矮林草甸土或草甸化沼泽土。天坪四周古树参天，密灌丛生，中间却是芳草如茵的高山天然草坪，故壮家人称之为“天坪仙圩”。其中，一天坪呈心形，故又称“爱心天坪”；二天坪又称“天书天坪”，因草坪中有好几块生有神秘“文字状”纹理的大石块而得名，人们传言大石块为仙人遗落于此的“天书”，给天坪增加许多神秘色彩。坐佛和卧佛位于大明山上山公路23 km处，两处山峰，一酷似盘坐的释迦牟尼，一酷似平躺的释迦牟尼。

（四）奇天——佛光和天籁之音

佛光主要发生于望兵山附近。每当降雨和天气骤然变化的时候，会出现一种当地人称“大明仙境”的佛光景观，是奇特而美丽的大气光学现象。一般在云雾多、阳光照射较强时，于早上9点钟前或傍晚16点钟后可看到。前面是弥漫的密云浓雾，背后有太阳光照射而来，在密云浓雾的孔隙中发生衍射分光作用，观察者的头影或人影出现在浓密的云幕上，其周围还有一圈彩色光环，好像佛像上的光圈，即为佛光。佛光的产生使大明山更具吸引力和神秘感。天籁之音则发生于大明山观音河一带。据武鸣县志载，大明山上“常有声，似风非风，似雨非雨，似雷非雷，似波涛非波涛，故曰大鸣”。据考察，这是大气层的震动声与鸟群鸣叫的混合声，在欧洲莱茵河谷称之为“罗累莱女神的歌声”，是一种极罕见的自然奇声。

二、大明山形象内涵分析

基于以上奇景奇观，大明山将形象定位为“岭南八桂奇山，壮乡人间仙境”，突出大明山天象、地质、水文、草坪、佛光等奇观，以激发游客的好奇心，去探究大明山的科学生态价值，为发展生态科普旅游奠定了良好的基础。其中，“奇”字不仅代表了大明山的天象、水文、地质等自然景观方面的奇特性，而且也代表了大明山在未来的开发建设中设施的奇趣性；“岭南八桂”、“壮乡”则指明了大明山的地域特征，“人间仙境”描绘了大明山的优美的环境和神秘感，有利于树立特色鲜明的广西山地旅游形象。

【评析】

大明山的形象设计充分把握住了大明山以“奇”为主的文脉特征，并充分考虑到大明山的空间地域特征，具有较强的层次性，同时又通俗易懂、朗朗上口，容易在游客心中留下深刻印象。

二、乡村旅游产品定位

(一)乡村旅游产品的内涵

乡村旅游产品是在农业观光基础上发展起来的具有休闲度假性质的旅游方式，属于一种“复合式”旅游产品。因此，乡村旅游产品开发要尽量保持自然环境的原始性以及人文氛围的原味性。

(二)乡村旅游产品的类型

1.观光游览型旅游产品

观光游览型旅游产品主要是以乡村自然景观和人文景观为旅游对象，包括以传统农业生产为主的乡村环境、乡村景点以及当地的传统民族习俗和古建筑，游客的体验程度以观光欣赏为主，是乡村旅游最基础的旅游形式。这类产品主要包括：自然的山村环境，如“山重水复疑无路，柳暗花明又一村”，“绿树村边合，青山郭外斜”，“采菊东篱下，悠然见南山”，“小桥流水人家”等；单体乡村景点，如茶园、果园、菜园、荷塘、鱼池、山间瀑布、奇花异草、奇峰怪石等；民俗文化，如民居建筑、服饰、工艺品等。相应的旅游形式包括乡村田园风光游、乡村民俗旅游、传统民居观光、古村镇观光游等。

2.休闲娱乐型旅游产品

休闲娱乐型旅游产品主要以乡村自然环境为背景，以家庭旅馆、乡村旅舍和当地农特产品为依托，游客所进行的一种以食宿为主的浅层体验型产品，主要包括“住农家屋”和“吃农家饭”，享受乡村小气候、体验乡村清新环境，体会农家屋的简朴自然和农家菜的原生态、无污染。同时，还包括在乡村举行的一系列休闲娱乐项目，这类项目对于游客的体力消耗不是很大，趣味性较强。

3.参与体验型旅游产品

参与体验型旅游产品主要包括农业体验型、康体保健型、科普艺术型、手工艺品制作等。参与体验型旅游产品强调游客的主动性和参与性。目前，乡村旅游产品同传统性能类的旅游产品一样，主要停留在吃、住、玩等较低层次的休闲娱乐阶段，提供给游客的体验还停留在悦目悦身表层，参与性不足，如旅游线路的设定是急行军式的，一二个小时走马观花一个乡村，然后吃一顿农家饭，旅游者很难体验到当地的文化内涵并从中获得难忘的回忆，而体验式旅游注重游客立场的转变，从“被动”到“主动”，从“被组织被安排”到“自己组织自己安排”，从“标准化旅游产品”转向“个性化旅游产品”，从“走马观花”到“参与”，从“只注重结果”到“结果与过程并重”。因此，体验型旅游产品是让旅游者深度参与到旅游项目中，从参与的过程当中获得全面的感知、认知和教育，并留下最难忘的回忆。

4. 交叉型或复合型旅游产品

旅游对象不是以某一种类型为主，他可能既包括观赏性也包括参与性的旅游项目，如游客来到一个自然生态村庄，既欣赏山村风景，又动手绘画、摄影、习作，从浅层感知到深度认知，并从大自然当中受到教育。

(三)乡村旅游产品的定位

在进行充分的调查研究之后，就要对所需开发的乡村旅游产品进行准确的定位。一般来讲，即使一个很小的旅游产品，在开发初期也需要进行全方位的定位，这样做是为了避免盲目开发，比较准确地把握产品的开发方向。

乡村旅游产品开发定位主要包括以下几点：

①区址定位。确定产品(项目)的主体方位、区域范围以及开发面积、周围边界的基本界定。

②景观特色定位。确定产品(项目)的主体(或核心)景观以及主要的资源属性、品位等级、景观特色。

③客源市场定位。确定项目的主要客源市场、客源群体以及大致的消费水平。

④产品功能定位。确定主要功能，其中包括专项、特种和复合等类型，如是乡村度假休闲型(农家乐、乡村乐园、生态养生、健身运动)、乡村观光体验型(自然景观、现代农业、农产品采摘)还是乡村民俗文化型(历史镇村、民族风情、民俗节庆)、乡村综合型(新农村展示、红色旅游、科技示范、农副产品)。

⑤重点项目定位。确定项目中各个重点建设的子项目，并对这些子项目进行概念性策划，或主题、风格与内容的整体策划。

⑥开发时序定位。确定开发建设过程中的工作目标、项目时序及分解实施计划。

三、乡村旅游市场定位

对于一个地区而言，发展旅游业的首要问题是如何确立本地区旅游业的市场定位。这是合理安排旅游业资源和投入并使其发挥对经济和社会的综合带动作用的基础。

(一)旅游市场定位及细分

所谓市场定位，就是指确定目标市场与市场范围。目标市场的确定首先应考虑旅游者的需要，其次考虑旅游地的特色。根据旅游者对旅游产品和营销组合的不同需求，将一个目标市场又区分成几个明显的子市场，并对各子市场的消费特征进行分析和确定，这就是市场细分。

因此，对旅游市场进行定位之前，必须要对旅游市场进行背景分析和旅游市场细分。

(二)乡村旅游市场定位及细分

对于乡村旅游来说，其市场背景是城市居民对于乡村田园的向往与眷顾和国家对"三农"问题的关注以及"新农村建设"的深入等。

乡村旅游市场主体应该定位在城市居民，以为城市居民提供乡土化、田园化、绿色化的产品和服务为出发点，为其带来休闲和娱乐为宗旨。再进一步，可把乡村旅游的城市客源市场进行细分，划分为以下几类：

①城市里先富起来的一部分人。这些人包括个体业主、企业家、商人等。在大多数情况下，这些相对比较富裕的游客群体到乡下去，除了放松身心外，主要是利用乡村的环境和地理优势，用以招待客户和联络感情。在出游形式上，这部分客人大多自己有车，经济宽裕，是目前乡村旅游客源市场非常重要的客源对象。

②周末工薪阶层乡村旅游市场。实行每周 5 天工作制以来，人们的自由时间明显增加，给近距离旅游创造了很好的条件。随着交通状况的不断改善，城市上班族在周末走出城市、投身乡下已经成为一种时尚。为适合这一潮流所做的乡村旅游开发，势必有很大的市场发展潜力。这部分客源的出游，大多数是单位组织或以同学、朋友聚会的方式，数量通常较大，但消费不算很高。

③城市学生乡村旅游市场。乡村是一个教育学生的大课堂、一部百科全书，能使学生从中认识自然、认识历史、认识城乡关系，树立学生正确的价值观和人生观。在强调素质教育的今天，越来越多的学生不再满足于课堂上的学习而热衷于到大自然中去探寻和体验。如何有针对性地开发一些适合城市学生修学需要的旅游项目，寓教育于审美，寓教育于娱乐，也是乡村旅游开发值得探讨的课题。

④以家庭出游的乡村旅游市场。以家庭为单位，利用各种假期，到乡下旅游，主要是让孩子到父母亲过去长大和曾经生活过的地方去，让孩子能有机会体验一下在城市里已经很难感受得到的大自然的风光，让全家能够到一个僻静的地方举行特别的家庭聚会，已经成为当今城市家庭享受天伦之乐的一种重要生活方式。

⑤离退休职工乡村旅游市场。在我国，由于城市发展的历史一般都比较短，而城市中的老年人有很多是来自农村的，他们对农村有感情，对农村的发展也比较关

心;那些虽出生并一直工作在城市里却喜好乡村宁静环境的离退休职工,都是乡村旅游不可忽视的潜在市场。

⑥入境游客乡村旅游市场。对于东方古老国度的神秘感,始终是吸引西方游客的源泉。因此,面对来自旅游城市的外国游客所进行的乡村旅游开发,是增强城市的综合旅游吸引力、丰富旅游者旅游经历和提高旅游创汇能力的重要举措。虽然在这一领域已有不少较成功的事例,但使这种开发变成一种自觉的行为仍还有许多工作要做。

【知识链接】

当今,随着世界工业化和城市化进程的加快,越来越多的人长期生活在高楼林立、拥挤喧嚣、空气污浊、景观呆板的城市中,城市居民离优美舒适的自然越来越远,加之生活节奏紧张,社会竞争激烈,使城市生活缺乏生趣,充满压抑。许多人产生了返璞归真和到静谧、优美、洁净、开阔的环境中去感悟大自然以及放松身心、考察生态、增长阅历、提高生活质量的强烈愿望。乡村旅游产业作为城里人们回归自然的一种重要生活方式便应运而生,并得到了迅速发展。而乡村天地广阔,有山,有水,空气新鲜,自然环境优美,田园景观多样,绿色食品丰富,乡村民俗文化多彩,这些对城市人来说,是观光旅游、休闲度假、欣赏回归大自然的好去处,具有极大的吸引力。

第四节　乡村旅游设计要突出乡土气息

【引导案例】

在农家小院区里,有"狗剩家"、"二丫家"、"柱子家"等农家味十足的四合院住宅区,也有水上餐厅和清真餐厅。这里可以体验睡农家炕的感觉,欣赏杨柳青年画,感受农家人邻里和睦的亲情。场院里陈列着古老的石磨、石碾、风车、织布机等过去时代的农具,您可以联想推磨拉碾、织布纺线的历史沧桑巨变,回味精心营造的人文景观和田园氛围的深刻内涵。民间婚庆表演另辟新意,新郎身穿红色长袍,胸前佩戴大红花;能说会道的媒婆带领迎亲队伍,鼓乐喧天,喜气洋洋;旅游景区的小乐队奏起欢快的乐曲,热热闹闹的去迎娶美丽的新娘;在一阵阵锣鼓声中,新娘、新郎双双踏过火盆,踩高粱口袋,拜见高堂,进入洞房……

乡村旅游实质上是一种特殊形式的旅游,是将特有的乡村景观、民风民俗等融为一体,因而具有鲜明的乡土特点,以其原汁原味的村野乡土特色来吸引游客。“搞农村旅游，‘洋’不起，‘土’到底，以农招客，以土助兴。”农村风光、农舍民情、农家饭菜、农事活动，建筑、住宿的城乡差异和地方色彩，都可以充分体现当地乡土特色和农家氛围。

一、突出建筑、住宿风格的乡土气息

建筑风格和住宿环境只有突出乡土和民俗特色，才能使城市游客体验到城市里所没有的情趣，让心灵得到愉悦。

建筑的风格是历史的记忆，它的每一块砖、每一片瓦、每一处细微的雕琢修饰，都蕴藏着祖先的影子，反映出先辈的情调、苦难和生活的足迹。乡村的建筑全然不同于城市景观，不同于文化古迹风景名胜，它把农村风貌与乡土文化融合在一起，展示出人与自然互惠互利、和谐共处的自然生态，而不是刻意雕琢的人工景观。这是吸引城里人的法宝。

不同地域的乡村民居，均代表一定的地方特色，景观意象很独特。如东北地区的口袋式民居、华北地区的四合院式民居、南方的天井院、客家五凤楼、围垄及土楼、西南地区干栏式民居等，均具有浓郁的乡土风格；同时，乡村宗祠建筑，如气派恢宏的祠堂、高大挺拔的文笔塔、装饰华美的寺庙等，反映出居民生活的某一侧面，是乡村发展的历史见证，景观意象亦很独特。

住宿设计要有当地农村特色。如从陕北的窑洞到东北的土炕，从内蒙古的蒙古包到江南的水乡，乡村旅游建筑的室内装修都应该简单明了，突出农家特色。睡在农家的木床上，盖上农家干净的轧花棉被，感受乡间夜晚的蛙鸣或静谧，体验与城市不一样的乡村野趣。

装饰更要突出乡村情趣。挂几串红辣椒，几个斗笠，贴几副春联，特色剪纸，客房内摆设亲切温馨，房间装修简朴大方，这些都会让游客游兴勃发、兴致盎然。

【知识链接】

乡村建筑与乡村环境协调

乡村旅游区域内的建筑从整体上须从“土”子出发，从“新”字着眼，突出乡村的特点，营造一个浓郁的乡土农家气息的环境，保持与乡村环境的协调。

(一)乡村建筑要避免与城市风格雷同

乡村古朴的民风中，如果追求城市化建筑，模仿城市住房建造火柴盒形状的砖楼，并用五颜六色的瓷砖完全包裹起来，就破坏了乡村整体环境的和谐美感，与乡村环境格格不入，从而让寻找和体验“回归自然”感觉的城里人大为扫兴，这将让乡村旅游失去独特的魅力。

(二)乡村建筑要强调农家的乡村基调

乡村旅游位于乡土气息浓郁的农村。它以乡村环境为依托，营造出以中国传统农耕社会为特点的外有田园、内有书香、衣食富足的农家闲情逸趣的意境。游客到农村来，主要是为了寻找与城市生活完全不同的“农”味、“野”味、“乡土”味，体验乡野之趣、田园之乐。

二、突出游乐项目的乡土特色

乡村旅游是城市与农村、市民与农民生活角色差异的产物。乡村旅游的精髓正是在于让都市人回眸传统农家生活的自然乐趣。乡村旅游以农业、农村、农事作为其主要发展载体，以“土”定位，抓住乡土性做文章。

要有乡土特色，大到田园风光、自然山色；小到农户居家生活，体验农民春耕夏耘、秋获冬藏的劳作。各地应该依托各自不同的区位与自然条件，使乡村旅游风貌各异、特色各别，突出游乐的乡土味。如浙江富阳新沙岛的乡村旅游既没有现代化建筑，又没有珍贵文物，却一直受到中外游客尤其是来自欧美国家游客的青睐，原因在于“乡村旅游园”推出农家牛车作为进村的交通工具，将路途时间无形地转化成为旅游时间。外国客人还可以在这里看到许多中国古代农村的缩影如蓑衣、谷砻、石磨、纺车。

怀旧是人的本能。在景区恢复几乎要绝迹的水车、水磨、石碾、鸡公车、过江溜索等；建立农耕文化展室，陈列石磨、织布机、风车、拌筒、斗笠、蓑衣、升子等，在布置相关的照片、图片，配上优美的解说词，这可以让城里人特别是青少年有机会了解传统的乡土生活和生产习俗。

【案例阅读】

来农家玩什么？

根据北京观光休闲农业行业协会 2005 年进行的一项调查，亲手采摘农产品是京郊乡村旅游者最喜欢的活动，野餐烧烤、骑马、垂钓等活动也较受游客喜爱。归纳起来，城里人到农家主要玩的项目有：

新鲜水果和蔬菜采摘。

农事活动体验(如磨豆腐、酿造、喂养家禽、掰玉米等)。

篝火晚会、烧烤(有吃有玩)。

垂钓。

乘坐畜力车在乡间观光。

体验乡村节庆，如婚礼、祭祀等民俗活动。

学习简单而有特色的民俗舞蹈、曲艺形式和传统手工制作。

当然，除了这些农村本身的项目之外，城里人也喜欢在农家乐绿色、放松的环境中和朋友一起唱唱卡拉OK、打打扑克牌、跳跳交谊舞、散散步、爬爬山等。换一个环境进行这些在城里也常玩的项目，感觉和心情也是不一样的。

三、突出饮食服务的乡土风味

崇尚自然、返璞归真，追求乡土美味，已是当今城市人的一种时尚。为都市人提供乡村绿色饮食的乡村旅游要从饮食的饭菜和服务两个方面着手，让都市居民既体验到美味的绿色食品，又体验到农村的乡土民俗文化。

乡村旅游饮食服务要提供全生态的乡土绿色食品。据调查，70%以上的游客认为农家菜肴极富特色，尽管档次不高，但胜在可口、新鲜、无污染、实惠。乡土饮食要品种多样、特色突出、鲜美可口，原料应该尽量选取不施化肥的烹饪原料；菜肴要以民间菜和农家菜为主，以“土”为本，如土鸡、土鸭、土猪肉、土鸡蛋、山珍野菜、石磨豆花等；制法古朴，用具简单，原汁原味，体现“绿色”风格，更符合游客崇尚自然、回归传统、追求健康、养身怡年的饮食风尚。

乡村旅游饮食服务还要有浓郁的乡土味。农村热情而真诚的待客服务方式，古朴的民风，粗粮、菌竹、野菜、土碗、陶钵、大地锅，把乡情之“真”、风物之“淳”、乡村生活之“实”都放在民间传统的“田席”上。在墙壁上，挂一些具有鲜明农村特色的东西，如丝瓜瓤、红辣椒串、腊肉、老玉米等；吃饭的桌子、凳子也用当地的木头或石头做成，加上潺潺的水车、古老的榨油机，一种农家意境便凸显出来。乡村旅游的餐饮土气而野性，乡土甚浓，游客便觉自然原始，有返璞归真之感。

【案例阅读】

好吃不如农家菜

海南汇城北民俗桃园农家乐是国家农业旅游示范点。这里的农家饭很有特色。在桃源村的一片空地上，特地搭建了“饭庄”、茶室。这是一间全部用木材造起来的房子，200 多 m^2，可以同时容纳 100 多人就餐。农家饭是浦东南汇地区传统的婚宴菜，当地人称之为“老八样”。菜是三黄鸡、走油肉、蹄膀、咸肉、蛋饺、红烧鸭、墨鱼、河虾、肉皮汤、香瓜塌饼等，饭则是咸酸饭。这里的三黄鸡当然是“最正宗的”，皮肉鲜嫩，不油不腻。各样菜都相当新鲜。几乎所有人都对农家饭的“饭”留下深刻印象。这种用咸肉、猪油和新大米煮成的咸酸饭，味香、鲜美、松软可口。据当地人介绍，南汇新大米特别白，颗粒大，而他们用来煮饭的青菜也大有讲究——所用的是果园村特产的矮脚青梗菜。用这种青菜来煮咸酸饭，菜酥饭糯，而依旧“青翠欲滴”，使人胃口大开。

第五节 乡村旅游开发要彰显民俗文化

【引导案例】

云南省丽江是著名的旅游胜地。丽江具有丰富的民俗旅游资源，旅游业依靠展现其民俗风情特色取胜。丽江境内居住着10个民族，各民族的风俗礼仪、生活习惯本身就是一幅幅绚丽多彩的画卷。不同风格的居所、服饰、饮食，三朵节、三月会、七月会、火把节、祭天、祭祖等民族节日，独特的婚嫁、丧葬习俗，以及令人目不暇接的各种民族歌舞，都给游客带来了无尽的惊喜。

民俗就是民间的风俗，是创造于民间又传承于民间的具有世代相习的传承性事物和现象(包括思想和行为)。民俗是广大中下层劳动人民所创造的民间社会生活文化，是传统文化的基础和重要组成部分。乡村民俗文化涉及乡村的生产、生活、礼仪等多个方面，生动活泼，丰富多彩。民俗与旅游是一对孪生兄弟。在现代旅游活动中，只要旅游者离开居住地到异地时，就会感受到一种与自己惯常居住地不同的风土人情，如居所、饮食、音乐、舞蹈、服饰、礼仪等，给人一种完全不同的文化生态环境，即旅游目的地的民俗文化氛围。没有一种旅游行为是能脱离所在地区的民俗文化的。

一、民俗文化的内容

民俗是传统文化的基础和重要组成部分。民俗作为文化现象，其内容复杂，但在表现形态上可分为3种，即物质民俗、社会民俗和精神民俗。

(一)物质民俗

物质民俗主要包括服饰民俗、饮食民俗、居住民俗和生产民俗。

1. 服饰民俗

服饰民俗是指人们有关衣服、鞋帽、佩戴和装饰等穿戴打扮方面所形成的习俗。服饰民俗集中表现了各族人民在服饰审美方面的差异，同时也一定程度上说明了各民族的经济、文化发展现状。例如，被戏称为“封建头、解放脚、经济衫、浪费裤”的惠安女着装形象，成为福建南部惠安地区的著名景观；苏南妇女的“青莲包头藕荷兜”造型，轻盈、洒脱，颇具江南水乡特色；陕北农民特有的头饰白羊肚毛巾与黑裤黑棉鞋及老羊皮大衣相配，成为黄土高原上淳朴农民服饰。

2. 饮食民俗

饮食除了与人类的生活密不可分外，而且与各民族的风俗和感情息息相关。南方以米食为主，北方包括东北、西北等地往往以面食为主。中国汉族的八大菜系各有特点，形成“南甜北咸，东辣西酸”的饮食地区性特点。饮食习俗包括居家饮食习俗、节日饮食习俗以及嗜食与禁忌。

3. 居住民俗

由于居住地区的气候条件、建筑材料和所从事的经济活动不同，以及各个民族生活文化和各民族之间的相互影响等原因，从居住习俗到形式存在着很大的差异，尤其是居住形式，是民俗中不可多得的景观。中国各民族的民居建筑主要可以分为帐篷型、干栏型和上栋下宇型。帐篷是北方许多游牧民族和狩猎民族的一种古老的居住形式。干栏型居室流行于南方少数民族地区，可防潮、散热、通风，避免虫、兽侵袭和洪水冲击。上栋下宇型建筑是各民族流行的一种居住形式，形式多种多样，如汉族的四合院、窑，藏族的碉房等。

4. 生产民俗

生产民俗大体可分为狩猎生产、农耕生产、手工业及其他生产三类民俗。乡村农耕文化是最具地域特色的乡村生产民俗。湖南省洞庭湖的大水面养殖和捕捞以及大面积的粮、棉、桑、麻种植等，均体现了鱼米之乡的色彩；湘西、湘南和湘东的山地立体农业、土地多层次利用，以及筒车吸水、石碾加工粮食等传统农耕文化，显示了山乡的古、土、真、野风情；湘中河谷平原和丘陵盆地，特别是大中城市郊区的精耕细作农业，使人感受到人类改造自然并与大自然协调和谐的魅力。

(二)社会民俗

社会民俗主要包括岁时节令、生活礼仪和游艺竞技。

1. 岁时节令

岁时节令民俗，内容丰富，形式多样，最富有民族特色。按照活动内容的性质有以下 5 种类型：

一是宗教性节日，如信仰伊斯兰教的各民族的开斋节、宰牲节和古尔邦节，信仰基督教的复活节。

二是纪念性节日，如纳西族的三朵节、汉族的端午节。

三是以农业生产为主体的各种行业的生产节日，如藏族的望果节、苗族的吃新节。

四是社交性节日，如蒙古族的那达慕大会、壮族的三月三。

五是综合性的节日，如共同的节日——春节、端午节。

2.生活礼仪

生活礼仪民俗是各地区人们在长期生活经历中形成的一种相对稳定的习俗。如生活方式、婚丧礼俗和禁忌等,是民俗中很有特色的一部分。其中待客往来和婚嫁礼俗最具民族特色。

3.游艺竞技

游艺竞技是指民间世代相传的流行于民间的游戏、游艺、竞技、体育、工艺等方面的内容,如舞龙、舞狮、走高跷、跑旱船、放爆竹、看花灯等。

(三)精神民俗

精神民俗包括宗教信仰和禁忌习俗。

1.宗教信仰

宗教信仰是指人们生活中偏重信仰观念和崇拜心理的风俗事象。我国信仰民俗的形成除民众的功利目的因素外,还受到佛教与道教的影响,其中不少还掺杂着浓重的迷信成分,如阴阳、风水、八字、面相、算命、测字、卜风、咒符等。

2.禁忌习俗

禁忌习俗是为了避免某种臆想的超自然力量带来的灾祸而对某种人、物、言行等的限制或自我回避。被禁忌的对象有人、物、名字和数字等。

二、民俗文化旅游活动开发

我国地域辽阔,民族众多,“千里不同风,百里不同俗”。各民族各地区在长期的历史发展中形成了鲜明独特的民俗。乡村民俗文化是乡村旅游特色之所在,也是乡村旅游吸引力的主要因素。所以,乡村民俗文化活动是乡村旅游开发的重要基础。

(一)乡村民俗文化在旅游中的作用

1.具有参与娱乐的吸引力

各民族各地区别具风格的民间传统活动,像朵朵奇葩,绚丽多彩,其内容包罗万象,尤其是一些重大节日,几乎是民间经济活动、宗教信仰、文化娱乐、社会交往和民族心理等多方面的民俗事象的集中反映,具有全信息性质,是综合性的文化现象。将游客融进民风之中,入乡随俗,为其所动,才能有新、奇、乐之感,这是传统民俗旅游观光中的最佳一种旅游方式。因此,在婚嫁习俗、传统节日、服饰、饮食和传统体育活动等民俗旅游中,都会有丰富的娱乐项目,满足人们猎奇的心理。

2.具有旅游观光的吸引力

乡村民俗文化最能体现、发扬中国旅游的文化性,弘扬中华民族的优秀文化,同时民俗文化旅游也有利于文化交流和人们互相间的了解和交往。

乡村民俗文化的旅游吸引力，来自于与旅游者所属民族文化的差异性。这种差异是一个民族一个地区区别于其他民族和地区文化的组成部分。用这种它地绝无仅有的民俗文化资源发展旅游，可使旅游者领略各民族绚丽多彩的乡村文化活动和民俗风情，增强了解各民族、各地区的历史、现状和动向，从而增强旅游吸引力。

3. 具有打造旅游品牌的基础

任何一种富有吸引力的旅游产品，必须是特色的产品。世界各地山水风光大同小异，民俗风情却截然不同，具有浓郁的本地特色。我国乡村文化丰富，其民俗文化资源不仅给旅游者以新鲜独特感，而且各地都以其为依托，创造出世界著名的旅游品牌。

(二)乡村民俗文化旅游活动的开发

一个地区的民俗文化开发应选择符合当地实际、体现民俗文化特色的适当形式。乡村旅游必须注入丰富的乡土民俗文化，提高它的精神内涵。利用民俗文化提高它的精神内涵，利用民俗文化提高乡村旅游的吸引力，应从以下几个方面着手：

①挖掘当地的风俗民情。乡村旅游要深入挖掘民俗文化内涵。不同的季节、不同的农作物、不同的乡土民俗、不同的民族都为开发乡村旅游提供了丰富的旅游资源和发展旅游业的载体，如神秘的藏族民俗、彝族民俗、白族民俗是藏村、彝村、白寨乡村旅游的卖点。举办少数民族风情旅游，对国内外特别是西方游客有很大的吸引力。

②大力弘扬特色文化。在开发建设乡村旅游项目时，一定要结合当地实际，突出特色文化，用“特色”这块招牌树立形象。城乡文化的差异和不同地区、不同民族文化的差异是乡村旅游的重要吸引物。其差异越大，吸引力也就越大。我国各地农村的饮食、穿着打扮、节庆、婚嫁、房舍建筑、民歌民谣、民间传说等乡土文化都充满浓郁的地方色彩。开发这些资源，不仅让游客接受乡土文化的熏陶，还可以使民俗文化得到更为广泛的传播。

③增强民俗文化的参与性。目前，大多数乡村旅游主要停留在吃、玩、住等较低层次的休闲娱乐阶段，民俗文化的参与性不足，减少了很多体验农家生活的乐趣。作为休闲旅游来说，游客在其旅游过程中参与的愿望正变得越来越强烈，因此，在乡村旅游活动中增强体现民俗文化、农耕文化、乡土文化的参与性，加强旅游项目的设计，是吸引游客的有效途径。

(三)民俗文化商品的开发

旅游商品以其浓烈的地方色彩和深刻的文化内涵令城里人痴迷，当游人买下哪怕是一件小小的旅游纪念品时，就不仅把文化带在了身边，把美好的回忆带回了家，而且也把乡村旅游的“广告”带回了家，带给了亲友，带到了四面八方。研究开发适销对路的旅游商品，是丰富乡村旅游文化内涵的一个重要方面。开发具有本地特色、充满民族风情的旅游商品，在用材、造型、色调、图案、风格和包装装潢等方面都要围绕自己的特色进行设计，体现当地的民俗文化，使乡村旅游商品具备“三性”（纪念性、艺术性、实用性）、“三风”（中国风格、地方风格、民族风格）。

三、设计参与体验旅游项目

“到农民家里体验田园生活”、“去国外入住当地人家”、“当一天渔民”……这类旅游项目称为体验旅游。体验旅游追求的不是传统的山与水，而更多的是一种生活方式的体验、一种闲适心情的分享。以观光为主流的旅游产品似乎正逐渐让位于新、奇、特的感受的参与体验游。

所谓体验，就是经营者以农场为舞台，以山林田园景观为布景，以游客为主角，以农产品为道具，编排剧本，创造出值得游客回忆的活动。这其中农产品是有形的，体验是无形的，而创造出的感觉是令人难忘的。

对于乡村旅游产品而言，设计参与体验型的项目是迎合现代旅游市场需求的必要工作。在设计参与体验项目时要遵循以下几个原则：

①差异性与特色性原则。乡村旅游与其他旅游形式最大的区别就在于它的乡土性。因此，乡村旅游必须突出乡村特色，把握乡土味，不能搞模仿、复制和捏造，更不能“城市化”，否则便失去原汁原味而违背乡村旅游的本质属性和鲜明个性。同时，要注意各个乡村旅游设计项目之间的差异性，体现“人无我有”的特色，寻找、发掘和利用农家资源的特色。

②开发与保护协调原则。乡村旅游项目设计过程中，要将保护工作放在首要地位，切实加强保护措施，既要保护乡村旅游区域的自然环境，尽量减少对周围环境的污染，又要保护建筑文化和民俗文化，突出乡村特色，而保护的成果又会增加乡村旅游的吸引力。

③以游客兴趣为本的原则。乡村旅游活动的设计要以兴趣为先导，以参与体验为中心，有适当的知识渗透。一般来自城市的游客中都有体验农家生产生活的潜在需求，在产品设计中要适当引导，利用游客对乡村旅游已有的兴趣，激活潜在的兴奋点，吸引更多的游客。参与体验项目要具有文化内涵，体现知识性、趣味性、体验性、享受性，使游览、娱乐与学习相结合，还同劳动操作参与相结合，使乡村旅游更富吸引力。

④宾主互动原则。乡村旅游的娱乐活动不应该是孤立地进行的，而是一种宾

主间的相互作用、相互过程。主人把乡村习俗、文娱活动等要求传达给宾客，宾客再把对项目的理解、情感体验等信息以自身的表情、动作等行为方式反馈给主人，形成交流，传达友谊。

⑤过程原则。参与体验强调的是一段闲适时光的享受过程，一种活动项目的参与体验过程。所以，乡村旅游要通过对项目活动过程的设计、组织、控制、引导使游客积极参与各种活动和实践探索，从中感受、体验心情。过程原则要求游客在乡村旅游创设的农家环境中活动，了解农事，体验劳作，寻找亲自体验、自我参与的感觉。

【案例】

乡村旅游带来的巨大经济增长为许多村民带来了致富的希望，于是，有的破土动工，将自家的院落改造成农家院，而已有的接待户开始将院落装修升级换代。记者在怀柔一家市级民俗旅游接待户看到，原有的土炕只保留了通铺的形式，颇具乡土气息的锅台等不见踪影，墙壁也贴上了“美观”的墙砖，所到之处可以感受到的都是浓厚的“城市气息”。对此，一位姓王的游客在“乡村游”归来之后表示了她的失望：“没有农家气息，乡村游还有什么劲儿？”

如何评价上述案例？

【复习思考题】

1. 什么是乡村旅游资源？
2. 乡村旅游资源具有哪些特征？
3. 举例说明乡村旅游有哪些优势？
4. 什么是旅游形象？
5. 旅游形象定位的原则有哪些？
6. 乡村旅游产品有哪几种类型？
7. 乡村旅游城市客源市场细分为哪些群体？
8. 乡村民俗旅游活动开发从哪些方面着手？

第三章　乡村旅游经营管理

【学习目的】

- 掌握乡村旅游经营管理的基本方法
- 掌握乡村旅游经营管理的基本策略
- 掌握开办乡村旅游要做好哪些准备工作
- 掌握开办乡村旅游的相关手续与政策

【引导案例】

“请进来”、“走出去”带动乡村旅游

阳朔县历村采取“请进来”、“走出去”的方式，邀请媒体到历村制作电视节目，将本身比较有特色的民居旅馆、农家饭店的图片、联系电话、特色菜谱以及周边田园风光的相关信息在互联网上发布，并制作成精美的民居旅游宣传图册 5 000 份，免费赠送给各旅行社、导游、游客，扩大宣传面，使更多外地客人了解历村，向往历村，有力地带动了历村民居旅游发展。

案例中介绍了“走出去”、“引起来”的策略，使更多的人了解该旅游景点，从而吸引顾客的目光。制作和发布宣传图片，在网络上发布信息和广告等，这些低成本高效率的宣传方法，要大力推广和运用。

第一节　乡村旅游经营管理概述

国家旅游局将 2006 年定为“中国乡村旅游年”，为乡村旅游的快速发展提供了难能可贵的机遇。人们回归自然、回归乡村“吃农家饭、品农家菜、住农家屋、干农家活、娱农家乐、购农家品”的消费新需求为乡村旅游提供了广阔的市场；党中央统筹城乡发展的重大战略——建设社会主义新农村，为乡村旅游的发展产生了重要的特殊的促进作用。

一、乡村旅游经营管理的概念

(一)乡村旅游经营管理的基本含义

什么是乡村旅游？乡村旅游就是以乡村地域及农村相关的风土、风物、风俗、风景组合而成的乡村特色的民俗风情为吸引物，吸引旅游者前往休憩、观光、体验及学习的旅游活动。乡村旅游经营管理是指对村庄内的旅游资源进行开发、经营、整合、维护、监督等多个方面的活动。

【案例阅读】

互助县是全国唯一的土族自治县，位于青海省东北部。全县面积 3 423.9 km^2，平均海拔 2 500 m，人口 37.5 万人，其中土族 6.5 万人，占总人口的 17.33%。2000 年，互助土族故土园被国家旅游局评为 AAAA 级旅游景区。整个景区分土族民俗旅游、自然生态旅游、宗教文化旅游、青稞酒文化旅游四大块。全村主要开展土族民俗风情旅游，开辟出田园风光、土族花儿、土族婚俗、土族歌舞、轮子秋、民俗风味餐、纪念品销售、家访等服务项目。所有服务项目都按照土族传统文化的风格进行，真实地反映了土族人的生活风采。土族民俗旅游在全省乃至全国都有了一定影响。

(二)乡村旅游经营的范围

乡村旅游经营的范围十分广泛，包括村庄内所有已开发的、待开发的所有旅游资源。所谓旅游资源，是指自然界和人类社会中凡能对旅游者产生吸引力，可以为旅游业开发利用，并可产生经济效益、社会效益、环境效益的各种事物和因素。乡村旅游资源包括山地、林地、果园、菜园、民族风情建筑、历史遗址、名人故居以及农户住宅、养殖场等一切农村特色景物。

(三)乡村旅游经营管理的基本原则

国家鼓励乡村旅游资源的开发，因为这是促进农业发展、吸收农村剩余劳动力、增加农民收入的可取之道。乡村旅游经营管理应遵循以下原则：

①自愿和民主原则。对乡村旅游的管理要遵从农户的意愿，不能强行征用土地、水塘、住宅等来进行旅游建设。同时，对于所管辖的旅游景点、项目的管理，要保证充分的民主，尽量使全村人都参与进来，保证受益面。

②量力而行原则。不能“好大喜功”，在资源、经费不允许和条件不成熟的时候大兴土木，过度开发，使得前期成本投入过多而无法正常完工或者投入运营。

③可持续发展原则。不能只顾眼前利益，过度投入和开发，“竭泽而渔”，而是要从长远的利益出发，注重旅游资源开发经营的生态效应、社会效应和可持续效应。

二、乡村旅游经营管理的方法

由于受到自身条件的约束，单个或者几个农民很难掌握科学的经营管理方法，有效地开发、经营和管理乡村旅游项目。因此，村庄必须帮助和指导农民进行市场背景分析和市场定位分析，科学地设置旅游项目，实行乡村旅游的经营策略。

（一）市场分析

乡村旅游经营管理中的市场分析，主要包括村庄对旅游市场背景（大环境）的分析、市场细分和市场定位这几个部分。所谓市场背景，就是乡村旅游业生存和发展的空间，是影响旅游资源开发、经营和管理的基础性条件。市场定位是指村庄将通过何种营销方式、提供何种旅游服务形式，以区别于竞争者，从而树立村庄旅游的形象，取得有利的竞争地位。市场背景分析是为市场定位服务。村庄进行市场背景分析和市场定位，在旅游经营管理中是至关重要的一环。因为只有完成了这部分任务，才能明确该村庄旅游开发、管理和经营的方向与前景。

对于乡村旅游来说，其市场背景是城市居民对于乡村田园的向往与眷顾、国家对“三农”问题的关注、“新农村建设”的深入等。其市场定位应该以提供乡土化、田园化、绿色化的产品和服务为出发点，以为城市居民带来休闲和娱乐为宗旨，可以定位为旅游观赏、乡村体验、红色追念等。旅游市场类型定位即确定目标市场。目标市场有多种分类方法，如按照性别、年龄、职业、学历、购买时间、购买方式等划分多为种类型。

【知识链接】

红色旅游市场定位应从如下方面考虑：

①在性别构成比例方面，以发展男性市场为主，女性市场为潜在市场。所以，在吃、住、行、游、购、娱各大要素设计上要重点考虑男性游客的需求。

②在年龄结构方面，以中青年为主。由于这一群体具有精力充沛、收入稳定、消费限制条件少等优势，是进行市场开拓的重点领域。同时，老年市场对红色旅游的需求欲望高，出游可能性很大，应将其作为重点开发方向。

③在职业结构方面，要以政府机关、企事业单位的人员为核心市场，青少年学生是未来发展的主攻方向。

④在学历层次方面，将中高学历人员作为红色旅游的主要客源市场。这就要求红色旅游产品必须体现较强的文化性、真实性，才能稳定住此类客源市场。

⑤在销售渠道上，除积极发展单位团队旅游外，红色旅游景区（点）应联合旅行社共同推出红色旅游产品，同时采取措施吸引散客参与红色旅游。

乡村旅游的市场背景分析要兼顾宏观、微观环境。在市场定位方面，一是要确定所提供的产品和服务类型；二是要对目标市场进行精确的市场细分，如按照性别、年龄、职业、学历、购买时间、购买方式等进行细分，然后才可以科学地进行市场定位。

(二)资源开发与利用

村庄旅游资源的开发，应立足于本来的自然资源，绝对不能选择以毁坏资源为代价的路子。特色的民居建筑，深厚的历史文化，浓郁的民族风情，都是村庄独具魅力之处，也是吸引游客的资本。

【案例阅读】

守着玉龙雪山脚下这块美丽富饶的土地，玉湖人百十年来始终没有走出贫困与落后的怪圈。从20世纪80年代开始，玉湖人举起斧头，抡起锄头，斧头砍向玉龙雪山脚下那片森林，锄头掘向村寨周围的金矿。玉湖村党支部书记赵世军是当年砍树挖矿的见证者。他说。那几年先是砍树，后是挖金矿。山上大树几乎都砍完了，村前村后到处是满目疮痍的大坑。疯狂的躁动没有带来持久的财富，反而带来了更多的自然灾害。玉湖人仍然处在深层次的贫困包围圈中。时至2003年，全村农民人均纯收入仅为933元，在全乡倒数第一，比全县低327元。2004年，新的村党支部和村委会在县、乡党委的帮助下，对全村的今后发展道路进行了全面的分析和定位，认为玉湖村不应该选择以毁坏资源为代价的发展路子，要走保护资源发展的路子。他们决心依托玉湖村独具特色的民居建筑，深厚的历史文化，浓郁的民族风情，同玉龙雪山连成一体的山水风光资源，与蓬勃发展的丽江旅游大市场对接，发展山村生态旅游，以达到保护玉龙雪山生态资源、富村富民的目的。在市、县党委和旅游部门的帮助下，村里整修了旅游线路，推出了旅游景点，修建了卫生厕所，修建了停车场、旅游管理房。乡村生态游的兴起，使全村的产业结构发生了深刻的变化，全村从事旅游的达200多人，每天参与租马服务的村民有100多人，还有农家乐、运输户、特色种养户等。去年底，全村经济总收入达500多万元，人均纯收入1 851元，比2003年翻了一番。

许多村庄为建设旅游景点，大兴土木，把宝贵的林地、草地破坏了。这种方法是极其危险的。村庄的自然资源是村庄生态、经济发展的源泉，也是村民生活的根本，同时，也是旅游开发和经营的根本。毁坏了这个源泉和根本，就如同“竭泽而渔”，人工开发的景点也不能长久地红火下去。

(三)经营策略

随着乡村旅游的日益兴盛，五花八门的旅游形式让游客应接不暇。为了吸引更多游客的注意，在经营上不能“守株待兔”，而是要主动出击，尽可能地扩大宣传面，获得更大的客源。

在乡村旅游经营管理实施中，组织各种活动，营造节日氛围是关键。许多村庄在村党支部和村民委员会的领导组织下，举办富有特色和活力的活动，如葡萄狂欢节、采梨节、美食节、吃西瓜大赛等，吸引了不少游客。

【案例阅读】

广西壮族自治区桂林市恭城瑶族自治县莲花镇红岩村以旅游节庆活动为龙头，打造农业旅游品牌。由于景区位于“中国月柿之乡”的区域内，因此，红岩村自2003年开始，在万亩月柿奇地举行一年一度的大型月柿节，邀请国内著名的表演艺术家为开幕式的大型文艺表演登台献艺，并充分利用这个机会打出“品瑶乡月柿，喝恭城油茶，住生态家园，做快活神仙”为主题的宣传口号，提高红岩村的旅游知名度。该村还先后在报纸、电视、电台、网络上做过各种宣传促销，多次到区内外主办旅游推介会。

村庄举行民族特色的活动，一是可以宣传少数民族历史文化和风土人情，让游客参与进来，激发广大游客的兴趣；二是可以借助特色活动推销农产品、纪念品、收藏品等，增加乡村旅游收入；三是通过举行大型的活动或节庆，吸引众多媒体的注意，产生广告宣传效应，从而有助于扩大该旅游项目的知名度。

(四)广告策略

广告，即广而告之，就是通过种手段让别人了解你的企业、产品、服务，甚至是任何意图。对于乡村旅游来说，广告手段有许多，一般指通过报刊、电台、电视台、招贴、电影、幻灯、橱窗布置、商品陈列的形式来进行。人们常以“无孔不入”比喻广告在社会上的现象，乡村旅游也不可例外地要尽可能地扩大宣传面、广告面。一些村庄的“农家乐”，由于地处边远山区，而在公路口(尤其是高速公路口)设置大型的招牌、广告牌和路牌，这不失为吸引特定顾客群——自驾旅游顾客的一个良策。近年来，由于网络的兴盛，许多乡村旅游景点在网上发布促销、宣传广告，也达到了很好的效果。

【案例阅读】

中国旅游网上洛维农业旅游区的文字宣传

洛维农业旅游区位于市南郊6 km处。观光农业区由民俗度假村、千亩游山湖、千年古榕、桃花园、茶花园、响水竹村、碧鞭蓉景区、千亩柚林、沙滩等景点组成。观光农业区风景秀丽，群山环抱。大桥园艺场内的都乐河、帽河似两条洁白的玉带，蜿蜒曲折，穿场而过。洛维场沿柳江河岩线 7 km，翠竹映碧水，江山更秀美。现已开发有射击俱乐部、钓鱼游船快艇、水上娱乐游泳场、溶洞卡拉 OK 歌舞厅等，每年还举办桃花节、柚子节和茶花节等旅游假期活动，是人们回归自然的休闲度假胜地。

中国旅游网上洛维农业旅游区的文字宣传，网页上有精美的景区风光，也有游客参加景区活动的照片，形象生动地将景点亮出来，吸引潜在顾客。因此，村庄可以将本村的旅游景点加以整合，然后在网络上进行宣传和推广，这不仅提高本村知名度，还可建立美誉度和信誉度，带动本村旅游业的发展。

随着网络的蓬勃发展和我国人民互联网使用率的逐渐攀升，使得我们无法忽视它的巨大影响力和潜在的商机，村庄也应该融入"网络经济时代"。对于乡村旅游来说，网络广告具有以下优点：

①成本低廉。同其他广告媒体相比，网络广告的成本可说极低，比起印刷商品目录和电视广告，其费用更显微不足道，且上网之广告区域能延伸之全世界每一个角落。

②效果形象逼真。互联网络具有文字、图片、色彩、电影、三度空间、虚拟现实等所有广告媒体的功能。通过它，可以让游客非常方便地看到旅游景点的介绍、服务方式、联系地址，而且可以加入声音、图片、动画和影像信息，达到真正的声情并茂。

③传播范围广。互联网是国际联通的，遍及全世界每个角落。可以利用互联网发布乡村旅游广告，做到足不出户而"香飘万里"，将顾客吸引上门。

三、乡村旅游经营管理中存在的问题

(一)同质化、程序化、都市化趋势严重

不少体验过"农家乐"的游客说，一些地方的"农家乐"农家本色减少了，乡村野趣淡化了，有农家特色的参与体验性项目更是越来越少了。之所以出现这种令人遗憾的情况，正是因为有些"农家乐"的经营者不针对本地农村资源优势和风土人情进行深入挖掘，生搬硬套外地经验，旅游项目千篇一律。更有甚者，还大兴土木，贪大求洋，农家俨然成了城市星级宾馆的翻版。现代是够现代的，可是当城里人享受着这些熟悉得不能再熟悉的服务时，不免也就失去了对"农家乐"原有的憧憬与渴望。

"农家乐"的根就在一个"农"字。乡村唯有美丽的田野、如画的山水、淳朴的乡味，才是城市人向往的旅游亮点。事实上，无论是哪座城市，其繁华程度都远远胜过乡村。所以，村庄要想"游"活"农家乐"旅游经济，就得发挥农村自然景观和乡土

文化的优势。其中很重要的一点，就是要具备乡土气息。村干部在引导、规范本村“农家乐”发展时，要迎合游客的尚“土”心理，在乡村风光、乡村生活和乡村文化上做足文章，把农家的特色有机地融入自然风光之中，融入到民风淳朴、幽雅清闲自在的山川田野之中，真实体现回归自然的真谛；要突出地域特色和产品特色，防止产品同质化和雷同化。村庄在旅游开发中，即便是为了提高旅游品位，也应当以“农”为本，切莫游离了乡土味。

(二)管理欠规范，“宰客”现象频频发生

许多地方发展乡村旅游，不从长远考虑，只顾眼前利益，对游客的服务不热情、不周到，“宰客”现象频频发生。例如，某些地方的“农家乐”，原本比较便宜的饭菜，其价格随人就市，遇见熟人、本地人就低，遇见生人、外地人就高；有的还和游客发生矛盾纠纷等。这既影响了村庄的声誉，也阻碍了当地旅游业的进一步发展壮大。

【案例阅读】

旅游业的发达也使一些人产生了“靠山吃山，靠红吃红”的歪念，像文中所说的，利用伟人的书法解读“福包”为名，要求游人捐款；利用向革命老区的建设献一份爱心善款为名，狂敛私财，这是对名山价值的贬低。井冈山某些人“宰客”敛财的现象并非个别，在一些旅游点或多或少都有所见。有些地方门票年年暴涨，并以借举办节日演出、庆典活动等名义搭车收费；有的将烈士陵园作为商家摆摊设点，作为额外收入之途径；还有的将烈士陵园作为娱乐场所，甚至跳起艳舞；有的玩着把戏以做善事为名，从游客身上诈取钱财；一些人打着红色的旗号，带上封建的色彩，想方设法在游客身上打主意等。这些都给红色旅游带来不可低估的负面效应。

游客是乡村旅游的“上帝”、“财神”，没有他们的光顾，乡村旅游业将无法发展。如果热情周到的服务游客，让其有宾至如归之感，则对于该旅游项目会产生好感，并将好口碑向其亲戚、朋友传播开来，产生一种有益的广告宣传作用，从而使游客源源不断；如果只关注眼前利益，则只会产生“一次性”交易，游客的恶感也会散播开去，投资再多做广告、做宣传也于事无补。政府部门已认识到“宰客”现象的严重性和破坏性，出台了乡村旅游管理条例，加强对旅游市场的规范。

【知识链接】

苏州市农家乐旅游服务暂行规定(节选)

第十条，农家乐旅游服务从业人员应具备良好的职业道德和专业技能。从事饮食业及其他直接为游客服务的人员，应按国家规定取得有效健康合格

证明。

第十一条，农家乐在旅游经营活动中应当依法经营、公平竞争、诚实守信，出售商品和服务收费应当明码标价，货真价实。

第十二条，农家乐旅游经营者不得采取下列手段从事经营活动：强行拉客、欺客宰客；强行要游客购买商品或接受有偿服务；掺杂、掺假，以假充真，以次充好，或生产销售不合格产品；欺行霸市，诋毁其他农家乐名誉；法律、法规、规章禁止的其他行为。

村党支部和村民委员会要切实加强规范本村旅游业发展的工作，时刻关注县、市、省和中央出台的法律法规，并及时向农民传达新的规章制度，灌输"宰客"、"欺诈"的危害性。只有这样，才能规范村庄旅游景点，避免"宰客"现象，赢得好的声誉，保证本村旅游业持续发展。

（三）乡村旅游管理人才欠缺

目前而言，我国大部分村庄的旅游管理队伍人员水平参差不齐，缺乏高水平的管理人才、经营人才；一般从业人员也因为缺乏培训而服务不规范、不到位，标准不统一；相关部门对行业的管理指导也还没有完全到位，影响了乡村旅游的发展。

许多经营者对乡村旅游的特点认识不足，不懂得如何去钻研相关业务，不懂得去揣摩旅游者的心理，错误地认为旅游者来到这里看见了山、看见了水、看见了美丽的自然景观就行了。正是这种错误的思想使从业人员根本就没有钻研和学习知识的欲望，从而导致了从业人员对旅游业务知识的贫乏，进一步导致本村的旅游资源没有深入挖掘，旅游文化和品牌更无从谈起。

然而可喜的是，一部分村庄已经认识到了人才的重要性，很多地方已经开展了乡村旅游管理人才的培训工作，且成绩斐然。

【案例阅读】

成都市各级政府和旅游管理部门为提高农民旅游服务水平，采用农户喜闻乐观的形式，开展烹饪技术、饮食卫生、服务礼仪、导游讲解等方面的免费培训。经过培训，一批"村姑"成为乡村旅游示范区的讲解员，农家乐服务质量和服务水平显著提高。成华区还通过成立农民自治组织，促进农民进行自我教育、自我管理、自我提高，形成了良好的社会风貌。

只有好的人才队伍才能产生好的创意、好的策划和高水平的管理，而且，只有本土旅游管理人员才能更为深刻地了解本村旅游业的情况，服务于本村的旅游发展。因此，村庄要培训一批本土的乡村旅游管理人才。对于乡村旅游管理人才的培训，可以组织人员到大专院校旅游管理专业进修培训或组织相关人员到外地成功景区参观取经，或组建专家智囊团，“借脑引智”。同时，普通导游及服务人员可以让初中以上文化水平的农村青年通过职业培训，持证上岗。总之，要多渠道多措施提高整个区域的旅游经营管理水平，促进乡村旅游持续、健康发展。

第二节　乡村旅游经营策略

2006 年，国家旅游局确定全国旅游宣传的主题为“2006 中国乡村游”。到乡村去成为 2006 年国内游最响亮的口号！

乡村旅游是当今旅游发展的潮流和方向。旅游活动是一种融历史文化体验、自然审美体验、身心娱乐体验为一体的复杂过程。当今旅游活动，更多地体现了人们回归自然、体验生活的需求。乡村旅游这一旅游项目，为旅游者提供观光、娱乐、运动、住宿、餐饮、购物的经营实体。乡村旅游的经营是取得效益的关键，而经营活动是贯穿乡村旅游服务过程的主线。

一、乡村旅游经营活动的特点

一般来说，乡村旅游经营活动具有以下几个特点：

①投资规模小，见效快。从事乡村旅游经营的一般都是以单体(户)企业作为基本主体进行的。建成一个基本户(企业)，少则几万多则几十万即可形成规模并投入使用，而经营运作的成本也较低，故获得的效益较快，同时，面对的经营风险也较小。

②服务项目有限，回头客少。由于受到服务项目限制，顾客的回头率较低。因此，要开展乡村旅游就必须开发新的服务项目，以满足不同顾客的需求。

③乡村旅游产品替代性强。由于乡村旅游产品的特殊性，经营中的服务创新缺乏相应的专利制度保护，要形成自己的产品特色通常是比较困难的，由此决定了乡村旅游经营之间在产品上存在着较高的可替代性。

④供求难以平衡。在乡村旅游市场上，供求均衡通常是难以实现的，即使实现也难以持久。失衡，无论是供不应求还是供过于求，均为乡村旅游经营的常态。对乡村旅游而言，由于客源市场距离较远，因此，如何实现对客源市场需求的有效管理是决定乡村旅游经营活动好坏的关键。

【案例阅读】

柳沟村原是个穷山村，全村 1 200 多人主要以种地为生。2003 年，该村推出了“火盆锅、豆腐宴”，迈出了民俗旅游接待的第一步。

如今的柳沟村已经成为延庆县乡村旅游的一个著名品牌。“火盆锅、豆腐宴”不仅给民俗接待户带来了可观收益，还带动了豆腐加工等相关产业的发展，促进了柳沟村及周边村的劳动力就业。据测算，柳沟村民俗接待户每天光豆腐需求量就达 600 kg，年加工黄豆、黑豆、绿豆、红豆 160 t，全村 5 户豆腐加工户，年加工豆腐多达 2 万锅，户均收入不下 10 万元。2007 年，柳沟村人均收入近万元，比开展民俗旅游前增加 1 倍以上。

二、乡村旅游常规经营的基本策略

乡村旅游常规经营策略是经营的基础性策略，主要有以下 3 种类型：

①以成本为核心的策略。

②产品和服务的区别策略。

③集中特定目标市场经营策略。

【案例阅读】

从前，一个鞋厂的老板派两名业务员到非洲去调查鞋的市场情况。两名业务员到非洲后发现当地只有少数有一定社会地位的人穿鞋，绝大多数老百姓都赤脚不穿鞋。一名业务员十分沮丧，他给老板的报告中写道：“这里的人都不穿鞋，一点市场也没有。”另一名业务员则恰恰相反，在给老板的报告中写道：“这里鞋的市场十分广阔，几乎所有的人不穿鞋将是一个巨大的市场”。老板采纳了后者的建议，取得了巨大的成功。

以成本为核心策略也叫价格竞争经营策略。由于乡村旅游经营产品价格的基础是经营成本，因而该策略强调的是努力降低自己产品的成本。低成本经营策略可以帮助乡村旅游经营进入良性循环。较低的经营成本为有竞争力的价格奠定了基础；有竞争力的价格会扩大乡村旅游的市场份额，提高回头率，从而提高乡村旅游经营的收益；而较高的经济效益使得乡村旅游有能力进一步扩大自己的规模，增加自己的服务项目，从而形成新的较低成本，如此循环反复。

产品和服务的区别经营策略是指乡村旅游提供的产品和服务与众不同，这种不同可以从许多方面去实现，如服务内容、服务方式、服务对象等。乡村旅游如能从几个方面综合形成自己产品的特色，则可以形成比较理想的产品和服务区别，从而给宾客以独特的利益，而不用一种产品或服务去满足所有的宾客。

集中特定目标市场经营策略是将自己的经营目标集中在特定的细分市场，并在这一细分市场上建立起自己的产品差别与价格优势，因而有人也称之为重点市场经营战略。实施该经营策略，一般要求该乡村旅游有一定的规模，且有良好的增长能力。

以成本为核心策略强调以很低的单位成本为价格敏感的用户提供标准化的产品与服务;产品和服务策略旨在为价格相对不敏感的用户提供独特的产品与服务;集中特定目标市场经营策略是指为满足某一群体用户的需求提供专一的产品与服务。每种类型均有各自不同的经营风险。

(一)定位城市居民大众消费

成功的乡村旅游要立足于大众,将服务对象锁定在大多数人,以诚信去得到消费者认可。要针对性地发展顾客目标,适时推出众多、面广的大众消费项目,才可能生意兴隆。

农家幽静恬淡的田园风光,农家农村生活,以民间菜为主的农家菜肴和农家自制的家常小吃等,现已成为城市居民怀旧的一种情结,成为人们回归于大自然之中的一种精神享受。因而,乡村旅游必须针对自己的客户群体开发他们能够接受的服务项目。这就是乡村旅游存在的价值。把握大众消费的品位是乡村旅游的首选。例如,一些乡村旅游一般以每人15～30元或带住宿每人50～80元,这种经营是很有吸引力的。

(二)在“农”字上做文章

乡村旅游必须以农业、农村作为主要载体,因此,要突出一个“农”字。“乡村旅游”将农村俗物俗景加以开发利用,这本身就是农村资源的深度开发。农村的山山水水、田园风光、风土人情恰好满足了旅游者返璞归真、追求新奇的情趣。“乡村旅游”可以营造出家庭式的温馨氛围,容易实现“个性化服务”。在农村,具有特色的农事活动如果品采摘、特色食品制作等都可以让旅客亲自参与。

(三)创造乡村旅游招牌菜

主打菜肴往往是农家菜的招牌菜,是决定客源的主要因素。乡村旅游经营者应根据当地特产及自身条件去营造突出本企业的主打菜肴,或改良当地传统菜品,或借鉴外地制作手法,或研制出独家农家菜菜品,让客人去选择、品尝。例如,北京怀柔区利用当地的水资源开发虹鳟鱼一条沟项目,延庆县柳沟地区利用当地传统开发豆腐宴项目,均很有特色。

为了迎合当今更多客人用餐要求,乡村旅游经营者还应想客人所想,围绕特色菜做文章,均可刺激餐饮消费,从而巩固自己的顾客群体,加深顾客乡村旅游的印象,促使更多新老顾客光临。

有条件的乡村旅游企业可通过3条途径创造招牌菜:

一是成立菜品研究小组。菜品研究小组一方面研究农家菜销售情况,随时提出改进意见,指导乡村旅游菜肴创新;另一方面在乡村旅游内部定期举行创新比赛活动,将其中创意新、口味好的农家菜充实到菜单中,并给予制作者重奖,调动积极性。

二是向外地乡村旅游学习。可派厨师到各地参观、交流，一方面引进一些新菜；另一方面也为他们自创菜带来不少有益启发。

三是请进来取经。聘请名厨来乡村旅游献艺，留下其精品菜点作为最新菜品。

(四)打造农家亲情服务

让顾客满意是每一位乡村旅游经营者追求的目标。“自然、淳朴”的服务风格，缩短了与顾客之间的心理距离；突出个性、亲情化的服务方式，让客人有一种回到家的感觉。亲情化的服务方式愈来愈受到更多客人的称赞与认可。

“把客人当亲人”是当今不少乡村旅游企业的服务原则。凡进乡村旅游消费的客人，服务人员都要给他以同样的亲情服务，如当有的客人点菜过多时，服务人员会主动地站在客人的角度提醒客人以吃饱、吃好为宜，避免浪费；当客人买单后，服务人员若发现餐桌上有剩菜，也会主动为客人打包，让客人带走；服务尽可能从客人角度出发，把客人的就餐消费当做自己的亲人一样，让每位客人既花钱少，又吃得好，真心诚意当好客人的参谋。

服务要提高文化水准。服务人员对当地乡村旅游的自然风景、宗教文化、民间传说和民族风格等知识要全面了解、掌握，讲解中语言要曲折生动、幽默有激情，提高客人的游乐兴趣。

(五)不断创新服务项目

随着乡村旅游的发展，可以因地制宜创新服务项目。乡村旅游项目要不断推陈出新，变换花样，以便吸引更多客户。任何事物都有它的生命周期，乡村旅游项目也一样，有成长期、发展期，也有衰落期。这就需要不断创新，保持乡村旅游项目的吸引力。创新有两层含义，一是创造全新产品；二是在老产品的基础上挖掘新意，就是要做到自己的产品具有独特性，做到“人无我有，人有我特”。

【案例阅读】

田园式餐厅的服务营销

房山区有一家田园式餐厅，位于风景如画的拒马河畔。这个餐厅的服务特色就是一切回归自然，一切参与体验。这个餐厅的建筑、装修、餐具、饭菜都体现出一派农家风格和果园风光，让久居都市的消费者耳目一新。这家餐厅院里有大面积的无公害菜地，栽种了多种时令蔬菜，还饲养了土鸡、鸽子、兔子动物，还可以在院内的鱼塘钓鱼。这家餐厅实行自选式服务，消费者自己到田里采摘蔬菜，点杀动物或钓鱼，餐厅也可以代加工，也可以出租土灶台由消费者自己根据不同口味做。这里成为孩子的乐园，浓浓亲情在此进一步升华，让孩子和大人都乐不思归。

这家餐厅独特的服务理念和方式赢得了广大有车族消费者的厚爱，一到周末车水马龙好不热闹。

旅游服务的个性化就是要满足以消费者个性化需求为目的活动。要求一切从消费者的要求出发，通过对每一位消费者开展差异性服务，正是这种服务营销思想的体现。

三、乡村旅游经营方式的选择

乡村旅游经营有3种方式可供选择，即自主经营、委托经营和租赁经营。

自主经营是目前开展乡村旅游最常见的方式，也就是自己投资自己经营。采用该种方式可以获得长期稳定的经济效益。但是，经营中的风险也是不可避免的。原因是在经营的过程中还要继续投资，改善各方面的经营条件。

合约经营是一种正在出现的乡村旅游经营方式，也就是2个或2个以上经营者联合起来共同经营。采用该方式可以避免大的投资风险，同时还可以根据乡村旅游市场的变化情况不断地扩大规模，形成规模效益。

租赁经营是把土地、建筑物及家具等租赁给有经验的人或专门企业经营。采取租赁经营可以在较小的投资情况下获取稳定的收入。但是，随着乡村旅游市场的变化有可能失去发展的机会和赚取更大的利润。

在以上基本方式的基础上还可以采取多种创新经营形式，吸引消费者，在保持乡村旅游特色的同时形成独特的经营形式。例如，“透明式经营”是将各类原料及农家菜菜品在前厅明档陈列，实行展示性经营，各类菜品价格及制作方法全部标写清楚，顾客在餐厅自选菜品时，菜肴看得见，价格透明，吃得放心。这样的就餐形式备受消费者欢迎。“累积卡”积分制度，即将每次光临乡村旅游消费的金额积累一定分数，可以免费游乡村旅游一次。也可以开展与乡村旅游有关的项目，开展比赛活动，如钓鱼比赛，田园赛诗，摘茶叶比赛等，保证回头客不断回头。

在农家特色餐饮服务上，可按季节和节日，策划一些活动。可根据季节及顾客的消费心理有计划地推出各种风味的农家菜美食周，如根据当今素食客人增多的趋势，适时推出“健康野山菌农家菜美食周”系列菜品，采用纯天然野山菌作主辅料烹制出不同风味菜品，能吸引人光临。这样的经营，一方面能活跃乡村旅游气氛、聚集人气，另一方面也能增强乡村旅游客人的吸引力和注意力。

总之，乡村旅游经营者就是要不断地以顾客为中心，适时推出让客人得到实惠的灵活多变的经营方式，使乡村旅游经营显得有生机、有人气，最终赢得市场和占领市场。

四、乡村旅游经营的组织控制

为使乡村旅游企业健康顺利发展，必须要搞好自身组织的建设和对组织的控制。应做好两方面的工作，即收入分配和员工激励与员工的培训。

收入分配与员工激励分为考核制度与工资制度。

考核制度包括工作岗位等级划分、员工工作实绩评估、员工工资等级确定3个方面的内容。其中，对企业各个工作岗位等级的划分及对员工实行工作业绩的评估，是保证工资分配科学合理的必要前提。岗位等级的划分是通过岗位说明书来进行的，划分的结果是对不同的工作岗位进行分等定级。在这个基础上，建立各岗位工资的等级和增长阶梯，通过对每一岗位员工工作实绩的评估，确定员工的岗位等级和实际所得的工资。每个岗位工资总额一般分为以下4个部分：

①生存工资。其功能是维持员工及其合理赡养人口的生存所需。这也是对员工罚款的下限，如超过这一限度，只能劝其辞职或将其开除。生存工资可按员工及其赡养人口维持基本生活费用来计算。每人的生存费用应该等于或略高于当地失业保险金。

②岗位级差工资。其功能是激励员工勇于承担需要较高知识、较高技术、较强体力或社会地位较低的工作，同时也可以通过岗位工资鼓励员工掌握饭店所需的经营管理技能。岗位级差工资的设计应该满足如下要求：职务越低，相互间的工资差距越小；职务越高，工资差距越大。对于饭店客观存在的不名誉工作，如卫生间的清洁员，在岗位工资中要给予适当的名誉损失补贴。

③绩效工资。其功能在于使每位员工发挥其潜力，将对饭店的承诺变为真正的行动。具体做法是，按照每一位员工在一定时期（一般是一个月）的工作实绩，对他们除生存工资以外的工资部分，如职务、岗位、技术等级工资进行奖励或扣罚部分工资。

④特种奖励工资。其功能在于诱导员工形成饭店所期望的特殊行为模式，以更好地实现饭店的经营目标。

员工队伍素质的高低是决定企业经营好坏的一个关键因素。而员工的素质与管理才能又不是天生就具有的，在很大程度上有赖于企业内系统、持久、科学的培训，因此，培训是乡村旅游企业经营活动中不可缺少的一项内容。不同岗位的员工，所需掌握和使用的技能是不同的，因而培训必须针对不同对象各有侧重。可将员工培训分为技术培训和观念培训两类。技术培训主要是针对服务人员，而观念培训主要是针对管理人员。

第三节　开办乡村旅游的相关手续

开办乡村旅游是一种创业活动。在竞争激烈的市场大潮中，善于了解创业的政策环境是创业成功的关键，而能否成功融资、是否办理到齐全的许可证以及组织员工培训是否到位是影响创业成功的关键因素。

【知识链接】

开办企业是创业的最主要途径之一，特别适合于小规模起家、对业务很感兴趣又能独自或通过简单合作使企业生存和发展的创业者。在我国开办企业可选个人独资企业、非公司制企业法人以及私营合伙企业等方式。

个人独资企业由个人全资拥有，投资人对企业具有决策权。它不是法人，需要承担无限责任。开办个人独资企业的优势是注册手续简单、费用低、注册资金随意，劣势是信贷信誉低、融资困难、承担无限责任等。

非公司制企业法人指拥有法人资格而与公司有别的企业，与公司的明显区别是注册资本的不同。公司的最低注册资本是10万元，非公司制企业法人是3万元。开办非公司制企业法人的优势是承担有限责任、运行稳定，其劣势是注册手续复杂、费用高、税收较高。

合伙企业是指合伙人之间以合同关系为基础的企业组织形式。合伙人为了共同的目的，相互约定共同出资、共同经营、共享收益和共担风险。合伙企业分为普通合伙和有限合伙。开办私营合伙企业的优势是注册手续简便、费用低、税收较低，其劣势是易内耗、合伙人财产转让困难。

一、开办乡村旅游需要办理的许可证

乡村旅游的经营需要加强对乡村旅游的管理。规范乡村旅游经营所需手续是乡村旅游健康规范发展的必备条件。

(一)工商营业执照

工商营业执照是经营乡村旅游(及其他行)所必需的最基本的证件。

(二)卫生许可证

我国的乡村旅游大多还处于发展的初期阶段，大部分乡村旅游只开办一般的餐饮和游乐项目，因此，只需办理工商管理营业执照和卫生许可证即可。

(三)从业人员身体健康合格证

乡村旅游的从业人员须办理健康证，如有外雇人员还要办理暂住人口登记证等。办理卫生许可证和健康证是使乡村旅游业主建立完善的卫生档案和卫生管理制度，从而保证餐具消毒、保洁设施的完善以及正确使用，确保游客饮食的卫生安全。

（四）排污许可证

排污许可证的发放是为了加强乡村旅游业主的环保意识，不允许排放物破坏当地的环境生态。

（五）消防许可证

提供住宿服务的乡村旅游业主须办理消防许可证或者消防部门出具的消防意见书。另外，还须把乡村旅游住宿的信息资料提交给公安部备案。

（六）文化经营许可证

设有歌舞厅等文化经营项目的乡村旅游业主须办理相关的文化经营许可证。

【案例阅读】

兰英是北京市延庆县香营乡的一位农民。她从 1995 年开始承包下一片 2.7 hm^2 的果园。几年来，她把果树培育得枝繁叶茂、硕果累累。但是，单一的苹果树产生的效益没有使她满意。她边种树边摸索，2001 年大胆尝试在树围的空隙间散养柴鸡。鸡吃虫、粪肥地，既节省了农药又保证了果品的质量，形成了良性循环，一举多得。随着民俗旅游业的悄然兴起，她又有了办民俗旅游的热情。

2002 年，兰英开始筹办乡村旅游事宜，乡妇联、乡党委、县妇联对她的想法给予了支持和认可。她开始兴土木、学礼仪、搞装修，并把果园取名为“兰英生态园”。2005 年 4 月，兰英在工商行政管理部门领取了营业执照，注册资本 1 万元，占地面积 2.7 hm^2，建筑面积 120 m^2，可同时容纳 60 人就餐。当年 7 月份她又领取了税务登记证，成为名副其实的纳税人。经过几年的努力，这里集餐饮、采摘、娱乐、住宿于一体，春天可赏花，夏天能尝果、秋天能采摘，冬天可赏雪，再加上兰英诚信热情的服务以及大力宣传，生意蒸蒸日上。

二、乡村旅游相关许可证的办理手续

目前，以家庭为单位的乡村旅游大部分尚未纳入工商、税务和旅游部门的管理，开业、停业都很随意，有些农业户根本不具备条件就开张，娱乐用具、餐饮用具清洁卫生成问题，塑料袋等垃圾随意丢弃，生活污水随意排放，造成环境污染，降低了环境效益。因此，开办乡村旅游应按照国家有关法规办理营业执照及相关手续。这是乡村旅游健康规范发展的前提。

（一）办理营业执照

经营乡村旅游要先向所在地工商行政管理部门提出开业申请，领取登记表，然后到卫生部门办理卫生许可证；办好卫生许可证后，连同其他文件再上交工商行政管理部门。

申请企业法人登记应提交如下文件、证件：

①组建负责人签署的登记申请书。

②组织章程。

③资金信用证明、验资证明。

④企业主要负责人的身份证明（包括任职文件和附照片的个人简历）。

⑤住所和乡村旅游经营场所证明（包括产权证明、房屋租赁合同）。

⑥卫生许可证。

申请营业登记应提交如下文件、证件：

①登记申请书。

②资金证明。

③负责人任职文件（贴身份证复印件）。

④场所使用证明。

⑤卫生许可证。

登记机关审核批准后，即给符合条件的企业发《营业执照》，给有限责任公司下发《企业法人营业执照》，通知法定代表人或企业负责人领取营业执照。申请人领取营业执照时要办理签字手续，缴纳一定数额的登记费。

如果农户所开的乡村旅游达不到企业的条件，属于农户经营的或 2 个以上合伙人共同经营的，就要办理个体工商户营业执照。办照的程序是：由申请人向所在地工商行政管理部门递交申请，填写《个体工商户申请登记表》，填好后连同申请人身份证复印件（外来人口要有暂住证复印件）、照片及卫生许可证一起交给工商行政管理部门。登记表的主要内容如下：

①字号名称。名称要符合登记管理的规定。

②经营者姓名及住所（填写户籍所在地详细地址和现住址）。

③经营场所（要有产权单位或私人盖章的租赁证明）。

④从业人员（从业人员要有身份证复印件、健康证复印件，外来人口要有暂住证、健康证、就业证等）。

⑤资金数额（指申请开业的注册资金）。

⑥经营范围。

⑦经营方式。

工商行政管理部门收到全部文书并核准登记后，发给《营业执照》；不予登记的，书面通知中请人。

办理《营业执照》，要缴纳手续费。领取了营业执照后，就可以从事合法经营。

（二）办理税务登记

当领到营业执照后，务必在30日内向当地税务机关申请办理税务登记，如实填写税务登记表。

税务登记表的主要内容如下：

①单位名称。

②负责人身份证复印件。

③住所、经营地点。

④企业类型、核算方式。

⑤经营范围、经营方式。

⑥注册资金、投资总额、开户银行及账号。

⑦经营期限、从业人数、营业执照号码。

⑧财务负责人、办税人员。

⑨其他有关事项。

交给税务机关的文件如下：

①营业执照。

②有关章程、财务制度。

③银行账号证明。

④负责人身份证复印件。

⑤其他文件、资料。

税务机关在收到纳税人应交的全部文件资料后，应在收到之日起30日内审核完毕，符合规定的，予以登记并发给税务登记证件。

乡村旅游属于服务业，应缴纳的税种有营业税、企业所得税、城建税、教育附加税、印花税等。投资者及全体员工领取工资、分红时，还应缴纳个人所得税。

三、办理其他手续

（一）刻章

领取了营业执照后，要到工商行政管理部门指定的地点刻制印章。印章要由专人管理。

（二）外来人口要办“三证”

外来人员到乡村旅游就业要办理“三证”，即暂住证、培训证、就业证。另外，乡村旅游的全体员工都要进行体检，办理健康证。外来人口要进行计划生育的管理，女工要办理婚育证明。

（三）办理代码证书和代码章

为使乡村旅游接受国家计算机管理，要办理代码证书和代码章，办理地点是技术监督部门。

（四）申请账号、买支票

去银行办理申请账号手续，并购买支票。

（五）环保手续

与环保、市容部门联系，了解有关政策，领取办理污水、废气排放许可证。

（六）消防合格证

做好防火的各项工作，接受地区防火部门的检查，取得消防合格证书。

如果开发的是大型的乡村旅游项目，还需要做以下工作：

①购买取得经营权或通过政府招商引资开发此项目，其土地使用权的转让须有土地主管部门的批复，再通过商务局批准合同，通过公证处公证。

②乡村旅游开发立项报告（说明开发程度、投资规模、经营项目等）报当地政府经济发展改革委员会。

③乡村旅游的开发规划或方案，即可行性报告，报当地政府及相关的环保、财政、金融、建设等部门批准。

④通过环保局委托相关单位或专家对环境影响进行评价，出具环保评价报告，以此为结论来评定乡村旅游具体的营业条件，并对不合格项目进行整改。而文化、工商及相关部门以此环保评价报告为依据，来确定是否核准其经营资格。《建设项目环境保护管理条例》第九条规定：建设项目“需要办理工商营业执照的，建设单位应当在办理工商营业执照前报批”环境影响评价文件。如果此项没有通过，环保部门有权停止乡村旅游的经营行为，甚至取消其经营资格。

四、登记收费标准

①个人独资企业、合伙企业及其分支机构设立登记费300元。

②企业变更登记费100元。

③补换执照收取费用50元。

④执照副本每份收取工本费10元。

【案例】

近日，一位乡下亲戚告诉笔者，他们那里自然风光好，土特产多，前几年“农家乐”十分红火，游客络绎不绝，但去年建了豪华宾馆、修了雕塑广场、请了高级厨师后，游客反倒减少了，村里人不明白这是咋回事。的确，笔者也发现，一些地方在开发“农家乐”时，一味地模仿城市风格：茅草屋改建成豪华宾馆，羊肠小道扩建成水泥马路，农家饭菜也换成了高档佳肴……。

近年来，“农家乐”因其具有开发难度小、见效快、风险低、适应大众消费的特点，在各地农村蓬勃发展。据国家旅游局的最新测算，目前我国乡村旅游年接待客人数已经达到3亿人次，旅游收入超过400亿元，占全国出游总量的近1/3。每年的3个黄金周，全国城市居民选择“农家乐”旅游的比例约占70%，每个黄金周形成大约6 000万人次的“农家乐”旅游市场。但由于缺乏创新理念、科学规划和政府引导，不少“农家乐”旅游项目没有经过科学论证，出现了盲目发展、功能雷同、效益低下等现象。

请分析：乡村旅游在管理上存在哪些问题？

【复习思考题】

1. 如何利用本地乡村旅游资源进行乡村旅游市场背景分析？
2. 乡村旅游管理应遵循什么原则？
3. 乡村旅游有哪些经营管理模式？
4. 开办乡村旅游应该办理哪些手续？
5. 乡村旅游的经营策略有哪些？
6. 乡村旅游的经营管理应注意哪些问题？

第四章　乡村旅游市场营销

【学习目的】

- 掌握市场营销的概念，理解旅游市场营销的特殊性
- 掌握乡村旅游市场的客源构成和消费者消费决策过程
- 明确乡村旅游价格的类型，掌握乡村旅游产品的定价方法
- 理解乡村旅游促销策略，掌握乡村旅游商品的开发和营销

【引导案例】

东海桃花岛的"桃花"营销

一、桃花岛旅游胜地简介

桃花岛是一座风景宜人的小岛，位于浙江省舟山区普陀境内，也是金庸先生当年创作《射雕英雄传》的灵感源泉。但多年来桃花岛犹如一个鲜为人知的"世外桃源"，甚是冷清。随着《射雕英雄传》的重新开拍，一个默默无闻的小岛由此而声名远播，逐渐成为浙江省新一轮旅游热潮中的热点。

二、桃花岛的营销手段

（一）全方位、立体化的运作模式

桃花给人的印象多是柔弱的，经不起风雨的考验，给人负面影响较多。为丰富桃花岛的内涵，在突出主题的前提下，当地政府推出了全方位、立体化的运作模式，将该项目分为软硬两部分，一手抓硬，一手抓软。硬件设施包括两大主题公园和桃花产业。为弥补桃花岛桃树种植的不足，在两大主题公园——桃花村和桃花园中引进全世界的桃花品种，以实现"待到桃花烂漫时，她在丛中笑"的宏伟蓝图。这是一种显而易见的有形的桃花。还有一种无形的桃花便是桃花产业。为确保桃花岛旅游业持续健康的发展，就必须拓展桃花岛的内涵，将观光、参与及产品延伸整合起来，发展饮料、服装、文化、艺术等产业，虚实结合，盛装打造舟山的第二张名片。软件设施包括一系列的子文

件，诸如每年一届的桃花仙子评选、桃花岛赛诗会、桃花岛化妆舞会、桃花岛对歌、桃花岛故事的编撰、桃花诗与散文的征集等。

（二）举办大型活动

桃花自古以来就是美的天使，历代的文人墨客无不为桃花的姿色所倾倒。因此，“桃花”作为美的天使是当之无愧的。为突出桃花岛“美”的个性，当地政府举办了首届国际桃花节暨桃花仙子评选活动，通过这一特定主题来表达人们热爱美、欣赏美、追求美、完善美的美好心境。

（三）赋予文化内涵

桃花美艳但给人的感觉却显低廉。为弥补这一缺憾，凸显桃花岛的符号价值，当地政府赋予了“桃花”深厚的文化内涵，先后推出了桃花节诗会、歌舞等文化大餐，避开旅游这一条主线。从金庸笔下的《射雕英雄传》入手，增添桃花岛的文化气息，借势造势，锻造桃花岛品牌的核心竞争力。

（四）对相关硬件设施进行挖掘包装

任何事物都是有联系的，不同的环境造就不同的性格，不同的性格决定了消费者对品牌的好恶。为把桃花岛培养成一位人见人爱的“美姑娘”，当地政府又将桃花岛现有的资源如纯净的空气、撩人的绿色、古朴的建筑、硬朗的礁石、柔软的沙滩等进行充分挖掘，将这种天然的硬件设施和精心包装的软件设施巧妙地连为一体。

资料来源：佚名．乡谣・乡村旅游网（http://www.xianggao.com）．

从默默无闻的小岛到旅游热点，“桃花岛”带给我们的启示是：发展旅游业，必须转变观念；要根据本地资源优势，开发特色旅游产品；同时，做好市场宣传和促销工作，才能墙里开花墙外香，求得长期发展。

第一节　乡村旅游市场营销概述

一、市场与旅游市场

在市场经济条件下，任何企业都在不断地与市场进行交流，从市场获取信息，同时把自己的产品信息向市场传播，并且最终销售产品。乡村旅游也不例外。市场不仅是经营者经营活动的起点和终点，而且还是其与外界建立关系的媒介。发现市场，分析市场，满足需求，也是乡村旅游市场营销活动的核心。

什么是市场？简单地说，它是以商品交换为主要内容，买卖双方发生交易活动的场所。我国早期的市场有“赶集”、“集市”、“赶场”、“赶墟”等形式，现在的市场形式有“交易会”、“购物中心”、“超级市场”、“网上购物”等。

旅游市场，从狭义方面理解是指旅游产品交换的场所；从广义方面理解是指一定时间、地点、条件下旅游产品交换关系的总合。和一般市场相比，旅游市场具有一定特殊性，主要表现为以下几点：

①综合性。从旅游者的角度来看，旅游产品是旅游企业为满足旅游消费者不同的需求而提供的设施和服务的总合。

②无形性。旅游企业提供的服务如饮食服务、导游服务，没有实物形态，是一种劳务。

③同步性。旅游产品的生产和旅游消费者的消费往往同步、统一。

④不可贮藏性。以服务为核心的旅游产品，在没有旅游者购买和消费时就无法表现出来，无法像其他产品那样暂时贮藏起来，等待以后销售。

二、市场营销与旅游市场营销

（一）市场营销的概念

所谓市场营销，是指企业利用自身的资源优势，在变化的市场环境中，通过市场交易满足目标市场现实或潜在需求的综合性商务活动的过程。它以市场需求为起点，也以市场需求为终点，适应市场环境的变化，实现商品价值的交换。

【知识链接】

市场营销与推销的区别：推销重视满足卖方的需要，市场营销重视满足买方的需要；推销目的是卖出产品，市场营销则是树立满足消费者需要的理念；推销采取较为单一的促销手段，而市场营销则采取整体的市场营销策略；推销追求短期效益，通过增加销售量而获得利润，市场营销则注重企业长远目标，通过消费者满足获得利润[莱维特(Levitt)，1960]。

（二）旅游市场营销的概念和特点

旅游市场营销是市场营销的一个分支，其主要内容与一般市场营销相似。但由于旅游市场的特殊性，旅游市场营销表现出不同的特点。

旅游市场营销是指在变化的市场环境中，满足旅游消费者的各种需要而开展的一切旅游商务活动过程。其特殊性表现在以下方面：

①提供的产品是一种服务。旅游产品是一种旅游经历和感受。

②游客参与旅游产品的生产过程。对旅游市场营销人员来说,要生产出符合游客需要的旅游产品,不仅要对从业人员进行管理,而且对游客也要进行一定的管理,以便实现游客与旅游产品生产人员之间的沟通,提高游客对旅游产品的满意度。

③时间因素十分重要。时间因素是指为游客服务时迅速快捷、高质量,及时处理游客投诉,以此逐渐建立旅游企业的信誉。

④产品的分销渠道。有形产品一般通过物流渠道送到消费者渠道手中,而旅游产品的分销是通过旅游企业与游客签订合同,然后游客自己前来参与旅游产品的生产和销售。

【案例阅读】

开平雕楼:申遗成功由冷骤热

在成功申请世界遗产前,"开平雕楼与村落"在广东市场已经有一定的知名度,但由于其分布比较分散,而且尚无投资方进行包装推广,线路产品仍以简单的实物展示为主,缺乏打动游客的体验性产品,因此,旅游市场一直不兴旺,组团前往雕楼的游客量不大。

随着申遗活动的开展,旅游业界对开平雕楼日益关注。2006 年年底,广东国旅成立了开平雕楼推广中心的旗舰店。2007 年年初,广东国旅协助成立开平印象雕楼旅行社,邀请中国国旅及国内的入境组团社前往开平考察,将开平雕楼作为入境游的主打产品。2007 年,广东国旅又与开平旅游局 3 次组织专业摄影队、主流媒体前往开平雕楼实地考察,为申遗营造良好的舆论氛围。

申遗成功后,旅行社纷纷推出一系列游览"开平雕楼与村落"这一珍贵文化遗产的线路,到开平雕楼的游客也明显增加。申遗成功的消息传出后,开平雕楼的知名度骤升,连日来有不少全国各地的游客特意赶去参观雕楼。据悉,来自广州、东莞、华东、海口、北京等地约 20 家旅行社近 30 名代表今日在江门开展考察之旅。各代表均认为,"开平雕楼与村落"成为世界文化遗产,为他们重新组合广东旅游线路提供了不可多得的资源。

资料来源:陈淑芬. 开平雕楼:申遗成功由冷骤热. 中国旅游报,2007-07-16

第二节　乡村旅游客源市场

一、乡村旅游市场的客源构成及特点

(一)青少年乡村旅游市场

青少年乡村旅游市场的主要特点是,旅游者多为未成年的中小学生,以学校或家长安排的有目的的旅游、实习等为主要内容,通过不同于城市生活的乡村旅游扩大视野、增长眼界、培养吃苦耐劳精神等。这一客源适合开发参与性的务农活动、高科技农业技术参观活动,增进青少年对农村和大自然的了解。

(二)青年乡村旅游市场

青年乡村旅游市场的旅游者多为追求现代潮流的年轻人。年轻人渴望的是一种全新的体验。这一客源适合开发参与性和娱乐性都比较强的乡村旅游产品。

(三)中老年乡村旅游市场

中老年乡村旅游市场的本质特征是怀旧、回归自然。这些中老年人在年幼或年轻的时候生长和生活在农村,工作以后或者由于某种原因从农村迁移至城市。因此,他们对农村的生活怀有追溯,在久居城市之后渴望有机会能够重新回到农村,体验回味。这一客源适合开发原汁原味的反映农村生活原貌的乡村旅游产品。

(四)都市居民乡村旅游市场

都市居民乡村旅游市场的目标主要是城市普通居民家庭。他们久居喧嚣的城市,向往农村宁静、健康的生活环境。因此,乡村特色餐饮美食、采摘垂钓、休息休闲的旅游方式较为适合这类群体。

(五)城市知识阶层乡村旅游市场

对于受教育程度较高的都市知识阶层,他们乡村旅游的动机主要是体验城乡文化差异,更愿意选择具有历史地理内蕴的乡村进行考察、探索,体验风土人情。因此,当应保护和开发当地具有历史、地理和人文特色的乡村旅游产品满足这类旅游者的需要。

(六)乡村疗养度假旅游市场

这一客源市场主要是城市高收入阶层及其家庭。他们乡村旅游的主要动机是疗养健身。因此,温泉疗养、水体运动等乡村俱乐部形式适合此类旅游者。

【案例阅读】

成都农家乐市场

陈蕾(2004)对成都市农家乐市场研究后发现：

①农家乐的游客面很广。从经理、主管、公务员到工人、一般退休人员等都光临农家乐，而吸引力更大的是对低、中收入阶层。

②从居民整体出游的年龄构成上看，中老年出游者比例逐年上升。

③从性别构成上看，男女消费大体相当，区别不明显；从文化程度而言，以中低教育程度为主；从游客消费关系来讲，以家庭亲友聚会居多。

④城郊型农家乐多数客源来自本市，景区农家乐消费者来源广泛。

⑤旅游目的方面，大部分为休闲、娱乐、观光、体验；还有各类主题活动，如亲友庆生日等；健康疗养、临时招待等也是一部分旅游消费动机。

二、乡村旅游市场需求的影响因素

(一)个人因素

乡村旅游者的性别、年龄、职业和生活方式等不同，使乡村旅游市场的需求呈现多样性。例如，男性更倾向于体力娱乐类或探险类的乡村旅游活动，而女性较偏爱采摘、购物等乡村旅游活动；工作繁杂程度高和人际交往频繁的白领喜欢放松型的度假，而一般城市居民喜欢参与程度较高的农事或乡村体验旅游。

(二)经济因素

社会的经济发展水平及产业结构的调整和变化，会在很大程度上影响人们的收入和职业，同时也影响着乡村旅游业的发展和规划，影响着人们对乡村旅游产品的购买行为。

(三)社会文化因素

任何一种消费行为都是在特定的社会环境中进行的，社会文化影响着人们不同的价值观念、偏好。这些因素也决定了个人购买乡村旅游产品的种类。中老年人强调实用性，比较节俭，一般很少购买娱乐类乡村旅游产品。年轻人思想观念较为开放，加之工作和生活压力，较多选择放松休闲的度假乡村旅游产品。

(四)市场供给因素

供给因素包括乡村旅游资源、旅游设施、旅游项目、旅游服务等。其中，乡村旅游资源是激发旅游者需求的重要因素，完善的旅游设施、丰富的旅游项目、周到的旅游服务等都会影响到乡村旅游的需求。

三、乡村旅游消费者的消费决策

旅游消费决策是旅游消费者做出的关于购买某种旅游产品进行消费的决定。乡村旅游消费者在做出决策时面临的问题,可以归纳为以下方面:

一是 Why,即为什么消费。乡村旅游者的消费动机不同,对旅游产品的需求也就不同。

二是 What,即消费什么。决定消费什么是乡村旅游消费决策的核心,如乡村旅游产品的类型、规格、价格等。

三是 How many,即消费多少。消费多少通常取决于其实际需求、支付能力及市场供求状况。

四是 Where,即去哪里消费。乡村旅游消费者会根据自己的消费能力、交通便利状况决定消费的目的地。

五是 When,即什么时候消费。这一般取决于乡村旅游消费者消费需求的紧迫性及空暇时间。

六是 How,即如何消费。比如是否选择预定,通过哪些方式预订等。

乡村旅游消费者消费决策的过程,可分为以下阶段:

①消费认识阶段。在这一阶段,旅游者会根据自己的经济实力、闲暇时间以及所在地区乡村旅游的发展状况,做出是否出游的决定。

②信息搜集阶段。如果旅游者认为有必要进行乡村旅游消费,就会寻找有关乡村旅游产品的信息。乡村旅游消费者获取信息的渠道有:固有的记忆、亲戚朋友的意见和建议、政府部门提供的信息、新闻媒体提供的信息等。

③方案评价和选择阶段。信息搜集之后,乡村旅游消费者会将几种旅游产品进行对比、评价,结合自己的经济能力、消费动机等进行选择。

【案例阅读】

群体对旅游决策的影响

某家人最近决定到北京旅游,但上中学的儿子积极提议到云南西双版纳去旅游。这家人的亲友、熟人、同事、同学也积极支持其到云南旅游,他们推荐云南的风景,并建议他们在另一季节到北京旅游。

【评析】

从本案例可以看出,相关群体(亲朋好友)的积极推荐改变了这家人的旅游购买行为,这种情况在实际当中非常普遍。因此,营销人员应广泛注意群体力量对旅游者购买行为的影响。

第三节　乡村旅游产品定价

一、乡村旅游价格的类型

（一）基本旅游价格和非基本旅游价格

基本旅游价格是指旅游活动中满足旅游者基本需求的旅游产品的价格，包括住宿餐饮价格、交通运输价格、景点游览价格等。基本旅游价格对旅游活动具有十分重要的影响，乡村旅游经营者必须充分考虑旅游者基本需求的特点和旅游消费结构，制定合理的基本旅游价格。

非基本旅游价格是指以满足旅游者个性需求为主的旅游产品价格，如旅游纪念品价格、娱乐服务价格等。在旅游活动中，非基本旅游价格的变化对旅游消费者具有较大影响。因此，科学地制定非基本旅游价格在旅游产品营销中十分重要。

（二）一般旅游价格和特种旅游价格

一般旅游价格是指以旅游产品价值为基础来确定的旅游产品价格，如餐饮价格、住宿价格、交通运输价格等。这些旅游产品的价格按照社会平均利润率来制定。

特种旅游价格是指旅游产品的价格与价值有较大背离，如古玩、名画、名人故居等。这些产品具有独占性和垄断性，其价格的制定不受成本高低的影响，主要取决于旅游者的需求状况。

（三）全包旅游价格、零包旅游价格和单项旅游价格

旅游产品全包价格也称统包价格，是指旅行社为满足旅游者的需要所提供的旅游产品基本价格和旅行社服务费的价格。它是旅游者购买旅游产品而一次性支付的旅游价格。

零包旅游价格是指旅游者一次性购买旅游产品的旅游价格，同时也是以零星购买方式购买其他多种单项旅游产品的价格。例如，参加某次旅游活动而购买的某种娱乐产品的价格。

单项旅游价格是指旅游者按零星购买方式所购买的某一种单项旅游产品的价格，也是在一定时期内旅游经营者所规定的各种单项旅游产品的价格，如客房价格、餐饮价格、交通价格、门票价格等。单项旅游价格要比全包旅游价格和零包旅游价格高得多。

(四)现实旅游价格、预期旅游价格和心理旅游价格

现实旅游价格又称为市场交易价格,是指旅游者在购买旅游产品时实际支付的价格。现实旅游价格通常以旅游产品的价值为基础,根据旅游市场的供求状况来确定。

预期旅游价格是指旅游者对未来旅游市场供求变化所预期的,与旅游经营者现实报出的价格不相符合的价格。

心理旅游价格是指旅游者认为旅游价格与旅游产品价值相符的主观价格,是旅游者凭借自己的想象来认识旅游产品的价值,按照自己的感受和心理价位来认定旅游产品的价格。

二、影响乡村旅游价格的因素

(一)乡村旅游产品价值决定供给价格

按照价值理论,旅游产品的价格由旅游产品的价值所决定,而旅游产品的价值又是由生产旅游产品的社会必要劳动时间所决定。社会必要劳动时间是指在现有社会正常的生产条件下提供旅游产品使用价值所需要的劳动时间。社会必要劳动时间不同,乡村旅游产品的价值就不一样,乡村旅游产品的价格必然存在差异。如乡村度假旅游产品与体验民风民俗的“农家乐”旅游产品所提供的设施和服务会有较大差距,前者所花费的社会必要劳动时间明显较多,因而其价值较大并决定了价格相应较高。虽然乡村旅游产品价值决定其旅游产品的价格,但在实际旅游经济运行中,其产品的价格并不完全与价值相一致,而是不断围绕价值上下波动。有时乡村旅游产品的价格低于价值,有时乡村旅游产品的价格高于其价值,但在较长时期内乡村旅游产品的价格和价值应该基本一致。

(二)乡村旅游市场供求关系决定需求价格

需求价格是指在一定时期内消费者对一定量产品愿意和能够支付的价格。根据旅游供给规律和旅游需求规律,当旅游产品价格提高时,旅游需求量减少而供给量增多;反之则旅游需求量增多而供给量减少。乡村旅游产品价格决定乡村旅游市场供给和需求的均衡交易量,而乡村旅游市场的供给和需求共同作用又形成了乡村旅游产品的均衡价格。因此,乡村旅游产品价格是乡村旅游需求和供给共同决定的市场价格。

(三)乡村旅游市场的竞争状况决定市场成交价格

乡村旅游产品的供给者之间、需求者之间、供给者和需求者之间存在着竞争。这种竞争决定着旅游产品市场成交价格的价位高低。通常情况下,乡村旅游供给者之间竞争的结果会使市场成交价格在较低的价位上运行,而乡村旅游需求者之

间竞争的结果会使市场成交价格在较高的价位上运行。因此，当乡村旅游产品供过于求时，产品市场成交价格较低；当乡村旅游产品供不应求时，产品市场成交价格较高。

除了以上基本因素外，乡村旅游经营者的营销目标、消费者的心理因素、通货膨胀以及政府部门的价格干预也对乡村旅游产品的定价产生影响。

三、乡村旅游产品的定价方法

(一)成本导向定价法

成本导向定价法是一种传统的以价值为导向的定价方法。其优点是有利于乡村旅游经营者维持简单再生产与进行经济核算。但其缺点是忽视了市场需求、竞争、旅游消费者心理等因素。

1. 成本加成定价法

成本加成定价法是指在产品成本的基础上加上一定的毛利润构成产品的价格。毛利润与总成本之间的差额率习惯被称作“加成”，故这种方法称为成本加成定价法。这种定价方法主要运用于乡村旅游饭店餐饮产品方面的定价。其核心在于：一是一般以平均成本为准对产品的成本进行核算；二是根据不同产品确定相应的利润百分比。

2. 投资回收定价法

投资回收定价法是指乡村旅游经营者为了确保投资按期收回，并获取预期利润，根据投资生产旅游产品的成本费用及预期的生产旅游产品或劳务的数量，确定能够实现目标价格的定价方法。这种定价方法一般用于乡村旅游新建饭店客房收费定价和娱乐场门票定价，要求设施利用率有保证，否则很难收回投资。

(二)需求导向定价法

需求导向定价法是指以消费者对旅游产品的需求和可支付的价格水平为依据的定价方法。乡村旅游产品较为常用的是需求差别定价法，即根据产品的需求程度和需求弹性的差别来制定产品的价格。

1. 旅游者收入差别定价

旅游者的收入水平不同，导致他们对乡村旅游产品价格的敏感程度也不相同。一般情况下，低收入消费者对产品价格变动较为敏感，而高收入阶层购买乡村旅游产品一般注重其质量，对价格变动的敏感程度较低。

2. 旅游产品形式差别定价

旅游产品形式差别定价方法不完全按照产品的成本差异定价，如乡村旅游商品的定价，其纪念性、新颖性导致比同类产品的价格要高。

3.地理位置差别定价

出售相同的乡村旅游产品，由于不同的地理位置导致需求程度差异而制定不同的价格。如相同服务标准的乡村旅游客房，热点旅游景区需求量大，价格制定可高一些；反之，冷点旅游景区需求量较少，价格制定可低一些。

4.时间差别定价

人们在不同的季节、不同的日期对商品和劳务的需求程度有明显的区别。乡村旅游产品在旅游淡旺季、双休日、黄金周等可以制定不同的价格。

(三)竞争导向定价法

竞争导向定价法是指以同类产品或服务的市场供应竞争状况为依据，以竞争对手价格为基础的定价方法。采用这种方法定价，要求乡村旅游经营者在竞争的同时结合其自身的实力、发展战略等。

1.率先定价法

率先定价法是指乡村旅游经营者率先定价，制定出符合市场需求，并能在竞争中取得良好经济效益的方法。采取这种定价方法的乡村旅游经营者，一般在某个区域内具有较强规模与实力，在竞争中处于主动地位，能够成为其他乡村旅游经营者的效仿对象。

2.随行就市定价法

随行就市定价法是以同行业的市场平均价格为基础来制定乡村旅游产品的市场价格。这种定价方法易于被消费者接受，可以避免竞争。

【知识链接】

旅游产品的定价策略

一、新产品价格策略

(一)撇脂定价策略

撇脂定价策略是一种高价格策略，即在新产品进入市场初期，以超出商品的实际价值较多的价格出售，以期取得较高的利润。该策略适用于具有独立技术、不易仿制的旅游新产品。

(二)渗透定价策略

渗透定价策略是一种低价策略，即在新产品进入市场初期，利用消费者求廉心理，将价格定在预期价格之下，以较低价格打开销路并占领市场。该策略适用于特点不显著、易仿制的旅游产品。

二、心理定价策略

(一)尾数定价策略

尾数定价策略是给旅游产品定一个零头数结尾的非整数价格，从而给旅游者造成经过精确计算的最低价格的心理。该策略适用于价格较低的旅游产品。

(二)整数定价策略

整数定价策略是把旅游产品的价格定在整数上的一种策略。该策略适用于高档旅游产品的定价。

(三)声望定价策略

声望定价策略主要针对旅游消费者"价高质必优"的心理，对旅游消费者心目中有信誉的产品制定较高的价格。该策略适用于名优旅游品牌。

三、折扣定价策略

(一)数量折扣策略

数量折扣策略是对达到一定购买数量的购买行为给予一定折扣的优惠策略。

(二)季节折扣策略

季节折扣策略是在销售淡季时，为鼓励消费者购买旅游产品而给予的一种折扣优惠策略。

(三)现金折扣策略

现金折扣策略是为鼓励旅游者以现金付款或按期付款而给予旅游购买者一定价格折扣优惠的策略。

第四节 乡村旅游销售渠道与促销策略

一、乡村旅游销售渠道

(一)乡村旅游销售渠道的类型

乡村旅游销售渠道是指乡村旅游产品从乡村旅游经营组织送到旅游者手中所经历的各个环节连接起来的通道。

乡村旅游销售渠道有长短宽窄之分。销售渠道的长度是指旅游产品从乡村旅游经营组织送到旅游者手中的过程中所经历中间环节的数量，环节越多销售渠道就越长，反之销售渠道就越短。销售渠道的宽度是指一个时期内销售网点的数量，销售网点越多，销售渠道越宽；反之销售渠道就越窄。

乡村旅游销售渠道有直接和间接之分。直接销售渠道是指乡村旅游经营组织直接面对最终消费者进行销售，没有任何中间环节，如旅游者直接到"农家乐"饭店住宿用餐。这是目前我国大多数乡村旅游经营组织采用的类型。间接销售渠道是指旅游产品从旅游经营组织转移到旅游者手中，要经历一些中间环节，如零售商、批发商等。

（二）乡村旅游销售渠道的构成

乡村旅游销售渠道的中间环节包括乡村旅游代理商、乡村旅游批发商、乡村旅游零售商、专业旅游媒介等。

1. 乡村旅游代理商

乡村旅游代理商是指与乡村旅游组织签订合同接受委托并在某一特定区域内代理销售其旅游产品的旅游中间商。例如，代理商代理乡村旅游度假村接受预订、宣传乡村饭店的产品等，其主要收入来自被代理的乡村旅游经营组织支付的手续费或佣金。当乡村旅游经营组织需要开拓市场或无法直接进行营销活动时，可借助乡村旅游代理商的营销优势寻找市场机会。乡村旅游代理商在旅游消费者选择乡村旅游产品的决策中起到重要的作用。对于乡村旅游经营组织来说，应当为乡村旅游代理商提供了解乡村旅游产品的机会，如邀请其考察相关乡村旅游产品，以便乡村旅游代理商更好地发挥作用。

2. 乡村旅游批发商

乡村旅游批发商一般是指一些实力较为雄厚和具备较强管理、宣传、销售能力的旅游公司或旅行社。乡村旅游批发商通过与乡村旅游地、运输公司以及其他餐饮娱乐服务机构等直接洽谈签订合同，购买一定数量的单项旅游产品，将其组合成旅游线路批发给乡村旅游零售商。其收入主要来源于乡村度假饭店订房差价、乡村旅游地门票差价、运输公司支付的代理佣金等。由于单项乡村旅游产品越来越多，而乡村旅游消费者对乡村旅游产品缺乏全面的了解，往往更倾向于从乡村旅游批发商提供的乡村旅游产品目录中选择各种包价游。因此，列入乡村旅游产品目录中的乡村旅游经营组织具有更多地被旅游消费者选择的机会。

3. 乡村旅游零售商

乡村旅游零售商是指直接向旅游者提供乡村旅游产品的旅游中间商，主要是指旅行社。旅行社要在熟悉各种乡村旅游产品及其价格的基础上，帮助旅游消费者安排恰当的乡村旅游线路，向其提供咨询服务，并同各个乡村旅游经营组织保持良好的沟通和联系，及时反馈旅游消费者的需求信息。其主要收入来自餐饮、住宿、运输等支付的佣金。

4. 专业乡村旅游媒介

专业乡村旅游媒介是指从事乡村旅游宣传、向旅游者提供信息服务、预订服务、旅游线路推荐服务的旅游促销机构、旅游经纪人、旅游信息中心等。旅游促销机构可以是完全独立的组织、政府所属部门、旅游行业协会等。旅游经纪人是为交易双方牵线搭桥，促成交易，成交后向乡村旅游经营组织收取一定佣金的一种旅游中间商。旅游信息中心则把不同类型的各个乡村旅游经营组织的信息资料搜集之后输入电脑，旅游消费者可以通过电话、电脑等进行自动预订。

乡村旅游经营组织一要加强与旅游中间商的合作，尊重中间商的利益，可以根据中间商的营销能力、资信状况给予不同的价格优惠，以此调动旅游中间商的积极性；二要根据市场的变化、产品的特点以及中间商的表现，对旅游中间商进行考核，对销售不力、不能适应市场变化的旅游中间商可以终止合作，重新设计销售渠道；三要积极调解旅游中间商之间的冲突，加强同各个旅游中间商的沟通联系，避免恶性竞争。

二、乡村旅游促销策略

(一)乡村旅游促销的作用

乡村旅游促销是指通过一定的传播媒介向旅游消费者进行宣传、吸引、说服等工作以达到促使旅游消费者了解、信赖直至购买乡村旅游产品的目的。乡村旅游促销对于旅游产品的销售具有重要作用。

1. 提供信息，促进了解

当乡村旅游产品进入市场时，需要提供乡村旅游经营组织及其产品的相关信息，了解旅游消费者的需求，确定乡村旅游产品提供的最佳时间、地点和方式。

2. 突出特点，强化优势

乡村旅游产品在销售过程中要突出自身特点和优势，避免与竞争者的产品类似；如果和竞争者的产品之间没有本质区别，可以通过促销突出经营者的经营理念、产品质量和服务，形成品牌，吸引旅游消费者。

3. 树立形象，巩固市场

乡村旅游经营组织通过长期的旅游促销活动，塑造与众不同的市场形象，提高市场占有率。

4. 刺激需求，引导消费

旅游产品属于生活非必需品，其需求弹性很大，通过促销可以促进民众对乡村旅游的认识，刺激其消费需求，引导新的休闲方式。

(二)乡村旅游促销方式

1. 旅游广告

广告是一种大众化的信息传播方式，其媒介有报纸、电视、网络等。其优点是形式多样、辐射面广、信息传播速度快、可重复宣传等。其缺点是传递信息量有限、成本较高、消费者的购买行为滞后等。

2.旅游营业推广

旅游营业推广是指旅游经营组织为配合广告宣传和人员推销，开展一些刺激中间商和消费者尽量购买或者大量购买旅游产品的活动。旅游营业推广的方式如免费赠送游客景点光盘、折扣优惠券、举办竞赛、设立节庆日、展销会等。其特点是形式多样、刺激强烈、效益明显，但成本较高。

3.旅游公共关系

旅游公共关系是指旅游经营组织为了取得内部和社会公众信任，为自身发展创造最佳的社会关系环境，在分析内部和外部关系时所采取的一系列决策和行为。如采取新闻发布会、公关会议、展览会、庆祝活动等扩大旅游经营组织影响。旅游公共关系对于塑造旅游经营组织公众形象、提高知名度、增强市场竞争力等具有重要作用。

4.旅游人员推销

旅游人员推销是指旅游经营组织利用人员对旅游产品进行推销的促销方式。其主要方式有营业推销(如销售人员利用电话或当面联系业务和从业人员在服务中销售旅游产品等)、派员推销(指旅游经营组织派专职推销人员携带旅游产品宣传资料走访客户等)、会议推销(如在各种旅游订货会、博览会上推销)。旅游人员推销具有针对性、灵活性、成交量大等特点。

在实际旅游促销中，应该将以上4种旅游促销方式进行有机组合、综合运用，根据需要进行协调，从而制定理想的促销组合策略。

【知识链接】

营销组合理论的发展趋势

一、产品——绿色化

就产品而言，环境与生态保护将是新世纪的主要课题。消费者的观念从追求一时的满足转变成强调重视环境与人类生活的协调，即要求生产低污染、可回收、省资源的产品。因此，绿色产品将是新世纪的主流。

二、价格——市场化

产品价格不再由生产商制定，而是由市场机能决定，企业必须针对每一项产品或服务的特征，考虑市场接受性，订立合理且能被接受的价格。

三、广告——多样化

随着接受教育水平的提高和多维思考的增强，消费者在商品选择和购买决策上变得更为理性，因此，广告的表现形式也要从传统的示范形式转向情感形式，更多地把文化、心理、伦理等因素考虑进去。

四、促销——新奇化

促销工具将不断推陈出新，促销活动在掌握市场动态基础上朝着新奇方向发展，以新引人，以奇取胜。

五、直销——普遍化

直接信函与电传营销，无论是在辅助或取代其他媒体方面，都将会继续大幅度增大，预期将来通过电子系统直接购买也会普遍化。

六、公关——务实化

传统公关把核心放在企业界形象的塑造上，重宣传，轻行为，这不符合时代发展需要。未来公关仍把核心放在企业形象塑造上，但它重宣传，更重行为，讲求务实。

七、渠道——集中化

市场竞争激烈，渠道控制权将继续从生产商转向零售业者手中，也就是说，渠道控制权将继续朝集中化方向发展。

资料来源：马勇，刘名俭.旅游市场营销管理.3版.大连：东北财经大学出版社，2008.

三、乡村旅游商品的开发和营销

乡村旅游购物是乡村旅游活动中的一个重要环节。开发和销售有创意、有特色、有质量保障的乡村旅游商品对于提高游客对乡村的多方位了解和增加乡村居民收入以及带动地方经济发展具有重要意义，必须引起乡村旅游经营组织和乡村旅游主管部门的重视。

(一)乡村旅游商品的概念和种类

乡村旅游商品是指伴随乡村旅游而产生的供消费者购买的具有乡村特色的旅游商品。其种类多种多样，按照不同的标准分类。

1.按商品功能分类

(1)特色农产品

特色农产品具有地方特色、生态绿色、易于存储与携带、包装精巧，如北京怀柔板栗、门头沟薄皮核桃、大兴西瓜。

(2)民间工艺品

民间工艺品富有地方特色，赋予创新的设计理念，是传统文化、民间工艺与现代审美的有机结合，如北京顺义的中国结、门头沟麦秸画、大兴黑陶工艺。

(3)农村生产生活用品

农村生产生活用品是现代都市人所接受、喜爱和使用的源于农村的生产、生活用品,如北京朝阳高碑店的仿古家具。

2.按商品价值及价格分类

(1)高端乡村旅游商品

单件商品100元以上。

(2)一般乡村旅游商品

单件商品60元左右。

(3)低端乡村旅游商品

单件商品30元以下。

3.按目标市场分类

(1)主要适合国内旅游者需求的乡村旅游商品

适合国内旅游者需求的乡村旅游商品主要为中低档商品、特色农产品。

(2)主要适合外国旅游者需求的乡村旅游商品

适合外国旅游者需求的乡村旅游商品主要为中高档商品,以具有地方特色、乡村特色、富有纪念意义及观赏性的工艺品及农村生产生活用品为主。

4.按消费人群分类

(1)主要适合大中城市常住人群需求的乡村旅游商品

适合大中城市常住人群需求的乡村旅游商品主要为特色农产品、农村生产生活用品。

(2)主要适合大中城市非常住人群需求的乡村旅游商品

适合大中城市非常住人群需求的乡村旅游商品以民间工艺品为主。

5.按商品主题分类

(1)乡村景区(景点)主题类商品

例如,北京市延庆县以长城为主题的各色纪念品,平谷区以桃为主题的各色纪念品。

(2)乡村民俗生产生活主题类商品

例如,北京市大兴区以西瓜为主题的各色商品以及以乡村民俗生产生活为题材的各色工艺品。

(3)民间传说、传统故事等主题类商品

例如,北京市顺义区的八仙过海工艺葫芦、骨雕刻笑佛。

6. 按市场开发程度分类

(1)已开发的乡村旅游商品

已开发的乡村旅游商品是指已经进入市场销售的乡村旅游商品。

(2)待开发的乡村旅游商品

待开发的乡村旅游商品是指具有开发技术、资源等条件的富有市场前景的尚未开发的乡村旅游潜力商品。

(二)乡村旅游商品的开发原则

1. 以市场为导向

以市场为导向,根据游客的消费偏好开发新型的旅游商品才能满足游客的各种需求,从而为游客提供愉快而且印象深刻的旅游经历。目前游客市场偏好变化比较大,呈现多元化特征,旅游商品的开发要随时更新,为多种类多层次游客服务。

2. 有组织研发

一般而言,乡村旅游经营组织规模较小,力量单薄,很难独立开发乡村旅游商品。因此,新的乡村旅游商品的研发和推广往往需要由行业组织或政府机构牵头协调,联合开发,共同营销;适当采取优惠政策,专业化服务,有效提高乡村旅游商品的研发水平和效率。

3. 注重商品质量与服务

商品质量是企业信誉的基础与保证。目前,乡村旅游商品质量差成了普遍存在的问题,且几乎没有售后服务。因此,应该成立乡村旅游商品质量监督部门,专门监督乡村旅游商品质量,受理有关消费者购买乡村旅游商品的投诉,捍卫消费者权利,营造乡村旅游商品长久、健康发展的良好环境。

4. 树立商标和品牌意识

乡村旅游商品应有注册商标,并制定防伪标识。同时,应培育消费者对该品牌的认可度、信任度,这同时也是企业宣传与树立品牌的过程。品牌应包括商品的品牌名称、品牌标志和商标。从形式上看,品牌应具有独特性、简洁性、便利性,使人易认、易读、易记。

(三)乡村旅游商品的销售策略

1. 建立综合性乡村旅游商品市场

通过对旅游商品的集中销售,形成规模化市场,可以大大降低重复性低档次的小市场的各种弊病,为名、特、优乡村旅游商品提供良好的销售平台,降低消费者购买低劣商品的风险。同时,对于乡村旅游商品来说,在综合性旅游商品市场设立摊位，可以扩大销售量，拓宽消费者人群。原来只有到当地旅游的游客才有机会购买乡村旅游商品，而通过综合性商品市场的整体宣传，乡村旅游商品的零售商、对本地乡村旅游商品感兴趣的消费者都可以慕名前来。

2. 积极参加乡村旅游商品展览会

政府主管旅游部门和行业协会可以牵头举办“旅游商品博览会”，以当地以及附近的乡村旅游组织提供的旅游商品为主体，同时，吸引一些有名的旅游商品生产和销售企业参加，为乡村旅游商品的销售搭建良好的互动平台，便于各方沟通。

3. 拓宽乡村旅游商品销售方式

除了店铺销售、批发、零售、自销、代销等方式之外，还可以通过建立电子商务渠道，为乡村旅游商品的推广和市场营销提供有力的渠道支持，突破地域限制。这种销售方式打破传统的促销手段和策略，为乡村旅游商品营销提供了新的思路和技术手段，覆盖更加广泛的市场。

【案例阅读】

成都市乡村旅游商品销售

成都市2006年3月在郫县农科村、青城后山泰安古镇、锦江区三圣乡和龙泉驿区洛带镇新开了4家乡村旅游商品购物中心，拉开了全市乡村旅游商品购物中心建设的序幕。

乡村旅游商品购物中心面积为100 m^2，主要销售包括食品、用品、工艺品三大类的数百种成都市乡村特色旅游商品。此外，该市数十家旅游商品生产厂家还与这4家购物中心在农科村正式签订了合作协议。例如，农科村，当游客来到这里旅游时，不仅可以到一户一景的农家小院休闲娱乐，还可以逛逛新建成的乡村旅游商品购物中心农科店，尽情挑选各种特色纪念品。装潢一新的店面格外引人注目，店内陈列的商品也是五花八门：郫县豆瓣、蜀绣、草编、兰草盆景等极具郫县地方特色的商品。在这间不大的店面里，收藏了来自全成都市各大乡村的特色产品，吸引了不少游客来这里休闲购物。在欣赏完农家美景之后，到这里来选购一些特色工艺品带回家也不失为一件美事。

乡村旅游商品购物中心的建立不仅为广大旅游爱好者购买特色商品提供了方便，也将在一定程度上促进农副产品商品化，提高农副产品附加值，形成特色旅游商品品牌，助推当地旅游产业快速发展。

资料来源：李享. 北京乡村旅游网（http://ly.bjnw.gov.cn/xcjt/zjlt/200709/t20070905_98761.html）.

【案例】

北京市昌平区以奥运为契机打造乡村旅游名片

北京市昌平区旅游局在倾力推动昌平特色乡村旅游的基础上，以奥运为契机，在原乡村旅游的特色内容里，注入了更多的奥运元素，着力打造并向国内外积极推介以迎接奥运、服务奥运、接待奥运为主题的昌平乡村旅游品牌。

举世瞩目的北京2008年奥运会的日益临近，给昌平乡村旅游业的发展带来了机遇，注入了生机。昌平区旅游局为做好奥运会的接待服务工作，向国内外精心打造推介昌平乡村旅游品牌。从今年初开始，区旅游局把包装和推出"昌平旅游乡村旅游接待村"工作纳入重点工作计划，在全区21个市级民俗村中精心打造特色鲜明、接待能力强、服务规范、软硬件具备的能充分展示北京乡村风采和代表昌平风貌的奥运乡村旅游接待村。其做法有：分别为这些村发放了纯中药制剂的消毒液，以提高卫生水平；对21个高级民俗村的标识、标牌进行了更换；对民俗户进行了礼仪、卫生、厨艺、安全等培训，进一步提高民俗户的接待服务水平；为所有民俗户制作了网页，在网上发布宣传，帮助这些民俗村提高知名度和影响力。

"昌平奥运乡村旅游接待村"是昌平区旅游局向国内外打出的昌平乡村旅游的一张名片。它代表了昌平60个乡村旅游接待村3 000接待户接待服务等方面的最高水平，同时向国内外游客展示了昌平的民俗、民风和新农村、新农民的发展变化。

奥运乡村旅游接待村的确立，将进一步提升昌平乡村旅游业迈上一个新的台阶。昌平，一个山、水、文化相和谐的地区，正以"昌平奥运乡村旅游接待村"的魅力，向世人展示她迷人的风采。

来源：佚名. 昌平以奥运为契机打造乡村旅游名片. 国秀网（http://www.soochina.cn/Sale/23566_2.html）. 2007-10-27.

问题：

①昌平区旅游局是如何利用2008年北京奥运会的机遇进行乡村旅游市场营销的？

②结合本章所学知识，能为昌平区更好地发展乡村旅游提出哪些营销建议？

【复习思考题】

1. 旅游市场营销与一般市场营销的不同之处表现在哪些方面？
2. 我国目前乡村旅游市场的客源构成如何？

3. 乡村旅游市场需求受哪些因素的影响？

4. 乡村旅游价格的类型有哪些？

5. 乡村旅游产品的一般定价方法有哪些？

6. 乡村旅游的促销方式有哪些？

7. 乡村旅游销售渠道的中间商有哪些？乡村旅游经营组织应如何处理与中间商的关系？

8. 开发和营销乡村旅游商品的意义是什么？乡村旅游商品的开发需要遵循哪些原则？

9. 乡村旅游商品的销售策略有哪些？

第五章　乡村旅游餐饮服务的基本技能

【学习目标】

● 了解托盘的种类、规格及使用知识；掌握托盘的操作程序和方法

● 熟悉斟酒准备工作和酒瓶开启的方法；掌握斟酒的姿势、位置、斟酒方法及斟酒量；熟练操作斟酒技能

● 了解餐巾折花的作用和种类，掌握餐巾折花的摆放要求、基本手法；能运用餐巾折花的基本手法，比较熟练地折几种常见的简单的餐巾花

● 了解台布的种类与规格，掌握铺台布的几种主要方法和技术要领；掌握摆台的种类、要求、操作程序与标准；熟练操作摆台技能

● 明确上菜的程序、规则、位置和动作、技巧，熟悉菜肴摆放的要求及特殊菜肴的上菜方法；明确分菜前的准备工作、分菜用具的使用、分菜工具的使用方法、分菜的顺序、方法及各种特殊情况的分菜方法

● 掌握中餐撤换餐骨碟的时机、要求及方法和标准

【引导案例】

实习生的问题

装饰典雅的某酒店宴会厅灯火辉煌，一席高档宴会正在有条不紊地进行着，只见身着黑色制服的服务员轻盈穿行在餐桌之间。正当客人准备祝酒时，一位服务员不小心失手打翻了酒杯，酒水洒在了客人身上。“对不起、对不起”，这边歉声未落，只听那边“哗啦”一声，又一位服务员摔破了酒杯，顿时客人的脸上露出了愠色。第二天，客人将投诉电话打到了饭店领导的办公室，愤然表示他们请的一位重要客人对酒店的服务很不满意。

娴熟的技能是饭店优质服务的前提。作为餐厅工作人员要掌握哪些技能？如何练好这些基本功？

餐厅服务员必须有娴熟的服务技能和丰富的服务知识，才能将精美的实物产品和尽善尽美的劳务服务有机地结合起来，让客人在物质上和精神上获得满足，以达到餐饮服务的目的。因此，在对客服务时，餐厅服务员应动作熟练、规范、优美，

加强餐厅服务的相关技能训练。

第一节　托　　盘

托盘是餐厅服务员在席间为宾客端送物品的常用工具之一。因此，餐厅服务员必须了解托盘的种类、规格及使用知识。

一、托盘的种类与规格用途

（一）托盘的种类

1. 木质托盘

木质托盘用木做坯，外表用油漆进行彩绘。

2. 金属托盘

金属托盘种类较多，有铜制托盘、铝制托盘、不锈钢托盘及高档的金、银托盘。金、银托盘一般采用铜质金属做胎，外镀金或银。

3. 胶木托盘

胶木托盘采用防滑工艺处理，使用较为普遍，具有轻便、防滑、防腐、耐用的优点。

（二）托盘的规格用途

按托盘形状可分为圆形托盘、方形托盘及大、中、小数种。

大型、中型圆形托盘和小型方形托盘，通常用于斟酒、送菜、分菜、展示饮品等。

大型、中型方形托盘，通常用于装送菜点、酒水和盘碟等分量较重的物品。

小型圆托盘主要用来送账单、收款及递送信件等。

递送物品时，应选择大小与所负载的物品相称的托盘。

二、端托与托盘使用

端托服务大致分为徒手端托和托盘端托。

（一）徒手端托

餐厅席间服务中，往往需要服务人员用手直接将客人所需物品或食品端送至客人面前。使用金、银器皿将菜肴直接送至餐台上时，往往采用徒手端托的方法进行服务。由于金、银器皿和所端物品较贵重，在端托时应采用双手捧托的方法。

要端托菜肴食品盛器时，当盛器与托盘尺寸相同或大于托盘的情况下，也应采用徒手端托的方法进行端托服务。

(二)托盘端托

托盘端托服务根据端托的不同物品及托盘的不同用途，端托方法可分为轻托和重托。

轻托又称胸前托，适宜端托体积较小、重量较轻的物品。轻托一般端托物品在5 kg以下。轻托服务操作时，技术要求高。因为所托物品越轻，端托操作时，托盘越容易发飘从而不易端托平稳。因此，在轻托服务操作时准备工作非常重要。

重托又称肩上托，是指对较大且重的物品的端托。重托一般要托5 kg以上的物品。重托端托需要餐厅服务员有一定的臂力和技巧。

无论是轻托还是重托端托服务，都有理盘、装盘、托盘三大步骤。每个步骤均应按服务规范中的卫生要求去做。在整理托盘前，将托盘进行洗涤、消毒。同时，操作人员的手在消毒后方可进行理盘、装盘、端托服务，以免造成对食品的污染。

三、托盘的操作

(一)轻托操作方法

1. 理盘

理盘就是根据所托的物品选择适用的托盘。在理盘前要用医用酒精将托盘及手消毒后再去托盘。将要用的托盘洗后，用布擦干，放在洁净的餐巾上，大小和托盘相适应，外露部分均匀。这样既美观又整洁，还可防止托盘内因物品的滑动而发生意外。

2. 装盘

根据物品的形状、重量、体积和使用的先后次序合理装盘。重物合理装配，轻托的物品装盘除碟、碗外，一般要求平摆，并根据所用的托盘形状码放。托盘的重心应在托盘底部的中心部分，摆匀放均，保持重心。摆放遵循的原则：先用的在上、在前，后用的在下、在后。

【阅读资料】

轻托装盘时单件物品平摆，多件物品可根据所用的托盘形状归类码放，将物品放于托盘的中心部位。用圆托盘时，码放物品应呈圆形、弧形。用长方形托盘时横竖成行，摆放均匀。

重托装盘时，要把物品摆放均匀，重的物品放在托盘的中间，中间高四周低，物品与物品之间要留有一定间隔。

3. 端盘的操作要领

托盘用左手，端放在左手掌上为宾客服务。方法是左手向上弯曲，小臂垂直于左胸前呈90°,肘与腰部15 cm,大臂垂直,掌心向上,五指分开,用手指和手掌托住盘底,手掌形成凹形,使之平托于胸前,掌心不与盘底接触。托起前左脚在前,左手与左肘呈同一平面,用右手紧紧把盘拉到左手和左肘上,先用左手、左肘把盘放于平肘上,再用右手调整好盘内的物件,确保托盘平衡,使之平托于胸前。

4.行走

头正臂平,上身挺直,注视前方,脚步轻缓,动作敏捷,步伐稳健,视线开阔。托盘时手腕转动轻松、灵活,使托盘随走动的步伐自然摆动。切记不可出现身体僵硬和托盘摆动幅度太大等不美观、不高雅的动作。

行走的常用步伐如下:

①常步。常步就是使用平常行进的步伐,应步距均匀,快慢适宜。端托一般物品时使用常步。

②快步(疾行步)。步履稳、快而动作协调。快步的步幅应稍大,步速应稍快,但不能跑,以免弄洒菜肴或影响菜形。快步主要用于端托送需要热吃的菜肴,如锅巴肉片、铁板牛肉、松鼠鳜鱼等,因上菜迟了会影响菜肴的风味质量。端送火候菜或急需物品时,在保证菜不变形、汤不洒的前提下,以最快的速度走路。

③碎步(小快步)。碎步就是使用较小的步幅,较快的步速行进,主要适用端汤。这种步伐可以保持上身平稳,避免汤汁溢出。

④垫步(辅助步)。通常的步态都是左右脚前后交替运动,而垫步则是前脚前进一步,后脚跟进一步。这种步法可以在两种情况下运用:一是当餐厅员工在狭窄的过道中间穿行时,二是餐厅员工在行进中突然遇到障碍或靠边需要减速时。

⑤跑楼步伐。跑楼步伐是服务员端托上楼时所使用的一种特殊步伐。它的要求是:身体向前弯曲,重心前倾,用较大的步距,一步跨2个台阶,一步紧跟一步,不可上一步停一下。上升速度快而均匀,巧妙地借用身体和托盘运动的惯性,这样的步伐既快速又可节省员工体力。

⑥巧步。巧步指技巧步,即超出常规行走的灵活多变的步伐。在端托行走时,如突然遇到意外或障碍时,就要用巧步,以避免意外事故的发生。

5.卸盘

如果所托物品较轻,可以用右手将物品从托盘中取下来递给客人,或者可以托住托盘,让客人自取。物品取走部分之后,餐厅员工应及时用右手对托盘位置或盘中物品进行调整,使托盘保持平衡。

如果托送的物品较为沉重时,餐厅员工可以将托盘放在邻近的桌面或菜台上,然后将所托物品依次递给客人。

(二)重托方法

1.理盘

与轻托基本相同,应选大小适宜的托盘。重托往往端托汤汁较多的物品。做好清洁工作是非常重要的,只有及时将盘内的油污清洗干净,才能避免出现事故。

2.装盘

做到托盘内的物品分类码放、均匀得体,使物品的重量在盘中分布均匀,并注重把物品按高矮大小摆放协调,切忌将物品无层次地混合摆放,以免造成餐具破损。装盘时还要使物与物之间留有适当的间隔,以免端托行走时发生碰撞而产生声响。

3.端盘的操作要领

重托起托的姿势是双手将盘移至服务台边,使托盘 1/2 悬空。右手扶托盘将托盘托平,双脚分开呈八字形,双腿下蹲,略呈骑马蹲裆势,腰部略向前弯曲。左手伸开五指托起盘底,掌握好重心后,用右手协助左手向上用力将盘慢慢托起。在托起的同时,左手和托盘向上向左旋转过程中送至左肩外上方,待左手指尖向后托盘距肩 2 cm 处,托实、托稳后再将右手撤回呈下垂姿势,托至盘子不靠臂、盘前不靠嘴、盘后不靠发。托盘一旦托起,要始终保持均匀用力,将盘一托到底,否则会造成物品的歪、撒、掉、滑的现象。同时,服务员要随时准备摆脱他人的碰撞,做到上身挺直,两臂平行,注视前方;行走步履稳健平缓,臂不倾斜,身不摆晃,遇障碍物绕而不停,掌握重心,保持动作表情轻松自然。

(三)端盘方法

端盘是指用手端盘、碟、碗,主要适用于中小型餐厅,用在上饭、上菜、上汤的时候。端时要求服务人员上身要垂直,两臂自然放松,一般均用左手单手端盘(端时上下臂呈 90°角),右手留空做其他工作(如在行走时随时排除前方障碍等)。

1.端盘的手法要求

(1)单手端 1 个盘(或碗)的方法

食指、中指、无名指勾托盘(碗)底边棱,拇指跷起稳压盘(碗)边,以正常速度前进,至桌前保持盘(碗)平稳,然后朝桌上轻放。如端鱼盘(椭圆形盘),应端短直径的一边,方法与上相同。

(2)单手端 2 个盘的方法

先用食指勾托盘底,拇指跷起稳压盘边,端起第一盘,然后再用无名指托住另一个,中指护在其边,食指压住使其平稳。

(3)单手端托 3 个盘的方法

左手食指和拇指自然平伸,将第一盘的边沿插入左手虎口,盘底托住第二盘,将第一盘的边沿下部,压住第二盘的盘边,并将第二盘边沿紧靠掌心,最后用中指托住第三盘,将第二盘的边沿下部及食指根部稳压住第三盘的盘边。这样,就可以保证3个盘子均稳固牢靠。

(4)单手端4个及其以上盘碗的方法

在端3个盘的基础上,依赖腕力和手臂,将第4个及其以上的盘碗交错搭靠,沿手臂逐渐重叠上去。需要注意的是,重叠时只可盘底搭盘边,切忌盘底触碰在饭菜上,污染了食品。这项技术现在餐厅中很少运用,此处便不作介绍。

2.端盘总的要求

第一,各盘碗都要保持水平或稍向里倾斜,以防止外滑。如发生特殊情况使各盘内滑时,先用身体顶住滑动的盘碗,再请另外的服务员帮助调整一下或轻步上台即可。

第二,端盘碗时,左手大臂要保持水平,并可根据避让的需要作水平方向的灵活转动。

第三,徒手端托需要巧妙地运用指力、腕力和臂力。服务员只有在练好指力、腕力和臂力这一基本功的基础上,才能熟练地掌握和运用各种徒手端法。

四、端托服务应注意的问题

(一)端托姿势

端托姿势的正确与否直接影响服务人员服务动作美观的效果。端托时,要做到站稳、端平、托举到位、高矮适中。

(二)端托卫生

菜肴的卫生也是餐厅服务员在端托时所必须注意的问题。轻托时,餐厅服务员应使自己的口鼻部位远离所托物品,也不可将所托物品置于胸下。端托中需要讲话时,应将托盘托至身体的左外侧,避开自己的正前位。重托时,餐厅服务员要做到姿势正确,托举到位,尽量使所托物品远离自己的颈部。

【阅读资料】

为达到卫生无菌要求,可在托盘内垫上消毒过的餐巾或专用盘布。如使用盘布要将其铺平拉正,四边与盘底相齐,这样既美观又卫生,还可以防止盘内物品滑动。必要时在盘布上撒些清水,防滑效果更佳。

(三)端托安全

第一,端托时,左手端托,右手下垂。除了起托和落台时右手扶托盘外,禁止右手扶托盘。右手扶托盘危害有三点,一是不雅观;二是遮挡行走视线;三是容易造成端托失误。

第二，端托时，目光应平视前方，切勿只盯托盘。端托需拿托盘内所托物品时，应做到进出有序，确保所托物品的平衡。

第三，需用托盘垫布时，垫布置托盘正中，四角下垂应相等。

第二节　斟　酒

给顾客斟倒酒水或饮料是餐厅服务员的重要工作内容之一。餐厅员工给顾客斟酒时，斟酒操作动作要正确、迅速、优美、规范。这样会给顾客留下美好的印象。餐厅服务员娴熟的斟酒技术及热忱周到的服务，会使就餐的顾客得到精神上的享受与满足，同时还可以增添热烈友好的气氛。

一、斟酒准备工作和酒瓶开启

餐厅服务员在对客服务过程中，斟酒是其服务工作主要内容之一。因此，服务员应该掌握斟酒的有关知识和方法。

(一)斟酒前的准备工作

斟酒前的准备工作是斟酒服务的基础。

1. 酒品种类的准备

餐厅经营的酒品种类一般有常规品种和特殊品种两大类。常规品种是中国名酒及市场畅销的品种。特殊品种则是根据餐厅经营的风味特点而配用的酒品。餐厅经营的酒品应放在较明显的位置，以方便顾客选用。放酒的货柜要精美，酒品的摆放要讲究造型艺术，明码标价，以便促销。

2. 酒具的准备

酒具是斟酒服务的必备用品。餐厅应该准备的酒具种类、规格要与其经营的酒品种类相配。一般常备酒具有：水杯、红酒杯、白酒杯、香槟杯、黄酒碗及冰酒桶、温酒壶、酒篮、酒钻、开酒器等。这些酒具应放在餐厅随时可以取到的地方。无论客人选中哪款酒品，服务员都能及时将适用的酒杯送到客人面前。由于不同酒品的风味和色泽各不相同，使用一只杯子连饮几种酒，就会使酒失去各自特色，因此，餐厅应准备多种酒杯，使酒水服务更方便、周到。

3. 选酒的准备

餐厅有的客人喝的酒是预订的，但有些客人则是到餐厅后才选酒。这时服务员应主动向客人提供酒单，并介绍酒品种类、口味、度数、产地、香型、瓶装容量、价格等情况。对客人选中的酒品，服务员应立即除去外包装待用。

4. 确认酒水品牌

客人选定的酒，服务员应先请客人确认此酒的品牌。之后，为客人开启斟用，这是服务工作中不可忽视的重要环节。请客人确认酒水品牌的方法是：服务员用右手握住酒瓶的颈部，左手用一块餐巾托住瓶底，将酒瓶上的商标朝向顾客，请其确认。这样做，既可证明酒品的可靠性，又可表示出对顾客的尊重。

5. 特殊酒品的标准

客人在选用酒品时，往往同时选用几种不同的品种，如啤酒、白酒、葡萄酒或黄酒等。啤酒的最佳饮用温度在 8～11℃，高级啤酒的饮用温度在 8℃左右。服务员应视自然温度的高低确定酒是否需要冰镇。

白酒，大多数客人喜欢冷饮，但有些客人则喜欢温饮。温白酒是将白酒放入事先准备好的温酒器内，用热水加温。酒温一般掌握在 30～35℃即可。

黄酒，一年四季人们都喜欢热饮，并用具有保温性能的陶瓷酒具。温酒的方法是：将酒注入温酒壶内，用开水烫热，达到 40～50℃即可，可用烘烤和燃烧的方法，以免酒温过高挥发掉酒香从而影响质量。

白葡萄酒（干型）饮用的温度宜在 8～12℃。因此，饮用这类酒时，应视室温高低来确定是否需用冰桶冰酒。

【知识链接】

一、酒水冰镇

许多酒品的饮用温度大大低于室温，这就要求对酒品进行降温处理。比较名贵的瓶装酒大都采用冰镇的方法来降温。冰镇的方法有加冰块、加碎冰和冷冻等方法。

服务程序：

①准备。准备好冰镇酒品及需要的冰桶，并用冰桶架架放在餐桌的一侧。

②冰镇。桶中放入冰块，将酒瓶插入冰块中约 10 min，即可达到冰镇效果。如客人有特殊要求，可按客人要求延长或缩短时间。

服务员手持酒杯下部，杯中放入冰块，摇转杯子，以降低杯子的温度，并对杯具进行降温处理。

用冰箱冷藏酒品。

二、酒水加温

有些酒品的饮用温度高于室温，这就要求对酒品进行温烫。温烫有 4 种常用的方法，即水烫、火烤、燃烧和冲泡。水烫是将饮用酒事先倒入烫酒器，然后置入热水中升温。火烤是将酒装入耐热器皿，置于火上烧烤升温。燃烧是将酒盛入杯盏内，点燃酒液以升温。冲泡是将沸滚饮料（水、茶、咖啡等）冲入酒液，或将酒液注入热饮料中去。其中以水烫最为安全。

服务程序：

①准备。准备暖桶、酒壶和酒品，并用暖桶架架放在餐桌的一侧。

②加温。在暖桶中倒入开水，将酒倒入酒壶，然后放在暖桶中升温。加温操作必须当着客人的面进行。

三、示酒

宾客点用的整瓶酒，在开启之前都应让主人先过目一下。示瓶方法如下：

①服务者站于主人的右侧，左手托酒瓶底部，右手扶瓶颈，酒标面向客人，让其辨认。

②当客人认可后，才可进行下一步的工作。

③如果没有得到客人的认同，则去酒窖更换酒品，直到客人满意为止。

另外，餐厅服务员在为客人示酒之前，要将酒瓶瓶身、瓶口擦干净，检查一下酒是否过期、变质，是否是客人所需要的那种酒，酒瓶有没有破裂。

(二)不同酒类的开启方法

世界上酒的种类繁多，故形成了多种多样的酒类包装，常见的有瓶装、罐装和坛装。开启瓶塞、瓶盖和打开罐口、坛口时，应该注意动作要规范、优美，并要选配合适的开酒用具。

1.正确选用开酒器

开酒器分两大类：一是专门开启木塞瓶的螺丝拔(也叫酒钻)；另一种是专门开启瓶盖的扳手(也叫酒启子)。目前，酒钻和酒启子的式样很多，选用的原则是开启方便又耐用。因此，选用的酒钻要螺旋部分长、钻头尖而不带刃，最好带有一个起拔杠杆，以便于拔起开启；选用的酒启子要质地较硬、滤柄大小长短适宜，以免使用时变形，影响开酒速度。

2.开酒动作

开酒一般都由服务员在操作台上进行，服务员要注意站立姿势，握拿开酒器的方法及开酒时的手法动作都应正确、规范、优美。开酒后，应注意酒品卫生和酒具整洁。

3.开酒应备的辅助用品

开酒除了应备有酒钻、酒启子外，还应备有小钳子、小刀、盛装瓶塞瓶盖的盒子以及包或垫酒瓶的巾布等。

4.不同酒类的开启方法

因酒的特点不同，酒的包封也有所不同。因此，酒的开启打法也不尽相同。

(1)白酒

白酒的瓶封一般有3种，即冲压式的盖封，螺口金属或塑料旋式盖封，软木或塑料塞封。

开启冲压式酒封时，将酒瓶放在操作台上，左手扶酒瓶颈部，右手握酒启子置于酒封处搬启即可。

开启螺口酒封时，左手握扶酒瓶中间略上部位，右手用巾布盖于酒封上旋转拧开即可。

开启软木或塑料塞封时，应先将塞封外面的包装去掉，然后用酒钻钻入或挑起塞封即可。开启这类酒封时，酒瓶底部平放于操作台上使酒瓶呈直立状。

(2)啤酒

啤酒的包装一般有瓶装和罐装2种。

瓶装啤酒均采用冲压式盖封。开启这类酒封时，要尽量减少酒瓶的晃动。左手握酒瓶，瓶颈略呈倾斜状，右手握酒启子一次将酒瓶盖启开。如有酒液溢出，应用干净的餐巾将瓶口压住以防止更多的酒液溢出。酒封开启后，要用洁净巾布揩擦瓶口。开启葡萄汽酒或其他果类汽酒均可采用此种方法。

开启罐装啤酒时，同样在开启前尽量减少晃动，开启时先将盖的拉环轻轻拉开，慢慢扩大直至全部拉开。这种方法可使罐中的二氧化碳有少量的漏出，避免因罐中二氧化碳含量过大而造成酒液冲冒。

(3)红葡萄酒

红葡萄酒一般采取软木塞酒封。采用这种包封的酒还有老酒、香槟酒等。各种葡萄酒和老酒启封时，先用小刀将瓶口上的铅封箔切开剥掉，并用洁净的巾布将酒瓶口上的污迹擦净(有些陈酒往往在铅封下存有陈腐污迹)。外封开启后再用酒钻对准瓶塞的中心顺时针方向轻轻地钻下去，直至将螺旋部分全部钻入，这时再次用巾布擦净瓶口。开启这类酒时要尽量减少酒瓶的晃动，以免使有沉淀物的酒由于晃动造成酒液的混浊。如酒开启后(尤其是红葡萄酒)，发现有沉淀物时，应用滤酒器过滤一下再斟用。

(4)香槟酒

香槟酒的开启方法与其他酒的开启方法相同。此酒瓶内有压力，而瓶塞又大部分被压进瓶口，只留有帽形一段塞子露在瓶外，并由金属箔盖做顶封及铅丝绕扎固定住。因此在开瓶时，用左手斜拿瓶颈处呈45°角，大拇指压紧塞顶，用右手转动瓶颈上的金属小环使之完全松动，然后去掉金属丝和金属箔，右手拿一块干净的餐巾布紧捏住瓶塞的上段，左手轻轻地转动酒瓶，让瓶内的压力将瓶塞慢慢地顶出来。当瓶塞离开瓶口时会发生清脆的响声。瓶塞拔出后，要继续使酒瓶保持45°角，以防酒从瓶内溢出。开香槟酒时，瓶口始终不能朝向顾客或天花板，以防酒水喷到客人身上或天花板上。

正确的方法是：将瓶口朝向自己的手掌方向，使手掌起到遮挡的作用；同时注意不要采用拧瓶塞或拔瓶塞的开启方法，以免瓶塞碎裂后爆出来。当酒打开后，用干净的巾布仔细擦拭瓶口，将积垢等脏物擦去，注意不让污垢落入瓶内。

在开启塞封酒时，对露出来的瓶塞须进行检查，看看瓶中酒是否变质。原汁酒开瓶检查尤为重要。检查的方法主要是嗅辨，嗅嗅瓶塞插入瓶内的那一部分，是否有酸败、霉腐气味。

5. 开酒时间与开瓶后的清洁工作

甜葡萄酒、白酒应在客人到齐后入座前，将酒封打开并为客人斟上。啤酒、香槟酒及各种汽酒，应在客人入座的同时将酒封打开。这样能更好地保持不同酒品原有的风味特色。

开瓶后的铅封、木塞、瓶盖及外包装等杂物，不要直接放在操作台上。杂物应放在专用的杂物盒或代用的盘子内，做到随时操作随时清理，切忌将这些杂物留在客人就餐的餐台上。

二、斟酒姿势

斟酒姿势是指斟酒服务时，服务人员持酒瓶的手法、站立、行走以及及时为顾客向酒杯中斟酒时的动作。斟酒姿势的优美来源于服务员广博的酒品知识、文化修养和表演才能。斟酒前的各项准备工作应做到优美娴熟。

斟酒前，用干净的巾布将瓶口擦净。从冰桶里取出的酒瓶，应先用巾布擦拭干净，然后进行包垫。其方法是：用一块 50 cm×50 cm 见方的餐巾折叠六折成条状，将冰过的酒瓶底部放在条状餐巾的中间，将对等的两侧餐巾折上，手应握住酒瓶的包布，注意将酒瓶上的商标全部暴露在外，以便让客人确认。斟一般酒时，左手持一块折成小方形的餐巾，右手握瓶，即可进行斟酒服务。斟酒时用垫布及餐巾是为防止冰镇后酒瓶外溢产生的水滴及斟酒后瓶口的酒液洒在客人身上。使用酒篮时，酒瓶的颈背下应衬垫一块大小适宜的布巾，以防止斟酒时酒液外漏。

（一）持瓶姿势

正确的持瓶姿势应是右手叉开拇指，并拢四指，掌心贴于瓶身中部、酒瓶商标的另一方，四指用力均匀，使酒瓶握稳在手中。采用这种持瓶方法，可避免酒液晃动，防止手颤。

（二）斟酒时的用力

斟酒时的用力要活而巧。正确的用力应是右侧大臂与身体呈 90°角，小臂弯曲呈 45°角，双臂以肩为轴，小臂用力，运用腕子的活动将酒斟至杯中。腕力用得活，斟酒时握瓶及倾倒的角度的控制就感到自如。腕力用得巧，斟酒时酒液流出的量就准确。斟酒及起瓶均应利用手腕的旋转来掌握。斟酒时忌讳大臂用力及大臂与身体之间角度过大，角度过大会影响顾客的视线并迫使客人躲闪。

(三)斟酒时的站姿

斟酒服务开始时，服务员先应呈直立式持瓶站立，左手下垂，右手持瓶，小臂呈45°角。服务员向杯中斟倒酒水时，上身略向前倾，当酒液斟满时右手利用腕部的旋转将酒瓶逆时针方向转向自己身体一侧。同时左手迅速、自然地将餐巾盖住瓶口以免瓶口溜酒。斟完酒身体恢复直立状。向杯中斟酒时切忌弯腰、探头或直立。

三、酒水服务的站位

斟酒服务时，餐厅服务员应站在客人的右侧身后，规范的站立是：餐厅服务员的右腿在前，插站在两位客人的座椅中间，脚掌落地。左腿在后，左脚尖着地呈后蹬势，使身体向右呈略斜式。餐厅服务员面向顾客，右手持瓶，面向顾客右侧依次进行斟酒。每斟一杯酒更换位置时，要做到进退有序，这时先使左脚掌落地后，右腿撤回与左腿并齐，使身体恢复原状。再次斟酒时，右脚向前进一步，左脚跟一步，右脚跨一步，形成规律性的进退，使斟酒服务的整个过程显得潇洒大方。餐厅服务员斟酒服务时，忌讳将自己身体贴靠在顾客身上或座椅上，但也不要离得太远，更不可在一个站位左右开弓为两位顾客斟酒。斟完酒水，身体应迅速恢复直立状，切忌弯腰、探头或仰身等。

四、斟酒服务的标准与顺序

由于酒品种类不同，故斟酒的标准与顺序也应不同，酒品的饮用顺序往往应与上菜的顺序相协调。

(一)斟酒方法

斟酒方法一般有2种。一种是托盘斟酒，即将顾客选定的酒水放于托盘内，餐厅服务员左手端托，右手取送斟倒，根据顾客的需要依次将所需酒水斟入杯中。这种斟倒方法方便顾客选用。另一种是徒手斟酒，即左手持巾布，右手握酒瓶，按顾客所需的酒水依次斟入顾客的杯中。

(二)斟酒方式

斟酒的基本方式有2种，一种叫桌斟，另一种叫捧斟。

桌斟在桌上完成。服务员站在客人右后侧，右脚在前，左脚在后，右手握住瓶子的下半部，酒标面向顾客，以食指控制流速，顺着杯壁倒。待满后，向外旋转瓶身(90°～180°)抬起瓶口，使最后一滴酒随着瓶身的转动流入瓶中或滴落在酒杯中。

捧斟在手上完成。服务员站在客人右后侧，左脚在前右脚在后，右手握住瓶子的下半部，酒标面向顾客，以食指控制流速。左手握住杯子下半部，杯子倾斜45°，瓶口不与杯口相接触。随着酒水的增加，杯子慢慢抬起，适量时，右手向外旋转瓶身90°～180°并抬起瓶口，使最后一滴酒随着瓶身的转动流入瓶中或滴落在酒杯中。

（三）斟酒量

斟酒量应视酒品的种类而定，同时各种酒品饮用时使用的杯具不同，斟酒标准也不尽相同。

①中餐在斟倒酒水时，一般以八分满为宜，以示对宾客的尊重。

②西餐斟酒不宜太满，红葡萄酒的斟倒量一般为红葡萄酒杯的 1/2，白葡萄酒的斟酒量一般应为白葡萄酒杯的 2/3 为宜。

③斟倒啤酒时，应分 2 次进行，以泡沫不溢为准。较为标准的啤酒杯上都印有酒液和泡沫的分界刻度，以便为服务员能更好地掌握斟倒啤酒的量，以酒水过半，泡沫不溢为准。

④斟香槟酒时，应将酒瓶用服务巾包好，先向杯中斟倒 1/3 的酒液，待泡沫退去后，再往杯中续斟至杯的 2/3 处为宜。也有些酒店在斟倒香槟酒时，先将酒液斟至杯的 1/2 处，等泡沫退去后，再往杯中续斟至杯的 2/3 处。

⑤白兰地酒斟二分满（即将酒杯横放时，杯中酒液与杯口齐平）。

（四）斟酒顺序

1. 中餐斟酒顺序

宾客入座后，服务员及时询问客人是否先喝些啤酒、矿泉水等饮料。在一般场合，服务员可先为一桌的长者斟酒；对于一对夫妇，应先为女士斟酒。若是宴会，则应在开始前 10 min 左右将烈性酒和葡萄酒斟好。宴会斟酒的顺序是：从主宾开始，按男主宾、女主宾、再主人的顺序顺时针方向依次进行。如果是两位服务员同时服务，则一位从主宾开始，另一位从副主宾开始，按顺时针方向依次进行。

2. 西餐宴会的斟酒顺序

西餐宴会用酒较多，不同的菜肴配不同的酒水，吃什么菜配什么酒，应先斟酒后上菜。其顺序为：女主宾、女宾、女主人、男主宾、男宾、男主人，妇女处于绝对优先的地位。重要外交场合，特别是国宴，先从男主宾开始。斟酒过程也采用顺时针方向依次渐进。

但是，在实际服务中，往往由于宴会的规格不同、服务的对象不同、民族风俗习惯不同，加之国籍不同，因此斟酒顺序也应灵活多样。为亚洲地区顾客斟酒服务时，如主宾是男士，则应先斟男主宾位，再斟女宾位。对主人及其他宾客则可沿顺时针方向绕台依次进行斟酒服务即可，或视客人要求，先为来宾斟倒，最后为主人斟倒，以此更加表示主人对来宾的尊重。如为欧美客人斟酒服务时，则应先斟女主宾位，再斟男主宾位。

五、斟酒的注意事项

①斟酒时，瓶口不可搭在酒杯口上，相距 1～2 cm 为宜，以防止将杯口碰破或

将酒杯碰倒;但也不要将瓶拿得过高,以免将酒水溅出杯外。

②服务员要将酒徐徐倒入杯中,当斟至酒量适度时停一下,并旋转瓶身,抬起瓶口,使最后一滴酒随着瓶身的转动流入瓶中或滴落在酒杯中。

③斟酒时要控制好斟酒的速度。瓶内酒量越少,流速越快,酒流速过快容易冲出杯外。因此,服务员要做到随时注意瓶内酒量的变化情况,以适当的倾斜度控制酒液流出的速度。

④斟啤酒时,因泡沫较多,极易沿杯壁溢出杯外,所以斟啤酒速度要慢些,也可分 2 次斟或使啤酒沿着杯的内壁流入杯内。

⑤由于操作不慎而将酒杯碰翻时,应向宾客表示歉意,并立即将酒杯扶起,检查有无破损。如有破损,要立即更换。若无破损,服务员应迅速用一块干净餐巾铺在酒迹上,然后将酒杯放回原处,重新斟酒。

⑥当宾客杯中酒水少于 1/3 时,应征询客人的意见,及时续添酒水。

⑦凡需使用冰桶的酒,当从冰桶取出酒瓶后,应以一块服务巾包住瓶身,以免瓶外水滴弄脏台布或宾客的衣物;使用酒篮的红葡萄酒的瓶颈下应垫一块布巾或餐巾纸。

⑧在宴会上,主宾通常都要讲话。在讲话结束时,双方都要举杯祝酒。因此在讲话开始前,服务员要将酒水斟齐,以免祝酒时杯中无酒。

⑨讲话结束时,负责主桌服务的服务员要将讲话者的酒水送上,以供祝酒之用。

⑩主宾讲话时,服务员要停止一切操作,站在适当的位置。

第三节 餐巾折花

一、餐巾的作用和种类

餐巾折花是餐前的准备工作之一,主要工作内容是餐厅服务员将餐巾折成各式花样,插在酒杯或水杯内或放置在盘碟内,供客人在进餐过程中使用。

(一)餐巾的作用

餐巾又名口布,是餐厅中常备的一种卫生用品,又是一种装饰美化餐台的艺术品。

1. 餐巾是餐饮服务中的卫生用品

宾客用餐时,餐厅服务员将餐巾放在宾客的膝上或胸前,餐巾可用来擦嘴或防止汤汁、酒水弄脏衣物。

2. 餐巾可以装饰美化餐台

不同的餐巾花,蕴含着不同的宴会主题。形状各异的餐巾花,摆放在餐台上,既美化了餐台，又增添了庄重热烈的气氛，给人以美的享受。

3. 餐巾花可以烘托就餐气氛

如用餐巾折成喜鹊、和平鸽等花表示欢快、和平、友好，给人以诚悦之感。如折出比翼齐飞、心心相印的餐巾花送给一对新人，可以表示出永结同心、百年好合的美好祝愿。

4. 餐巾花的摆放可标出主宾的席位

在折餐巾花时应选择好主宾的花形，主宾花的高度应高于其他花的高度以示尊贵。

(二)餐巾的种类

1. 棉织品与化纤织品

餐巾按质地分为棉织品和化纤织品。棉织品餐巾吸水性较好，去污力强，浆熨后挺括，造型效果较好，但折叠一次效果才最佳。化纤织品色泽艳丽，透明感强，富有弹性，如一次造型不成，可以二次造型，但吸水性差，去污力不如棉织品。

2. 白色与彩色

餐巾按颜色分为白色餐巾与彩色餐巾。白色餐巾给人以清洁卫生、恬静优雅之感。它可以调节人的视觉平衡，可以安定人的情绪。彩色餐巾可以渲染就餐气氛。例如，大红、粉红餐巾给人以庄重热烈的感觉；橘黄、鹅黄餐巾给人以高贵典雅的感觉。

二、餐巾折花的造型种类及其选择

(一)餐巾折花造型种类

1. 按摆放方式分类

餐巾折花按摆放方式分为杯花、盘花2种。

杯花需插入杯中才能完成造型，花出杯即散。现今中餐厅多选用杯花。由于折叠成杯花后，在使用时其平整性较差，也容易造成污染，所以目前杯花已较少使用。但作为一种技能，仍在餐厅服务中存在。

盘花造型完整，折成后不会自行散开，可放于盘中或其他盛器及桌面上。因盘花简洁大方，美观适用，所以盘花呈发展趋势。西餐厅多选用盘花。

2. 按餐巾花外观造型分类

餐巾折花按其外观造型分为植物、动物、实物3种类型。

植物类折花是根据植物造型如荷花、水仙等制作的，也有根据植物的茎、果实如慈姑叶、竹笋、玉米等造型的。

动物类折花包括鱼、虫、鸟、兽。其中以飞禽为主，如白鹤、孔雀、鸵鸟等。动物类造型，有的取其整体，有的取其特征，形态逼真，生动活泼。

实物类折花是指模仿日常生活用品中各种实物形态折叠而成，如帽子、折扇、花篮等。

(二)餐巾折花造型的选择

1.根据宴会的规模选择折花造型

大型宴会可选择简洁、挺括的折花造型。可以每桌选2种花形，使每个台面折花造型不同，台面显得多姿多彩。如果是1～2桌的小型宴会，可以在一桌上使用各种不同的花形，也可以2～3种花形相间搭配，形成既多样又协调的布局。

2.根据宴会的主题选择折花造型

主题宴会因主题各异，形式不同，所选择的折花造型也不同。例如，婚宴可选择永结同心、比翼双飞、鸳鸯等；老人祝寿可选择仙鹤、寿桃等。

3.根据季节选择折花造型

选择富有时令的折花造型以突出季节的特色，也可以有意地选择象征一个美好季节的一套花形。如春天选择春芽、迎春花等；夏天选用荷花、玉兰花、石竹花等；秋天选用枫叶、菊花等；冬天则宜选用冬笋、梅花、仙人掌等。用台面上的不同折花造型可反映出季节的特色，使之富有时令感。

4.根据宗教信仰选择折花造型

如果是信仰佛教的，勿叠动物造型，宜叠植物、实物造型。佛教徒喜欢僧帽折花；信仰伊斯兰教的，勿用猪的造型等。

5.根据宾客风俗习惯选择折花造型

例如，日本人喜樱花，忌用荷花；美国人喜山楂花；法国人喜百合花；英国人喜蔷薇花。

6.根据宾主席位选择折花造型

宴会主人席位上的花称为主花。主花一般选用品种名贵、折叠细致美观醒目的花，达到突出主人的目的。如在接待国际友好人士的宴会上，叠和平鸽表示和平，叠花篮表示欢迎，为女宾叠孔雀表示美丽，为儿童宾客叠小鸟表示活泼可爱。这样宾主均会感到亲切。

总之，要根据宴会主题设计折叠不同的餐巾花。折餐巾花时要灵活掌握，力求简便、快捷、整齐、美观大方。

三、餐巾折花摆放的基本要求

餐巾折花是一项艺术创作，它可以烘托宴会的气氛，增添宴会的艺术效果。因此，餐厅服务员要掌握餐巾折花摆放的基本要求。

(一)突出主位

主位要选择主花。主花一般要选择品种名贵、折叠精细、美观醒目的花形。

(二)注意协调性

餐巾折花的协调性是指无论是大型宴会还是小型宴会,除主位外的餐巾折花要高矮一致,大小一致,要把一个台面或一组台面当做一个整体来布置。一般主位的餐巾折花与其余的不同。

当只有一桌的宴会上选用各不相同的花形时,主花要明显。如果选择的花形都是比较矮的,与主花高低相差不能太多。除了主花以外,如果还有高低差别较大的花,则要以主花为主,其余的花不能高于主花,同时要高矮相间布置,不要将高的花与矮的花挤在一起摆放,使整个台面整体协调一致。

四、餐巾折花摆放的艺术性

餐巾折花在台面上具有抽象性和象形性。要使每种餐巾折花造型都发挥其作用,餐厅服务员就要了解每种折花造型的最佳观赏位置。

(一)主花要摆插在主位

主花摆在主位,一般的餐巾花摆在其他宾客席上,但要高低均匀,错落有致,达到一种视觉艺术的美。

(二)将餐巾折花观赏面朝向宾客

摆放餐巾折花,要使宾客正面观赏,如孔雀开屏、和平鸽等花,要将其正面朝向宾客。适合侧面观赏的,要将最佳观赏面朝向宾客。

(三)相似花形错开摆放

在一个台面上,摆放不同品种的花时,形状相似的花要错开,对称摆放。

(四)恰当掌握杯花的深度

餐巾折成花后,放入杯内的深度要适中。杯内的部分要折叠整齐规范。

(五)摆放距离均匀

各种餐巾花之间的间距要均匀,做到花不遮餐具,不妨碍服务操作。

餐巾花具有实用和观赏 2 种属性。餐厅服务员要认真掌握餐巾折花的折叠方法,做到技术性和艺术性相结合,达到台面的完整和谐。

五、餐巾折花发展的新趋势

(一)线条简洁明快挺括

用餐巾折叠线条简洁明快挺括的花所需要的时间短、速度快,而且这种花散开后餐巾褶皱少,实用方便。

(二)趋向盘花

杯花是用手将花插入杯中的,所以折花之前要严格消毒。用盘花可减少手握杯的环节,满足宾客清洁卫生的心理。因此,餐巾折花逐渐向盘花方向发展。

六、餐巾折花注意事项

①选择好餐巾。餐巾要干净、熨烫平整、无破损,并根据用餐的具体情况选定餐巾。

②在折花操作前,要洗净双手。操作中不能用嘴咬或牙叼餐巾,也不要多说话,以防唾沫玷污餐巾。

③折花操作时要在干净的工作台或托盘上操作,并准备好辅助工具。

④折花时,要姿态正确,手法灵活,用力得当,角度要算准,折摺要均匀,力争一次折成。折花要正确使用推折、折叠、卷筒、翻拉、捏、穿、掰 7 种方法。

⑤折花要简单美观,拆用方便,造型生动,形象逼真。

⑥餐巾折花一般放置在杯中高度的 2/3 处为宜。

⑦尊敬各来源国客人的习俗,尊重他们的爱好和忌讳。

【案例阅读】

客人投诉为哪般?

某日,一个英国 VIP 团抵达某饭店。餐厅服务员在折叠餐巾时,为了表示对客人的欢迎和尊重,选用了孔雀开屏的花形。殊不知,客人不但不领情反而跑到大堂经理处去投诉。经了解,事情原来是这样的:在英国,人们认为孔雀是祸,是淫妇的代称,孔雀开屏被认为是自我吹嘘的表现,所以英国客人认为这个饭店在有意侮辱他。想不到服务员的一番好意,招来的不是感谢而是批评投诉,怪谁?只能怪自己不懂他国的风俗习惯。

【评析】

在接待服务中,应了解并尊重各民族各地区的风俗习惯,不做他们忌讳的事。这样才能让各民族各地区的客人满意,才有利于各民族各地区之间平等友好地交往。

七、餐巾折花的基本技法

餐巾折花的基本技法包括推折、折叠、卷筒、翻拉、捏、穿、掰 7 种。餐厅服务员应反复练习,达到技艺娴熟,运用自如。

(一)推折

①在打折时,左、右手大拇指相对成一线,指面向外,指侧面按紧餐巾推折,这样形成的褶比较均匀。

②初学可以用食指或中指向后拉折,这时应用食指将打好的褶挡住,中指控制好下一个褶的距离,3 个指头互相配合,如图 5-1 所示。

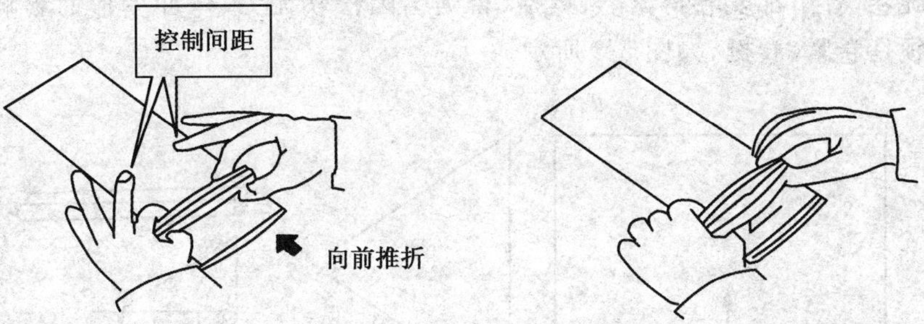

图 5-1 餐巾推折的技法

③推折时,要在光滑的盘子或托盘中进行。

④推折可分为直线折和斜线折 2 种方法。两头一样大小的用直线折,一头大一头小或折半圆形或圆弧形的用斜线折。折的要领是折出的褶裥均匀整齐。

(二)折叠

折叠就是将餐巾平行取中一折为二、二折为四或者折成三角形、长方形等其他形状。折叠的要求是:要熟悉基本造型,折叠前算好角度,一次折成,避免反复,以免餐巾上留下一条褶痕,影响餐巾美观。叠的基本要领是找好角度,一次叠成,如图 5-2 所示。

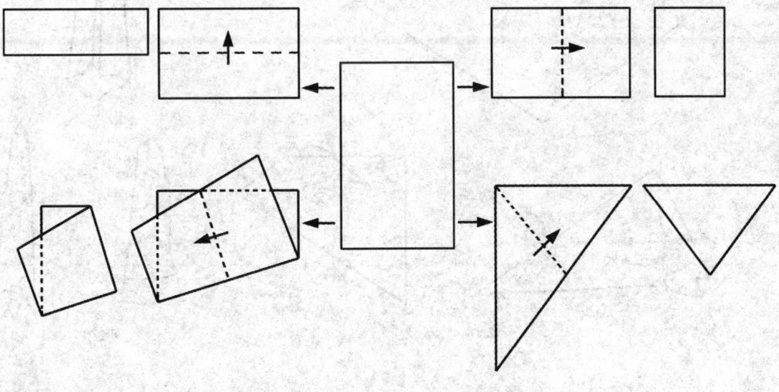

图 5-2 餐巾折叠的技法

(三)卷筒

卷筒是用大拇指、食指、中指 3 个手指相互配合,将餐巾卷成圆筒状。卷分直卷和螺旋卷。直卷有单头卷、双头卷、平头卷。直卷要求餐巾两头一定要卷平。螺旋卷分 2 种。一种是先将餐巾叠成三角形,餐巾边参差不齐。另一种是将餐巾一头固定,卷另一头,或一头多卷,另一头少卷,使卷筒一头大、一头小。不管是直卷还是螺旋卷,餐巾都要卷得紧凑、挺括,否则会因松软无力、弯曲变形而影响造型;卷的要领是卷紧、卷挺,如图 5-3 所示。

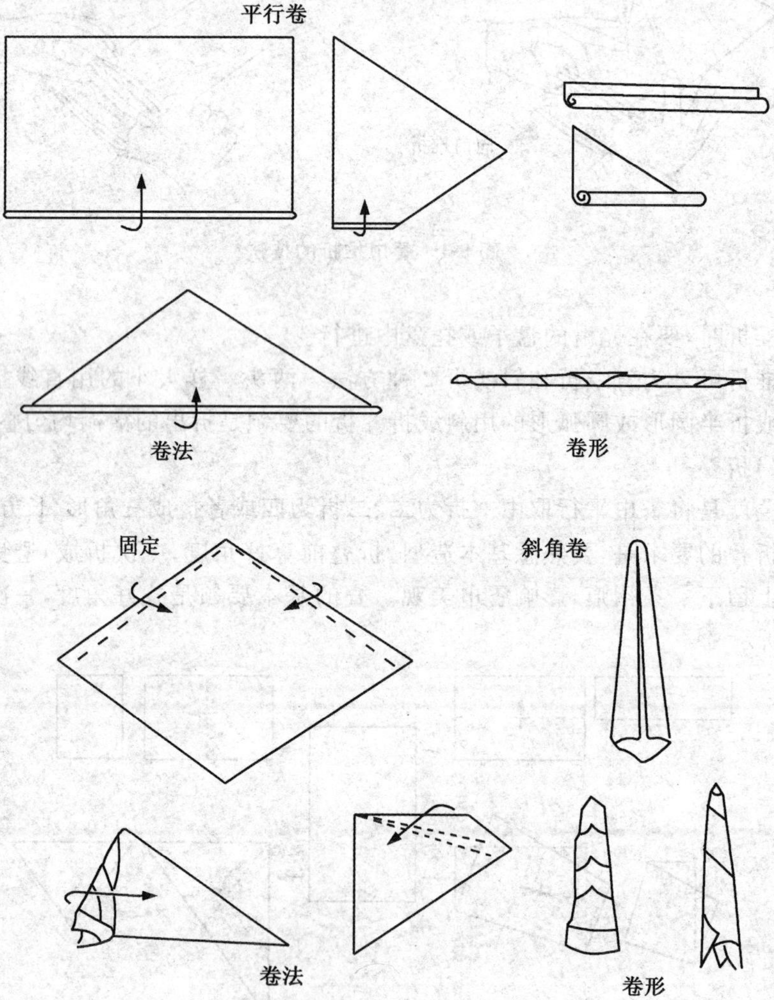

图 5-3 餐巾卷筒的技法

(四)翻拉

翻拉是将餐巾折卷后的部位翻成所需花样。翻拉大都用于折花鸟。操作方法(图 5-4)是:

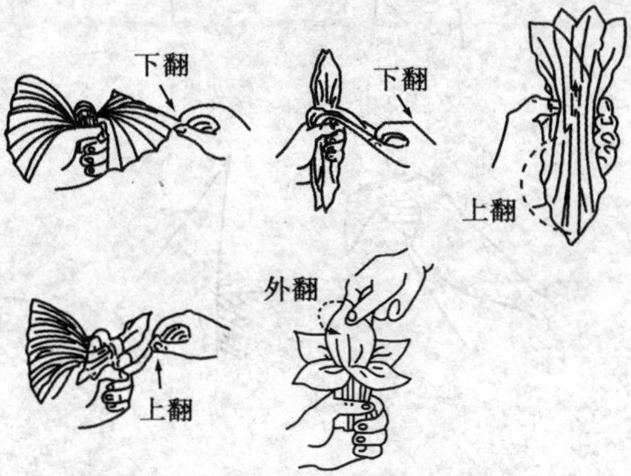

图 5-4　餐巾翻拉的技法

①一手拿餐巾,一手将下垂的餐巾翻起一角,拉成花卉、鸟的头颈、翅膀、尾巴等。

②翻拉花卉的叶子时,要注意对称的叶子大小一致,距离相等。拉鸟的翅膀、尾巴或头时,一定要拉挺,不要软折。翻的要领是注意大小适宜,自然美观。

(五)捏

捏主要用于折鸟的头部造型。操作时先将餐巾的一角拉挺做颈部,然后用一只手的大拇指、食指、中指 3 个指头捏住鸟颈的顶端,食指向下,将巾角尖端向里压下,用中指与拇指将压下的巾角捏出尖嘴状,作为鸟头。捏的要领是棱角分明,头顶角、嘴尖角到位,如图 5-5 所示。

(六)穿

穿是指用工具从餐巾的夹层褶缝中边穿边收而形成皱折并使造型更加逼真美观的一种手法。穿时左手握住折好的餐巾;右手拿筷子,将筷子的一头穿进餐巾的夹层褶缝中,另一头顶在自己身上,然后用右手的拇指和食指将筷子上的餐巾一点一点往里拉,直至把筷子穿过去,如图 5-6 所示。皱折要求拉得均匀。穿好后,要先将折花插进杯子,再把筷子抽掉,否则皱褶易松散。穿的要领是穿好的褶裥要平、直、细小、均匀。

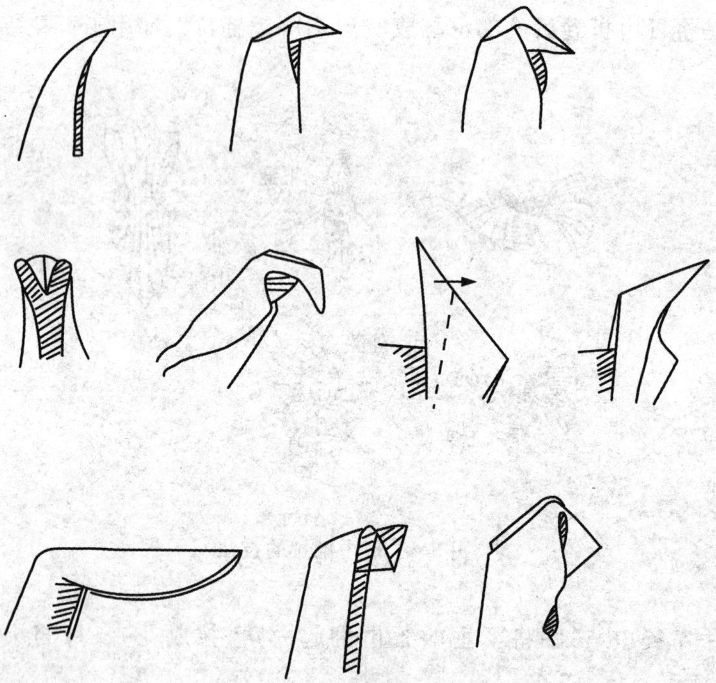

图 5-5 餐巾捏的技法

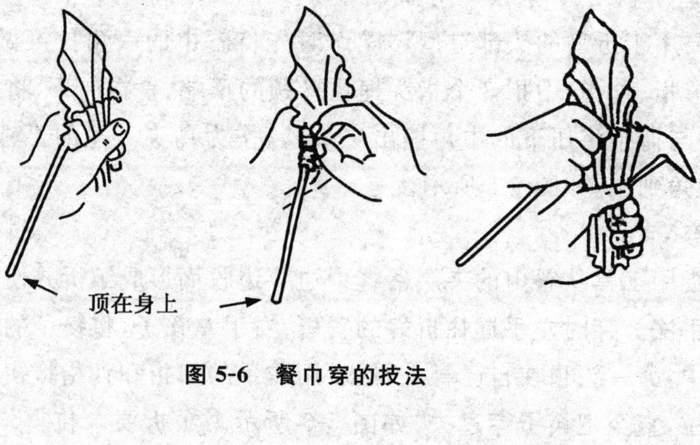

图 5-6 餐巾穿的技法

(七)掰

掰是将餐巾做好的褶用左手一层一层掰出层次,呈花蕾状。掰时不要用力过大，以免松散。掰的要领是层次分明，间距均匀。

第四节　中餐宴会摆台

摆台是把各种餐具按要求摆放在餐桌上。它是一门技术，摆的好坏直接影响服务质量和餐厅的面貌。

一、铺台布

台布是餐厅摆台所必备的物品之一。台布的规格及色泽的选择，应与餐台的大小、餐厅的风格协调一致。

(一)台布的种类与规格

1. 台布的种类

台布按质地分为纯棉台布、化纤台布、塑料台布等。台布的种类很多。因纯棉台布吸湿性能好，大多数餐厅均使用纯棉提花台布。台布的图案有团花、散花等。

台布按形状分为圆形台布、正方形台布、长方形台布等。正方形台布常用于方台或圆台，长方形台布则多用于西餐各种不同的餐台，圆形台布主要用于中餐圆台。

台布按颜色可分为白色、黄色、红色、绿色等。但多数饭店选用白色。选择台布的颜色，要与餐厅的风格、装饰、环境相协调。

2. 台布的规格

台布的规格大小有多种，经常使用的有 140 cm×140 cm、160 cm×160 cm、180 cm×180 cm、200 cm×200 cm、220 cm×220 cm、240 cm×240 cm、260 cm×260 cm。使用时应根据餐桌的大小选择适当规格的台布。例如，140 cm×140 cm 的台布适用于 90 cm×90 cm 的方台上；160 cm×160 cm 的台布适用于 100 cm×100 cm、110 cm×110 cm 的方台上；180 cm×180 cm 的台布适用于直径 150 cm、直径 160 cm 的圆台上；200 cm×200 cm 的台布适用于直径 170 cm 的圆台上；220 cm×220 cm 的台布适用于直径 180 cm 或 200 cm 的圆台上；240 cm×240 cm 的台布适用于直径 220 cm 的圆台上；260 cm×260 cm 的台布适用于直径 240 cm 的圆台上。

除了方台布外还有长方形台布，如 160 cm×200 cm、180 cm×300 cm 等不同规格。这类台布用于长方台及西餐各种餐台，可根据餐台的大小形状选用不同规格的台布，一块不够用时可随意拼接。在拼接时注意将接口处接压整齐。

圆形台布其规格各有不同。一般的圆形台布多见于定型特制，即根据餐台的大小将台布制成大于餐台直径 60 cm 圆形台布，使台布铺于餐台上圆周下垂

30 cm 为宜。

(二)台布铺设

台布铺设是将台布舒适平整地铺在餐桌上的过程。

1. 准备工作

铺台布之前,首先应将所需餐椅按就餐人数摆放于餐台的四周,使之呈三三两两的并列状。然后服务人员应将双手洗净,并对准备铺用的每块台布进行仔细的检查,发现有残破、油渍和皱褶的台布则不能继续使用。最后应根据餐厅的装饰、布局确定席位。

操作时,餐厅服务员应将副主人处餐椅拉开至右侧餐椅后边,餐厅服务员站立在副主人餐椅处,距餐台约 40 cm,将选好的台布放于副主人处的餐台上。

铺台布时,双手将台布打开并提拿好,身体略向前倾,运用双臂的力量,将台布朝主人座位方向轻轻地抛抖出去。在抛抖过程中,做到用力得当,动作熟练,一次抖开并到位。

【案例分析】

餐前准备的重要性

王先生是我国南方城市一家饭店的餐厅经理,他在检查客人的投诉意见时发现了如下的一段话:

“自助餐餐具不够,海鲜和肉类供应不足,烤肉串和有些食品的加工时间太长,让人等得不耐烦。鸳鸯火锅的调料不齐全,不太够味儿。烧烤的锅子不干净,容易粘锅。服务生的清理速度太慢,餐桌缺少饰物。”

这家饭店的餐厅最近刚开展自助餐业务,试营业已有一周,效果不太理想。针对出现的问题和客人的意见,王经理召集所有员工讨论,强调了餐前准备的重要性。他们针对餐具的质量和数量、菜肴与食品的供应和加工、水果与酒水的品种、餐饮的供应时间、摆台与撤台、餐桌装饰和餐厅环境布置等方面的服务做了改进。在此期间,王经理每天都细致地观察餐厅的营业情况,询问和了解宾客的需求与反映。经过大家的努力,餐厅的面貌改变了,生意越来越红火,得到的表扬也越来越多。

【评析】

自助餐和宴会是要求餐前准备程序较严格的餐饮项目。从餐厅环境、餐厅设备、菜单、食品和酒水供应、餐具、鲜花、参加人数到餐桌、餐位的布局和布置等,都需要细致地设计与安排。此例中,客人的投诉提出了自助餐中容易出现的几个问题,诸如餐盘一般要准备每人 4～5 个;海鲜和肉类要保证供应,将断档时要及时补充；凉菜、热菜、水果、点心、冷饮和酒水的品种要齐全，并根据自助餐的等级而调整档次；烤肉串和油炸等食品要操作熟练，对每人限量供应，减少宾客的等候时间等。本案例中，王经理能够针对客人的意见及时总结服务中的问题，根据宾客的需求改进工作，是完善餐前准备的必要之举。

对于自助餐和宴会等需要餐前准备较充分的餐饮服务项目，一定要注意工作中的每一个细节，通过摸索和总结找到一定的服务规律，从而使餐前准备更加完善。

2. 铺设方法

中餐圆台铺台布的常用方法有推拉式、抖铺式和撒网式3种。

(1)推拉式铺台

用双手将台布打开后放至餐台上，将台布贴着平行推出去再拉回来。这种铺法多在零点餐厅或较小的餐厅或因有客人就座于餐台周围等候用餐时或在地方窄小的情况下选用。

(2)抖铺式铺台

用双手将台布打开，平行打折后将台布提拿在双手中，身体呈正位站立式，利用双腕的力量，将台布向前一次性抖开并平铺于餐台上。这种铺台方法适合于较宽敞的餐厅或在周围没有客人就座的情况下进行。

(3)撒网式铺台

用双手将台布打开，平行打折，呈右脚在前、左脚在后的站立姿势，双手将打开的台布提拿起来至胸前，双臂与肩平行，上身向左转体，下肢不动并在右臂与身体回转时，台布斜着向前撒出去，将台布抛至前方时，上身转体回位并恢复至正位站立，这时台布应平铺于餐台上。抛撒时，动作应自然潇洒。这种铺台方法多用于宽大场地或技术比赛场合。

3. 注意事项

铺台布时，台布不能接触地面，台布中间折纹的交叉点应正好在餐台的中心处。台布的正面凸缝朝上，中心线直对正、副主人席位，四角呈直线下垂状，下垂部分距地面距离相等，铺好的台布应为平整无皱纹。铺好台布后，应将拉出的餐椅送回原位。

【知识链接】

铺台布服务标准

一、检查

在铺台布之前，要认真细致地对每块台布进行检查，如台布有破损或有污迹，要及时更换。

二、铺台布

(一)圆桌

铺圆台布时服务员应站在主位左侧或右侧1/4周长的位置上，先抖台布，后进行台布定位，再抚平台布；做到用力均匀，动作熟练，干净利落，一次到位。

(二)长桌

铺长台布一般由2个以上服务员共同完成。铺台布时服务员分别站在餐桌的两侧，将第一块台布定好位，然后按要求依次将台布铺完。

三、基本要求

(一)圆桌

台布正面向上，中心线对准主宾位置，十字中心点居桌中，做到舒展平整，四边下垂部分均匀。

(二)长桌

台布下面一律向上，台布之间中心线要对正，接缝之间要相吻合，台布之间的压口方向朝内，距离一致。台布两侧下垂部分要均匀，做到美观整齐。

二、中餐摆台

中餐餐台通常摆放的餐具、用具有骨碟、勺垫、瓷勺、筷子架、筷子、各种中式酒杯、牙签盅、烟灰缸等。

(一)摆台要求与标准

1. 摆台要求

摆台操作前，应将双手进行清洗消毒，对所需的餐用具进行完好率的检查，不得使用残破的就餐用具。

2. 摆台标准。

餐、酒用具的摆放要相对集中，各种餐、酒用具要配套齐全；摆放时距离相等，图案、花纹要对正，做到整齐划一，符合规范标准；做到既清洁卫生，又有艺术性；既方便宾客使用，又便于服务人员操作。

(二)零点餐厅摆台

零点餐厅摆台要根据餐厅的布局，定好座位，铺好台布，要求在同一餐厅内，所有餐台的台布凸缝横、竖铺放时都要统一朝向。凸缝正面向上，餐具花纹、图案对正。所摆放的物品距离均匀，清洁卫生，整齐划一。

1. 早餐摆台

骨碟摆在座位正中，距桌边1 cm；汤碗摆在骨碟的左前方；筷子摆在骨碟的右侧,图案文字要对正,筷柄距桌边 1 cm;瓷勺摆在骨碟的前方,勺柄朝右,也可以摆放在汤碗内,勺柄朝左;牙签盅、调味架摆在台布中线的附近;烟灰缸摆在主人席位的右侧,每隔 2 位客人摆放一个,架烟孔要分别朝向客人,如图 5-7 所示。

图 5-7 早餐摆台

2. 午餐、晚餐摆台

午餐、晚餐的餐具摆放与早餐基本相同,只增加一个水杯。水杯内放入餐巾折花或餐巾纸,摆在瓷勺的前方,其他餐、酒具及公用餐具应等客人入座后,根据客人的需要随时增加,如图 5-8 所示。

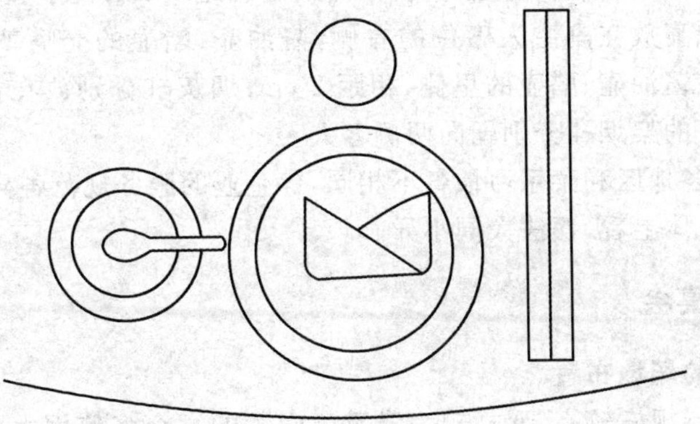

图 5-8 午餐、晚餐摆台

3. 粤菜零点摆台

粤菜是我国很有影响的菜系之一,全国各大城市的粤菜酒楼也比比皆是。粤菜零点摆台与一般午餐、晚餐摆台有所不同。其摆台方法是:骨碟摆放在座位正中,距桌边约 1 cm;筷子装在筷套内摆在骨碟右侧;骨碟左前方摆放小汤碗,小汤勺摆放其中，勺柄朝向同一方向(或左或右)；骨碟右前方摆放味碟；味碟与汤碗的上方同时也是骨碟与转盘中心点连线上摆放水杯；筷子右边放茶盘和茶杯，杯柄朝右；餐巾花放在骨碟中，如图 5-9 所示。

图 5-9　粤菜零点摆台

4. 零点餐厅方桌摆台

方桌和圆桌的餐、酒具的摆放相同，不同之处是：公用餐具摆在主人席位的右侧，公用勺和公用筷斜放在公用碟内，勺与筷子相距 1 cm，筷子在里，勺在外；调味架或酱油壶、醋壶放在副主人席位的右侧，酱油壶、醋壶的壶嘴朝向桌心，壶柄朝外；牙签盅放在酱油壶、醋壶的里侧，相距 2 cm；烟灰缸分别放在正副主人席位的右侧，烟灰缸上的架烟孔分别朝向两侧客人。

虽然国内各地区和菜系习惯各不相同，各企业的服务规范各异，摆台方法也不尽相同，但从总体上看，摆法大同小异。

三、中餐宴会

(一)宴会的场地布置

宴会的接待规格较高，形式较为隆重。中餐的宴会多使用大圆桌。由于宴会的人数较多，所以就存在场地的布置问题。应该根据餐厅的形状和大小以及赴宴的人数多少安排场地，桌与桌之间的距离以方便服务人员服务为宜。主桌应该位于面向餐厅正门的位置，可以纵观整个餐厅或者宴会厅。一定要将主宾入席和退席的线路设为主行道，比其他的通道宽一些。不同的桌数的布局方法有所区别，但一定要做到台布铺置一条线，桌腿一条线，花瓶一条线，主桌突出，各桌相互照应。宴会的场地布置如图 5-10 所示。

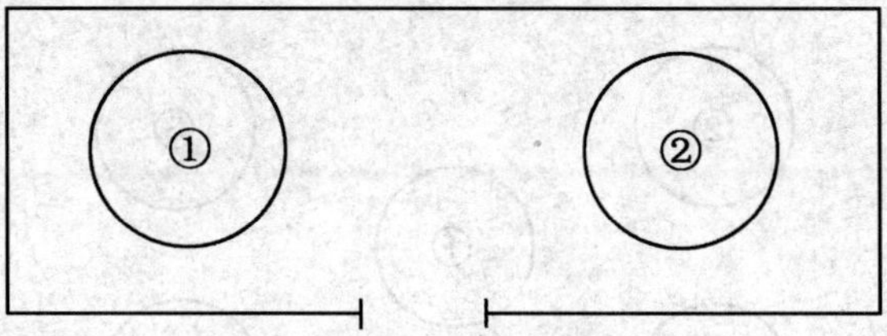

(a)桌次排位之一

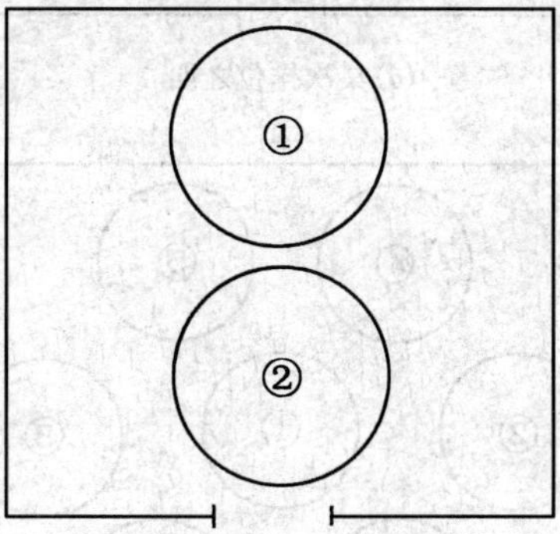

(b)桌次排位之二

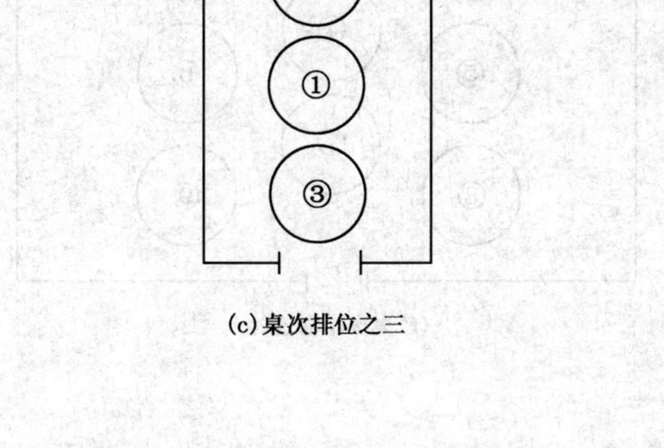

(c)桌次排位之三

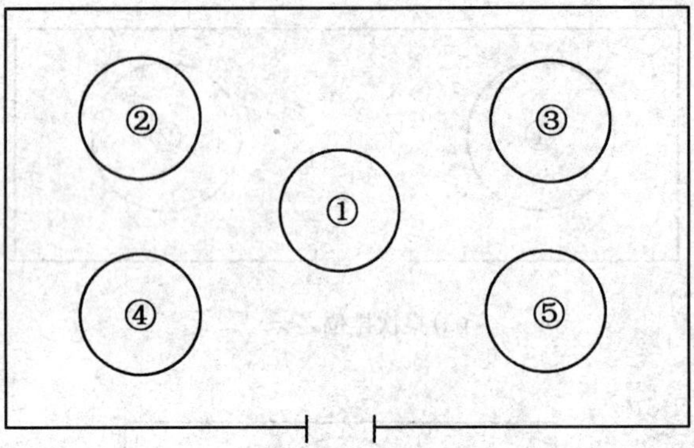

(d)桌次排位之四

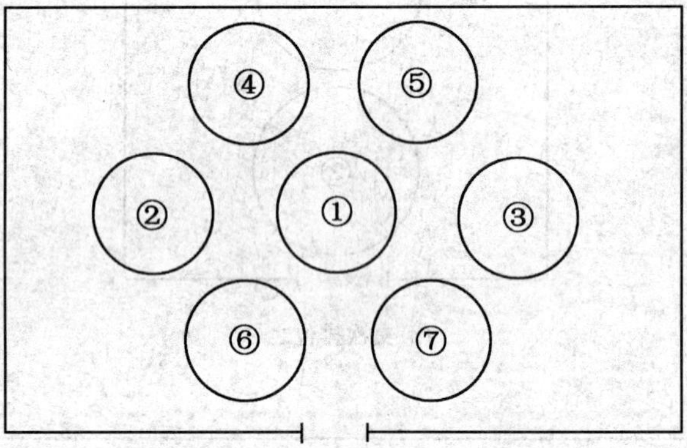

(e)桌次排位之五

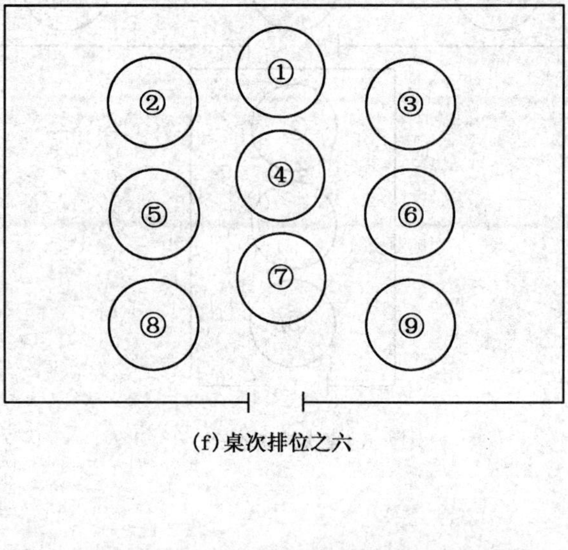

(f)桌次排位之六

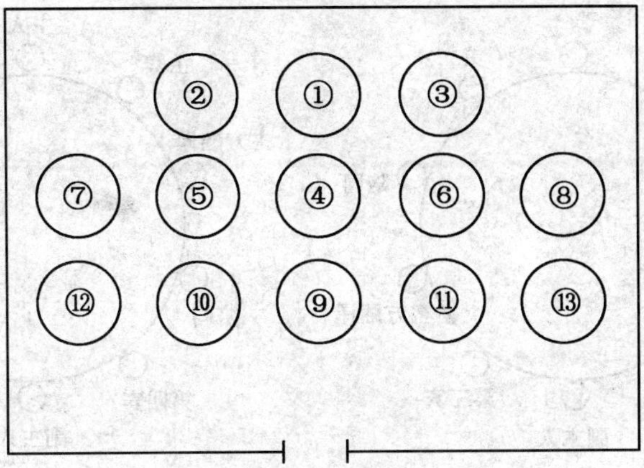

(g)桌次排位之七

图 5-10　宴会的场地布置

【知识链接】

桌裙的种类

中餐宴会除了用台布美化餐桌外，还可用各式桌裙对餐台作进一步的美化。桌裙的种类主要有 3 种类型，即波浪形、手风琴形和盒形。较为华丽的桌裙还可以附加不同类型的装饰布件，如花边或短帷幔；同时对椅子也加上配套的椅套，以显高贵、华丽、整洁、美观。

(二)中餐宴会座次安排

在宴会上，席次具体是指同一张餐桌上席位的高低。中餐宴会上席次安排的具体规则如下：

其一，面门为主。

其二，主宾居右。

其三，好事成双。

其四，各桌同向。中餐宴会座次安排如图 5-11 所示。

中餐宴会通常都有主人、副主人、主宾、副主宾及其他陪同人员，各自都有固定的座次安排。

背对着餐厅重点装饰面、面向众席的是上首，主人在此入座，副主人坐在主人对面，主宾坐于主人右侧，副主宾坐于副主人右侧。

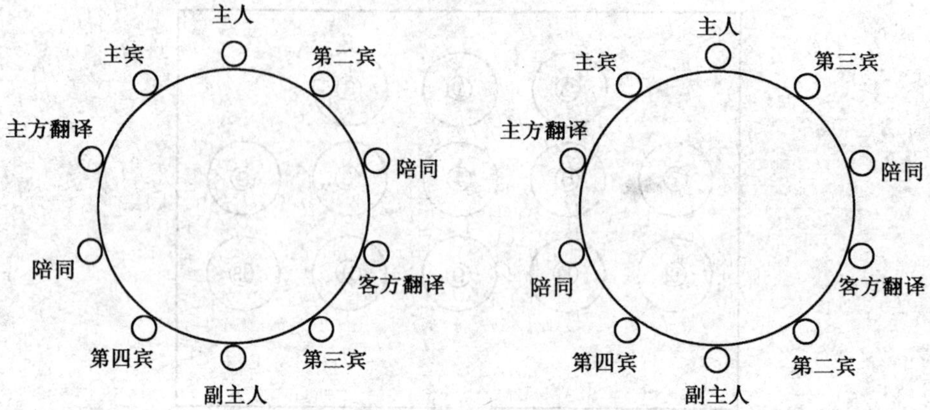

图 5-11 中餐 10 人宴会座次安排

主人与主宾双方携带夫人入席的,主宾夫人坐在主人位置的左侧,主人夫人坐在主宾夫人的左侧。其他位次不变。

当客人在餐厅举行高规格的中餐宴会时,餐厅员工要协助客方承办人按位次高低排好座次,或将来宾姓名按位次高低绘制在平面图上,张贴到餐厅入口处,以便引导宾客入席就座。

总之,要根据就餐人数合理安排桌次,确定各桌位置。然后,根据参加宴会宾主的身份来确定其相应座位。宴会座次安排的原则是:主人坐在厅堂正面,副主人与主人相对而坐。主人的左右两侧安排主、次宾客席,在副主人两侧安排第三、第四宾席。有时在主人右侧安排主宾,副主人右侧是次宾,主人左侧是第三宾客,副主人左侧是第四宾客,其他座位为陪同席。

【知识链接】

接待服务的“六知三了解”

六知:知宴请单位,知主宾身份,知开席时间和就餐标准,知桌数和人数,知本餐厅经营的风味和特色,知当天供应的菜点及酒水的品种、价格。

三了解:了解宾客的风俗习惯,了解生活忌讳,了解特殊需求。

(三)宴会摆台需要的餐、酒具及摆台的顺序

以 10 人座位宴会台面所需物品为例。10 人宴会用餐摆台所需餐、酒用具及物品共计 104 件。其中,台布 1 块、餐巾 10 块、骨碟 12 个、筷子架 10 个、筷子 12

双、勺垫 10 个、勺子 12 把、葡萄酒杯 10 个、白酒杯 10 个、水杯 10 个、牙签盅 2 个、烟灰缸 5 个。在摆放以上物品时，可以用托盘分 5 次托摆。第一托，骨碟 10 个、勺垫 10 个、瓷勺 10 把。第二托，葡萄酒杯、白酒杯各 10 个。第三托，筷子架 10 个、筷子 12 双、公用餐碟（骨碟）2 个、公用勺 2 把、牙签盅 2 个。第四托，水杯 10 个（已插放好折叠成形的餐巾花）。第五托，烟灰缸 5 个。

餐、酒用具摆放的规则如下：

①摆骨碟。将餐具码好放在垫好餐巾的托盘内，左手端托盘，右手摆放。从正主人位开始按照顺时针方向依次摆放，碟与碟之间距离相等，碟距桌边 1 cm，碟内图形花纹正相面对席位。正、副主人位的骨碟应摆放于台布凸线的中心位置。

②摆勺垫、瓷勺。勺垫摆在骨碟的正前方。勺垫边沿距骨碟边沿 1 cm，勺垫的中心置于骨碟的中心线上。瓷勺摆在勺垫的中央，勺柄朝右。

③摆酒具。葡萄酒杯杯柱应对正骨碟中心，葡萄酒杯底托边距勺垫边 1 cm；白酒杯摆在葡萄酒杯的右侧，杯口与杯口距离 1 cm。酒具的花纹要对正客人。摆放时，酒杯应扣放于托盘内。操作时，手取拿酒杯的杯座处，不能触碰杯口部位。

④摆筷架和筷子。筷架应放在骨碟的右侧，与勺垫的横向中心为一条线，注意造型、图案。如果是动物造型，头应朝左摆放。筷子放于筷架上，筷子图案或字要朝上对正（筷子套同样），筷子末端距离桌边 1 cm，筷身距离勺柄末端 1 cm。

⑤摆公用碟、公用勺、公用筷。公用碟应放置在正、副主人席位的正前方，碟边距葡萄酒杯底托 2 cm。公用勺放在靠桌心一侧，公用筷放在靠桌边一侧，勺柄朝左，筷柄向右，成为对称形，勺与筷中间间距 1 cm，筷子离公用碟部分两端相等。10 人以下摆放两套公用餐具，12 人以上应摆 4 套，其中另外两套摆在台布的十字线两端，应呈十字形。如果客人人数少，餐桌较小时，可在正、副主人位置餐具前摆放公用筷架及筷子即可。

⑥摆牙签盅。牙签盅应摆在公用碟的右侧，右不超出筷柄末端，前不超出碟边外切线。

⑦摆放水杯及餐巾。将叠好的餐巾折花插入水杯中，摆放于葡萄酒杯的左侧，3 套杯的中心应横向成为一条直线，水杯的上口距葡萄酒杯的上口 1 cm，并将餐巾折花的观赏面朝向客人。

⑧摆放烟灰缸。从正主人席位右侧开始，每隔 2 个座位摆放 1 个，烟灰缸前端应在水杯的外切线上，架烟孔要朝向两侧的客人。

【知识链接】

随着现代餐饮文化和社会文明的发展，为减少吸烟对客人身体的危害，中餐摆台时烟灰缸可以不上台面，如客人确有需求并征得其他客人同意后方可提供。

⑨摆餐椅。围椅从第一主人位开始按顺时针方向依次摆放，以餐椅椅座边沿刚好靠近下垂台布为准，餐椅之间距离均等。

【阅读资料】

摆餐椅

4人桌，正、副主位方向各摆2位。采取十字对称法。

6人桌，正、副主位方向各摆1位，两边各摆2位。采用一字对中，左右对称法。

8人桌，正、副主位方向各摆2位，两边各摆2位。采用十字对中，两两对称法。

10人桌，正、副主位方向各摆3位，两边各摆2位。采用一字对中，左右对称法。

12人桌，正、副主位方向各摆3位，两边各摆3位。采用十字对中，两两相间法。

⑩斟酒。斟倒酒水时，从第一主宾开始，先斟红酒，后斟白酒，酒均需斟入杯中八分满。

⑪摆火柴。火柴应摆在靠桌心一侧的烟灰缸上，火柴盒的封面朝上，火柴磷面向桌边一侧。

⑫摆菜单、台号。一般10人以下摆放2张菜单，摆放于正、副主人位的左侧。平放时菜单底部距桌边1 cm，立放时菜单开口处分别朝向正、副主人。12人以上应摆放4张菜单，并呈“十”字形摆放。

大型宴会应摆放台号。台号一般摆放在每张餐台的下首，台号朝向宴会厅的入口处，使客人一进餐厅便能看到。

这是标准的京式摆设。一般给2个托盘做准备工作。摆台要求消毒2次，在摆骨碟前和叠口布花之前。

中餐宴会摆台如图5-12所示。

摆台效果要求：台面各种餐具、用具摆放整齐一致，布局合理、美观，间距均等，摆放位置准确，花纹图案对正，台面用具洁净、无破损。

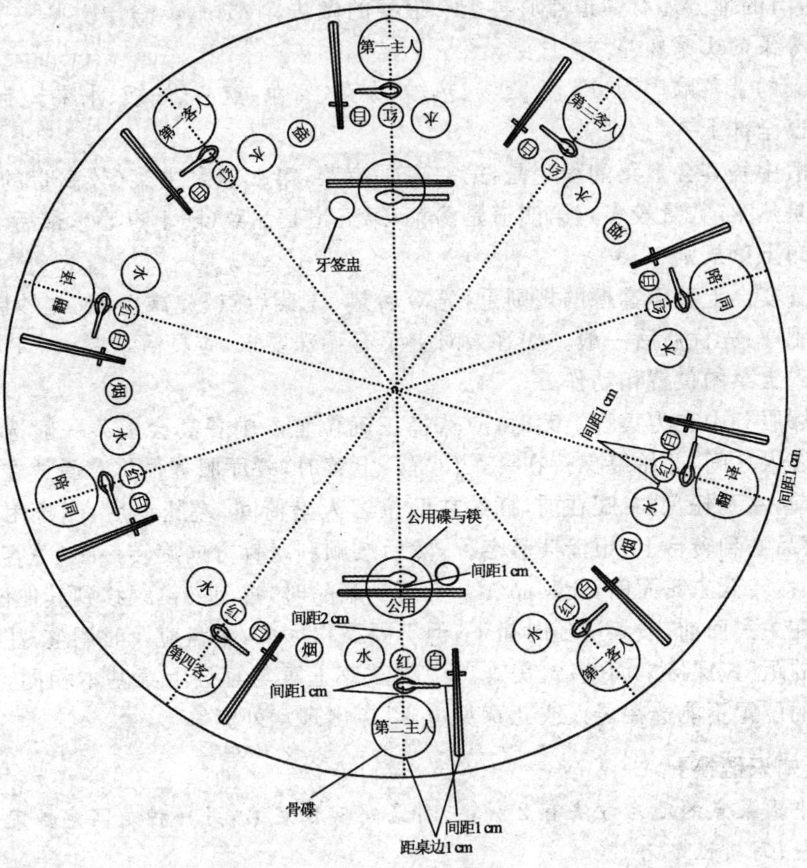

图 5-12　中餐 10 人宴会摆台

第五节　上菜、分菜

上菜、分菜是一项程序性极为严格的工作，稍有不慎，就会导致客人不满，甚至放弃在此就餐。因此，餐厅服务员操作时一定要严格按照程序和方法进行。

一、上菜

(一)上菜的程序

1. 中餐上菜的一般顺序

中餐上菜的顺序为：冷盘、热炒、大菜、汤菜、炒饭、面点、水果。上汤则表示菜已上齐，有的地方还有一道点心再上一道菜的做法。

2.粤菜的上菜顺序

粤菜的上菜顺序为：冷盘、羹汤、热炒、大菜、青菜、点心、炒饭、水果。上青菜则表示菜已全部上齐。

一般中餐宴会上菜的程序是：第一道是凉菜，第二道是主菜（较高贵的名菜），第三道是热菜（数量较多），第四道是汤菜，第五道是甜菜（随上点心），最后上水果。

（二）上菜规则

中餐宴会上菜应掌握的规则是：先冷后热、先菜后点、先咸后甜、先炒后烧、先清淡后肥厚、先优质后一般。如客人对上菜有特殊要求，应灵活掌握。

（三）上菜的位置和动作

餐厅服务中在为宾客上菜时，应选择正确位置。中餐宴会上菜一般选在陪同和次要客人之间，并始终保持在一个位置。上菜时，餐厅服务员将菜肴放在托盘内端至桌前，左手托盘，右腿在前，插站在两位客人坐椅间，左腿在后，侧身用右手上菜，把菜品送到转台上，报清菜品名称，然后按顺利时针方向旋转一圈，等客人观赏完菜品后，转至主宾面前，让其品尝。上下一菜品时，将前一道菜移到其他位置，将新菜放在主宾面前，残菜应随时撤下，但不要撤得太多，菜盘应及时调整，注意盘与盘之间的距离，保持桌面整洁、美观。中餐散座上菜与宴会上菜基本相同，但应注意上菜的位置不能选在老人或儿童身边，以免出现意外。

【知识链接】

中国菜点的定名方法有2种：一种是写实性定名，另一种是寓意性定名。

一、写实性定名

写实性定名是根据菜肴的原料、烹饪方法、形状、色彩、风味、盛器、产地及创始人等因素形成的，使人们能通过菜名直接了解菜肴的概貌及特点。写实性定名具体有以下几种：

①烹饪方法＋主料名称。

②菜肴色彩＋主料名称。

③菜肴口味＋主料名称。

④菜肴形状＋主料名称。

⑤配料名称＋主料名称。

⑥原料名称＋刀口形状。

⑦原产地名＋主料名称。

⑧创始人名＋主料名称。

⑨菜肴盛器＋主料名称。

写实性定名菜肴，服务员只需正确报出菜名，客人对菜品就可以一目了然。

二、寓意性定名

寓意性定名是根据菜肴的某一特色加以渲染、夸张，赋予意味深长的美称或代称。这类菜肴仅从菜名看不出具体内容，但能悦人耳目。这种方法一般为名贵菜或特色菜命名时采用。这种命名有以下几种：

①表达吉祥、祝福的菜名。

②象形会意的菜名。

③借用珍宝名称的菜名。

④借用历史典故的菜名。

⑤渲染原料和制法奇特的菜名。

寓意性定名菜肴，在正确报菜名后还要介绍菜品名称的由来、典故和主要用料。这样会增添客人进餐的情趣，又可以加深客人对饮食文化的了解。

(四)上菜的技巧

上菜供给客人用餐也得慎重从事，技巧熟练者方能做到餐桌服务有序。不要以为乡村餐厅提供的食品没那么多讲究，于是就在动作上有所怠慢。我们要使客人觉得：即使是小额的消费换得的却是实质的享受。端送菜肴不宜错误，同一桌客人的餐饮，能调整在同一时间进食比较恰当。如果客人赶时间，服务人员要提示厨房快速提供服务，但应注意先后顺序，以免发生风波及纠纷。

上菜注意事项如下：

①前往配餐间或厨房叫菜，不可争先恐后，按顺序接受领菜。

②离厨房之前，检查托盘的清洁，依服务顺序放置在托盘上，并注意食品的美观和温度。

③上菜时不可贪方便。除了干的菜肴勉强用手拿送，带汤汁的菜宜用托盘。不宜端的太多，这既难看又可能发生意外。

④领菜回到餐厅先放置在工作台，到餐桌招呼一声，顺便收回脏的茶杯及烟灰缸，以腾出放置菜肴的空间。

⑤若是吃饭的菜，随即盛饭送上；若为下酒的菜，提供酒水服务。

⑥上菜时要轻巧，不要弄出声来。端送盘、碟、碗时，每只手应将大拇指轻按缘边，其余4指支撑底部，手指不可触及食物。

⑦热烫的菜上桌时，应提醒客人注意，因为有些用油炖的菜虽然沸，但没有冒热气，不知情的客人往往一口气咽下，容易受伤。

⑧服侍中注意水或酒、菜及饭的添加时机，避免客人等候；随时更换烟灰缸、毛

巾、汤碗、骨盘。

⑨餐饭的尾声，可询问客人是否需要水果等。如需水果，应提供水果碟及水果篮的配套服务。

(五)菜肴摆放的要求

摆菜即将上台的菜按一定的格局摆放好。摆菜要讲究造型艺术，要注意礼貌，以尊重主宾，方便食用为宜。摆菜的具体要求如下。

①摆菜的位置适中。散坐摆菜要摆在小件餐具前面，间距要适当。一桌有几批散坐顾客的，各客的菜盘要相对集中，相互之间要留有一定间隔，以防止差错。中餐酒席摆菜，一般从餐桌中间向四周摆放。

②中餐酒席的大拼盘、大菜中的头菜，一般要摆在桌子中间。如用转盘，要先摆到主宾面前。

③比较高档的菜、特殊风味的菜，或每上一道菜，要先摆到主宾位置上；再上下一道菜后顺势撤摆在其他地方，将桌上菜肴做位置上的调整，使台面始终保持美观。

④酒席中头菜的正面要对正主位，其他菜的正面要朝向四周。散坐菜的看面要朝向顾客。

菜肴的所谓看面，就是最宜于观赏的一面。各类菜的看面是：整形的有头的菜肴，如烤乳猪、冷碟孔雀开屏等，其头部为看面；头部被隐藏的整形菜如烤鸭、八宝鸡、八宝鸭等，其丰满的身子为看面；冷碟中的独碟、双拼或三拼，如有巷缝的，其巷缝为看面，无巷缝的，其刀面为看面；盅菜类的花纹最精细的部分为看面；有“喜”字、“寿”字的造型菜，其字画的正面为看面；一般的菜肴，其刀工精细、色调好看的部分为看面。

⑤各种菜肴要对称摆放，要讲究造型艺术。菜盘的摆放形状一般是：2 个菜可并排摆成横一字形；一菜一汤可摆成竖一字形，汤在前，菜在后；两菜一汤或 3 个菜，可摆成品字形，汤在上，菜在下；三菜一汤可以汤为圆心，菜沿汤内边摆成半圆形；四菜一汤，汤放中间，菜摆在四周；五菜一汤，以汤为圆心摆成梅花形；五菜以上都以汤或头菜或大拼盘为圆心，摆成圆形。菜肴对称摆放的方法：

其一，要使菜肴的原材料色彩、形状、盛具等几个方面讲究对称。

其二，同形状、同颜色的菜肴也可相间对称摆在餐台的上下或左右位置上，一般不要并排摆在一起。

其三，摆放时注意荤素、颜色、口味的搭配和间隔，盘与盘之间距离相等。

其四，如果有的热菜使用长盘，其盘子要横向朝主人。

其五，如果上整鸭、整鸡、整条鱼时，中国传统的礼貌习惯是“鸡不献头，鸭不献掌,鱼不献脊”,即上菜时将其头部一律向右,脯(腹)部朝主宾,表示对客人的尊重,但有些地区则要求将其头部正对主人,以示尊重。

(六)特殊菜肴的上菜方法

1.上拔丝菜

要托热水上,即用汤碗盛装热水,将装有拔丝菜的盘子搁在汤碗上用托盘端送上席,并跟凉开水数碗。托热水上拔丝菜,可防止糖汁凝固,保持拔丝菜的风味。

2.热菜跟佐料、小料的上菜方法

应同热菜一起上齐,并在上菜时略作说明。

3.上易变形的炸爆炒菜肴

一出锅立即端上餐桌。端菜时要轻稳,以保持菜肴的形状和风味。

4.有声响的菜

有些菜如锅巴菜一出锅就要以最快速度端上台,随即把汤汁浇在锅巴上,使之发出响声。做这一系列动作要连贯,不能耽搁,否则此菜将失去应有的效果。

5.上原盅炖品菜

上台后要当着客人的面启盖,以保持炖品的原味,并使香气在席上散发。揭盖时要翻转移开,以免汤水滴落在客人身上。

6.上泥包、纸包、荷叶包的菜

先上台让客人观赏,然后再拿到操作台当着客人的面打破或启封,以保持菜肴的香味和特色。

【知识链接】

中餐带骨、壳和块状菜品的服务程序

一、上餐刀

①当客人点了体积较大的块状食物时,在上菜之前须为客人摆上餐刀。

②将刀整齐放在铺上餐巾的托盘上,然后逐位摆在餐碟位的两侧;右刀,刀平行,齿向上,刀柄指向桌边。

二、上洗手盅

①当客人点了虾、蟹或鸡翅等带骨、壳的菜品时,服务员须送上温度适中的柠檬水洗手盅。

②使用托盘送给每位客人一份,摆在餐位的右上方,同时要礼貌地向客人说明用途。

三、上毛巾、茶水

递送小毛巾并敬送茶水。

四、撤餐具

①客人用毕该道菜并洗手后，将洗手盅、茶具和小毛巾撤下。

②当客人吃完该道菜后，及时将刀撤下。

【阅读资料】

客人在进餐中要求退餐或换菜时，服务员应怎么处理？

一、客人要求退菜应怎样处理？

客人要求退菜大致分为几种情况：

一是菜肴质量有问题，如有异味或异物，欠火候或过火等。经核实，如确实如此，服务员应无条件地退换，并诚恳地向客人表示歉意。

二是说没有时间等了。这时应及时与厨房联系，如有可能就先做，否则也应退菜。

三是客人订餐人数多，实到人数少。这种情况，可酌情退菜。

四是客人点的菜已上桌时客人要求退。这种情况不属于质量问题，原则上不予退。如客人执意不要，可作为送菜送出或酌情推销给其他客人。有时，也可考虑打包后让客人付费带走。

二、客人要求换菜应怎么处理？

客人进餐中，无论是客人自己点的还是套菜中搭配的菜，要求换菜时，服务员应向厨房询问所点的菜是否已烹制成半成品或成品。若未烹制，可给予调换，否则不予更换，但应向客人说明道理，以求得到客人的谅解。

二、分菜

无论在中餐厅还是西餐厅，餐厅服务员的工作之一就是分菜服务。分菜服务既体现着餐厅服务员的工作态度，又反映出餐厅的服务水平。分菜分为中餐分菜和西餐分菜，我们主要掌握中餐分菜。

中餐分菜历史悠久，早在古代帝王饮宴时就已出现了。当时，每位进餐者席地而坐，一人一桌，所上食品一人一份。中餐分菜由此产生，并不断随着人们饮宴形式的变化而发展。

分菜服务就是在客人观赏后由服务人员主动均匀地为客人分菜分汤，也叫派菜或让菜。

(一)分菜前的准备工作

菜品端上餐台之前，看台的餐厅服务员要准备好分菜所用的各种餐具及用具。

1.分菜餐具的准备

分炒菜前，应准备分菜所需相应数量的骨碟；分汤菜前，应准备分汤菜所需相应数量的汤碗与长把汤匙；分蟹类菜肴时，应按相应的人数准备好骨碟与蟹钳等。

2.分菜工具的准备

分菜服务前，应将分菜所需的工具、用具准备齐全，如分菜所需的餐刀、餐叉、餐勺、筷子、汤匙及垫盘、布巾等。

3.菜肴展示

当传菜员将菜由厨房送至前台后，看台餐厅服务员在分菜服务前，应将菜肴端至客人面前(或放在餐台上或端托在手上)向客人展示。展示的同时，要向客人介绍菜肴的特点、烹调方法等有关内容。等客人观赏后，方可进行分菜服务。

展示菜肴时，餐厅服务员应将菜肴的主看面朝向客人，利用转台的旋转，按顺时针方向徐徐转动餐台一周后，再将菜肴分让给客人；如端托展示时，应用左手端托，右手扶托，将菜托至与餐台平行的高度，餐厅服务员站立的位置应是第一主宾或第一主人视线的最佳位置，同时又要照顾到其他客人的观赏，如选在第一主人或第一客人斜对面进行菜肴展示。

(二)中餐分菜的工具

常用的中餐分菜的工具有分菜叉(服务叉)、分菜勺(服务勺)、公用勺、公用筷、长把勺等。

①分鱼和禽类菜品时，准备一刀、一叉、一匙。

②分炒菜时准备匙、叉各一把或一双筷子、一把长柄匙。

③分汤菜时，使用长柄汤匙和筷子。

(三)中餐分菜工具的使用方法

1.服务叉、勺的使用方法

服务员右手握住叉把和勺把的后部，叉在上，勺在下，勺面向上(叉面向上或向下视服务菜肴类型而定)。在夹菜肴和点心时，主要依靠手指来控制。右手食指插在叉把和勺把之间，与拇指配合捏住叉把，其余3指控制勺把，无名指在勺把上面，中指和小拇指在勺把下面。分带汁的菜肴时，由位置在下的服务勺盛汁。

2.公用勺和公用筷的用法

服务人员右手握公用筷，左手持公用勺，相互配合将菜肴分到宾客餐碟之中。

3.长把汤勺的使用

长把汤勺分汤菜，汤中有菜肴时需用公用筷配合操作。

(四)中餐分菜的顺序

在餐桌上分菜时，服务员应站在客人的左侧操作，按逆时针方向先宾后主依次分派。

在旁桌上分菜时，服务员应站在客人的右侧操作，将分好的菜肴，按顺时针方向先宾后主依次分派。

(五)中餐分菜的方法

中餐分菜有桌上分让式、二人合作式和旁桌式分菜3种方法。

1.桌上分让式

服务员站在客人的左侧操作。分菜时可以边分菜边向客人介绍菜品的特色和风味，但要注意讲话时头部不要距离客人太近，呼吸要均匀。给每位客人分菜的数量、色彩要搭配均匀。

分让式餐台分菜注意事项如下：

①分菜服务时，餐厅服务员站在宾客左侧，站立要稳，身体不可斜靠于宾客身上，餐厅服务员脸部略斜与菜盘成一直线，腰部稍向前弯。

②分菜服务时，呼吸要均匀，可以边分边向宾客介绍菜点的名称、特色、风味、营养、典故等方面的内容。但要注意，讲话时头部不要距离宾客太近，鼻口部位要避开菜点。

③分菜服务时，要掌握好数量，做到分让均等。特别是主菜，必须分得和相邻宾客基本一样，最先分得的和最后分得的基本一样。注意，菜肴的优质部位应分配给主宾和主人，但不要有太大的明显差异。

④分菜服务时要做到一勺准或一叉准，决不可将一勺(叉)菜同时分给2位客人，更不可当着客人的面从分得多的盘碗中匀给分得少的，这样是很不礼貌的。同时要注意菜的色彩搭配均匀。

⑤分每道菜时，第一次分完后，盘中宜余下2份左右(可换放于一小盘中)，以示菜肴的宽裕及方便想再添用的客人，并为第二次分让做好准备。

2.二人合作式

一名服务员站在翻译和陪同之间，右手持公用筷，左手持长把公用勺，另一位服务员绕台将每位客人的餐碟移到分菜服务员近处，由分菜服务员分派，另一位服务员从客人左侧送上。

3.旁桌式分菜

旁桌式分菜一般用于宴会，由服务员将菜端上餐台介绍菜式，供客人观赏后端回备餐桌，在备餐桌上将菜分到餐碟内，然后用托盘在客人右侧送上。

分菜在宴会服务中是一项带有技术性的重要工作，要想熟练地掌握，就必须对各种菜肴的烹制方法和菜肴成熟后的质地、特点(是整形的还是块状的，是多汁的还是无汁的)等有充分的了解，才能在宾客面前操作动作熟练自如。

上述3种派菜方法各有特点，究竟采取何种派菜方法，应由餐厅统一规定。对于大型宴会，每一桌服务人员的派菜方法应是一致的，这样可显出整个宴会气氛的一致性和服务人员的训练有素。

(六)分菜的基本要求

①将菜点向客人展示，并介绍名称和特色后方可分让。大型宴会，每一桌服务人员的派菜方法应一致。

②分菜时留意菜的质量和菜内有无异物，及时将不合标准的菜送回厨房更换。客人表示不要此菜，则不必勉强。此外应将有骨头的菜肴如鱼、鸡等的大骨头剔除。

③分菜时要胆大心细，掌握好菜的份数量与总量，做到分派均匀。

【阅读资料】

餐中分餐时，有的客人说"我的这条鱼怎么这么小?"怎么办?

首先，幽默地跟客人说，不论鱼大小，都是从海里捞出来的。

其次，不论大小都各有特色，有的鱼比较富态，有的充满精神，俗话说，浓缩的都是精华，愿您运气好。

④凡配有作料的菜，在分派时要先沾(夹)上作料再分到餐碟里。

⑤在分汤后为客人换一道新毛巾；分菜的托盘既要美观又要干净，不要将菜汁滴落在盘边。

(七)特殊情况的分菜方法

特殊情况包括特殊宴会形式和特殊菜盘两大类。

1. 特殊宴会的分菜方法

(1)顾客只顾谈话而冷淡菜肴

遇到顾客只顾谈话而冷淡菜肴情况时，服务员应抓住顾客谈话出现短暂的停顿间隙时机，向客人介绍菜肴并以最快的速度将菜肴分给客人。

(2)主要客人带有少年儿童赴宴

分菜时先分给儿童，然后按常规顺序分菜。

(3)老年人多的宴会

采取快分慢撤的方法进行服务。分菜步骤采用先少分再添分。

2. 特殊菜肴的分让方法

(1)汤类菜肴的分让方法

先将盛器内的汤分到客人的碗内，然后再将汤中的原料均匀地分入客人的汤碗中。

(2)造型菜肴的分让方法

先将造型的菜肴均匀地分给每位客人。如果造型较大,可先分一半,处理完上半部分造型物后再分剩余的一半;也可将可食用的造型物均匀地分给客人,不可食用的,分完菜后撤下。

(3)卷食类菜肴的分让方法

卷食类菜肴一般情况是由客人自己取拿卷食。如有老人或儿童多的情况,则需要分菜服务。方法是:服务员将碟摆放于菜肴的周围,放好铺卷的外层,然后逐一将被卷物放于铺卷的外层上,最后卷上送到每位客人面前。

(4)拔丝类菜肴

拔丝类菜肴必须配上凉水。分让时用公用筷将菜肴夹起,迅速放入凉开水中浸一下,然后送入客人碗中。要注意拔丝的效果,分让动作要敏捷、连贯,做到即拔、即上、即浸、即食。

三、其他服务技能

(一)撤换餐用具

1.撤菜肴、食品

在高档中餐宴会中,一般上新菜撤旧菜,桌面上只保持一个菜。一般宴会,餐桌上一般保持5个菜以下,如数量过多就会影响整个餐桌整洁美观。普通的宴席为了保持桌面丰盛也可把残菜撤下换上小盘,整理好重新上桌,这样做既可保持桌面丰盛,又可保持桌面美观。

在中高档宴会中,餐厅服务员分好菜、宾客品尝完毕后,在下一道菜上桌前就应将前一道菜撤下,但要注意撤菜不可过快。客人如需要继续食用的菜肴不能撤下,不可让客人扫兴。菜肴食品的撤换应按就餐客人速度的快慢来决定,适时地撤换餐桌上的残菜。撤菜盘时要使用托盘,在上菜的位置撤菜盘,注意动作要轻、要稳。撤盘时,注意不要将菜盘从就餐客人的头上撤下,更不能把菜汁滴洒在宾客的身上或桌面上。

2.撤换餐、酒用具

较高级的酒席,往往需要2种以上酒水饮料,并配有冷、热、海鲜、汤等不同的菜品。这些菜品采用炒、烩、煎等不同的烹饪方法。因此,在宴会进行中需要不断地更换餐用具。这样做主要是为了提高宴席档次,搞好餐桌卫生,使菜肴保持原汁原味。

3.撤换骨碟

撤换骨碟时要用左手托托盘,右手撤换,从第一主宾开始,沿顺时针方向进行。

换骨碟的正确方法是:将干净的骨碟从客人的右侧摆放,然后从客人的左侧将用过的脏碟撤下。在撤换骨碟时要注意,用过的骨碟和干净的骨碟要严格分开,防止交叉污染。如遇有宾客前一道菜还没有用完,而新菜又上来了,这时可以在宾客面前先放一干净骨碟,等客人食用完后再撤下前一道骨碟。更换骨碟应根据菜肴的品种而定,如果是高级宴会应是一菜一碟。

【阅读资料】

在一般情况下,餐厅服务员可视具体情况,灵活掌握更换骨碟的时机,但遇到下列情况时应及时更换骨碟:

①吃过冷菜换吃热菜时应更换骨碟。

②吃过鱼腥味食物的骨碟,再吃其他类型肴时应更换骨碟。

③上风味特殊、汁芡各异、调味特别的菜肴时应更换骨碟。

④凡吃过甜菜、甜汤的盘和碗,须更换骨碟。

⑤骨碟内洒落酒水、饮料或异物的骨碟应更换。

⑥碟内骨刺、残渣较多,影响席位雅观时要更换骨碟。

4.撤换汤碗、汤匙

在宴会中汤碗和汤匙盛汤后,一般碗内难免会留下一些汤汁。若上第一道汤后,第二道汤再盛进去则会影响第二道汤的口味,故汤碗、汤匙盛过汤后,如再上新汤,则需撤换一副干净的汤碗和汤匙。

5.撤换酒具

宴席进行中,如客人提出更换酒水、饮料时,要同时更换酒具。酒杯中洒落汤汁、异物时要及时更换酒具。换酒具时,从客人右侧按顺时针方向进行,酒具放在正确的位置上。操作时不得将酒杯相互碰撞,以免发出声响,打扰客人。

【知识链接】

服务的“三轻”,即走路轻、说话轻、操作轻。饭店所有服务,都是以不打扰客人为前提而进行的。

6.撤换烟灰缸

现在的许多餐厅都设有吸烟区和非吸烟区,更有一些餐厅是无烟餐厅,餐厅怎样设吸烟区以及是否放烟灰缸取决于餐厅自身的规定。

有些餐厅在开餐前的准备工作中,不将烟灰缸预先摆放到餐桌上,而只有在客人吸烟时才往餐桌上放。这就要求餐厅服务员有极强的反应意识,在客人吸烟时立即将烟灰缸提供给客人。

经常更换烟灰缸,保证客人始终使用干净的烟灰缸是所有服务员必须具备的。

服务员应不断地在餐厅中巡视餐桌，将脏的烟灰缸换掉。如果没有干净的烟灰缸，千万不要先把脏的烟灰缸拿走。

撤换烟灰缸的方法是：用干净的烟灰缸压放在用过的烟灰缸上，并将两个烟灰缸同时撤下；然后再将干净的烟灰缸放回原处。这样可防止在取拿用过的烟灰缸时，飘落烟灰。

【案例阅读】

一段烟灰

某日，赵先生随朋友到某宾馆就餐。上菜前，大家都在喝茶闲聊。忽然，赵先生发现朋友抽的烟已有一段烟灰，可搜索整个桌子却未发现一只烟缸，正想叫服务小姐拿一个，却被朋友阻止了。朋友示意试试服务小姐的反应能力。可惜的是，近在咫尺的服务小姐却“无动于衷”，朋友把夹烟的手举到脑后，服务小姐还是“毫无察觉”，加上几声干咳，也没有丝毫作用。朋友只好说：“小姐，能拿个烟缸吗？”谁知那服务小姐只是应声拿了个烟缸，并未做任何补救措施。

【评析】

服务行业中有一句术语“100－1＝0”，即使你认认真真、仔仔细细地力求做好每一件事，但只要出现一点点差错，你所做的种种努力和艰辛都可能前功尽弃，付诸东流。一段烟灰，掉下去便会“粉身碎骨”，一吹更是“无影无踪”。但是，若那位服务小姐在客人要烟缸后主动地说：“对不起，刚才一时疏忽未及时给您送上烟缸，请原谅”之类的话，也许就是另外一番境地了。

服务质量是服务行业发展的生命线。豪华的设计和装饰固然能吸引人，但是，如果没有一定的服务质量与之匹配，就很难有很高的返住率。宾馆作为一个特殊的服务性行业更是如此。

7.撤换毛巾、口布和台布

(1)更换小毛巾

从宴会开始到宴会结束，席间应多次更换小毛巾。上小毛巾的方法是：将小毛巾放在毛巾托内，装在托盘里。餐厅服务员左手端托盘，右手摆放，放在宾客的右侧，由宾客自取。也可将毛巾放在垫碟内，餐厅服务员用毛巾夹直接递给每一位客人。

(2)撤换口布、台布

撤换口布、台布的要求：撤口布时应先将口布抖干净，清点数目，再把口布扎成10块1捆。这样做便于清点。撤台布是撤台工作的最后一道程序。餐台的各种餐饮用具撤清后，首先应注意台布上是否留有烟蒂、残菜等。如果有，应先清理再撤台布。如台布上留有大量的液体时，应采取晾晒，待台布晾干后再收起，以免台布发霉后洗不掉。

收台布撤台的步骤：

第一，撤口布。

第二，撤酒（饮）具。

第三，撤餐具。

第四，撤其他物件。

第五，撤台布。

（二）客人餐后要求服务人员代其保管食品或酒品

1. 食物的保管要求

有的客人在饭店餐厅用餐后，将没有吃完的食品请餐厅服务员代为保管。遇到这种情况，餐厅服务员可耐心向客人说明，食品为入口的饮食，为了防止意外，为了对客人的健康负责，餐厅规定一般不代为客人保管食品。对不住店的客人，餐厅服务员可主动为客人打包，请客人带走。如是住店的客人，餐厅服务员在征得客人同意后，可将剩余食品整理好送到客人的房间。有时，客人要求临时将食品放在餐厅里暂存一段时间，餐厅服务员可请示领导后为客人代存；存前将客人的食品包好，写好标签，放在冰箱内；餐厅服务员之间要交接清楚，要有专人负责，待客人来取时及时交给客人。

2. 酒水的保管要求

客人没有喝完的酒品，餐厅应根据酒的种类和客人的具体情况酌情处理。一般葡萄酒类，开瓶后不宜保存时间过长，假如客人用餐时没有喝完，要求代为保管，餐厅服务员可以为其服务，代为保管。当客人再次用餐时，马上取出请客人饮完。

为客人保管的酒品，要挂上有客人姓名的名牌，放在专用的冰箱里。冰箱应有锁，有专人负责。如果是高度烈性酒，放在酒柜里即可，但也要上锁，并由专人负责。从安全角度讲，一定要对客人负责，保证不出任何问题。从经营角度来说，客人在餐厅经常存放酒品，说明对餐厅感兴趣，对餐厅的菜点和服务都很满意，有常来的意思，这是对餐厅信任的表示。只要代客保管酒品有严格的制度，就可以吸引客人，增加餐厅的营业额，这对餐厅是件好事。

【案例】

上错菜时怎么办？

“青椒炒牛肉，请慢用”，服务员小齐报上菜名即欲转身离开餐桌。

“小姐，先别走。我们点的是蚝油牛肉，怎么变成了青椒炒牛肉？”桌上的一位老先生开口了。

“对呀，我们点的不是青椒炒牛肉呀。看看菜单”，不知是谁提出要看点菜单的建议。

小齐从工作台取过菜单，递给刚才提建议的那位先生——一位戴眼镜的常客苏先生。“点菜单写的没错，是蚝油牛肉。小姐，是不是把别桌的菜送到我们这桌来了？先撤下吧。”苏先生明显想给小齐一个台阶下，意思是不管怎样，还是先退下这道菜，免得客人不高兴。

小齐将菜端出了包厢，但不一会儿又端着原菜转了回来。“没有上错，其他桌没点牛肉。你们就将就了吧。”小齐不轻不重地说，看来出错菜是经常的事。

但是刚才那位最先提出异议的老先生——吴先生不高兴了，有点生气地说：“你们酒店怎么能这样，上错菜不当回事，请你们经理来！”

小齐嘟着嘴，显然不太情愿的样子，默不作声地走出包厢。客人们正想恢复前面话题继续谈天，包厢的门“嗒嗒”两声之后就打开了。一位穿着黑色西服的年轻女经理满脸堆笑地走了进来，人到声到：“非常抱歉，是我们工作没做好，让你们不满意了。这样吧，这份青椒炒牛肉算我们赠送，再给你们做一道蚝油牛肉怎么样？”说完扫了大家一眼。

由于都是常客，苏先生赶紧出来打圆场。黄经理又走到吴先生面前，吴先生倒是有儒者风度，这时也没了脾气，主动站了起来，温和地说：“黄经理，其实不能怪我们不讲情面。我来这里吃了好几次饭了，经常发现上错菜的情况。我们能给你们提意见，也是为了你们好。你们倒是要认真查一下，究竟原因出在哪里，要拿出一点措施来，才能杜绝这种情况，你说对不对？今天的菜我们就将就了，希望下次不会再这样了。”

黄经理忙不迭地说：“您说得非常对，这是我的责任，我一定要查一下，彻底解决这一类问题。太感谢您了。”

问题：

①服务员发现上错菜肴时应如何处理？

②假如你是一名餐厅管理者，为了避免员工发生类似的情况，你会采取哪些行之有效的措施？

【复习思考题】

1. 在实际端托服务中，如何根据不同物品的端托，选择适宜的行走步伐？

2. 轻托与重托所使用的托盘一样吗？为什么使用左手托盘？

3. 斟酒时，瓶口与杯口为什么要相距 1～2 cm？

4. 如何选择餐巾折花造型？

5. 怎样才能使台布铺的又快又好？哪种铺设方法更适合你？

6. 中餐早餐铺台中的方桌和圆桌铺台有什么区别？

7. 中餐正餐铺台和早餐铺台的主要区别是什么？

8. 画出一份 10 人座中餐宴会的座次安排图，并在图中标明主人、副主人、主宾的位置。

9. 有老人、儿童就座时，怎样选择上菜的位置？

10. 什么情况下要提供分菜服务？

第六章　乡村旅游客房服务

【学习目标】

- 理解客房的地位和作用
- 理解客房的主要任务和业务特点
- 理解客房的主要类型
- 掌握客房用品的配备
- 理解饭店客房服务人员的基本素质和能力
- 理解饭店客房服务人员的基本要求

【引导案例】

客房的发展趋势

随着饭店业竞争的加剧,饭店越来越多地注重客人需求的满足程度以及对运转成本的控制。因此,许多饭店开始调整饭店的对客服务项目、提供的客用品品种以及客房的硬件设施。综合来说,饭店业在客房方面的发展逐渐加快。

一、项目丰富化

客房服务项目的设立既考虑而又不局限于档次、星级等的限定,而是充分考虑客人的需求和饭店的实际情况,使服务项目趋向于丰富化的目标。即使是同一种服务项目,也努力形成本饭店的服务特色。如客房小酒吧服务,由于接待客人不同,有的饭店摆放零食类为主的食品,而有些饭店则摆放快餐面等可以让客人果腹的食品。这种种的不同使得客房服务项目趋于丰富和更能满足客人的需求。

二、服务个性化

标准化、程序化和规范化的服务是饭店服务质量的基本保证。但是,只有标准化,而没有个性化的服务是不完善的,是不能够真正满足客人的需求,令客人完全满意的。因此,在饭店业竞争日趋激烈的今天,个性化服务已经成为饭店之间竞争的有力措施,成为服务的大趋势。客房服务尤其如此。为提供个性化服务,取得客人的忠诚,客房通常建立完善的客史档案,并根据客人需求的变化不断调整服务的规程和标准。如提供夜床服务的饭店要能够保证为客人开喜欢的那张床，放客人喜爱的水果、茶等物品。不再强求所有客人看同一份报纸，而是根据客史档案将客人喜爱看的放进客房。

三、设施智能化

随着高科技时代的到来，客人尤其是一些商务客人，对饭店的各种设施都提出了更高的要求，驱使客房的设施向着智能化的方向发展，例如，客房锁钥系统使用智能IC卡锁钥系统，甚至是感应门锁、指纹门锁系统；客房内的自动控制系统，使用感应器控制，人进灯亮，人出灯灭；还有先进的通讯系统、上宽带网的接口、e客房以及能够提供客人在饭店消费情况、预订房内用膳、订购商品、选看电影等信息的电视系统。

四、客房绿色化

在倡导可持续发展的今天，创建绿色饭店已经成为一种时尚，而客房的绿色化则是其中重要的组成部分。因此，通常在客房的房间和卫生间中放置棉织品的免洗提醒卡；减少并非大多数客人需要的客用品的品种和数量，同时提醒客人如果需要这些物品可以通知客房中心提供；在卫生间使用沐浴液、洗发液的液体分配器取代传统的一次性容器，减少一次性容器对环境造成的污染；客房小冰箱选用吸收式的环保产品；减少一次性塑料用品的使用等。

五、设计人文化

客房的设计更注重人的感受，趋向于人文化的发展方向。例如，插座的位置更加精心设计，以方便客人的使用；座椅将更加追求舒适感，至少应有方便移动的轮子，高低可以调节，以满足客人办公和休息的双重需要；照明的灯光既考虑美化环境，也兼顾阅读和工作的需要，具有足够的亮度等。另外，还考虑到残疾客人的需要，在所有残疾客人可能抵达的楼层区域应有无障碍设计，可能需要使用的设施应可自助使用，无须他人帮助。这也体现着一种社会的文明。

六、类型多样化

随着饭店业的发展，一些有远见的饭店已经开始营造自己的特色，而客房的类型是其区别于其他饭店的一个重要的方面。由此，使得客房类型呈现多样化发展的趋势，如商务客房、会议客房、休闲度假客房、无烟客房、女士客房、儿童客房、残疾人客房、盲人客房、大床间、连通房。在客房类型趋向于多样化的情况下，饭店也逐渐形成了自己的特色，并尽力使自己所特有的细分市场上的客人满意。

客房是饭店的基本设施和存在的基础，是饭店商品不可缺少的组成部分。客房部是饭店向客人提供安全、舒适、清洁、便利的居住房间和配套设施以及相关服务的部门，负责客房设施、设备的维修和保养，并承担着客房和饭店公共区域的清洁卫生工作。客房服务质量的好坏直接影响客人对酒店产品的满意度，是酒店档次和服务质量的重要标志。因此，客房服务质量对饭店的声誉和经济效益有着重大影响。

第一节 客房的基本类型

一、客房概述

客房是饭店的主体，是饭店的主要组成部分，是饭店存在的基础，在饭店中占有重要地位。

第一，饭店的基本的功能是为客人提供住宿和饮食。从这个意义上说，客房是饭店存在的基础。

第二，客房是组成饭店的主体。按客房和餐位的一般比例，在饭店建筑面积中，客房占70%～80%。我国饭店星级评定标准规定：标准间客房净面积(不含卫生间)不能小于12 m^2，标准高度不能低于2.7 m。建筑标准：为客人创造一个清洁、美观、舒适、安全的理想住宿环境。饭店的固定资产绝大部分是客房，经营活动所必需的各种物资设备也大部分在客房，所以说，客房是饭店的主要组成部分。

第三，饭店的等级水平主要是由客房的水平决定的。客房水平包括两个方面：一是客房设备，包括房间、墙壁和地面的装饰、客房布置及客房电器和卫生间设备等；二是服务水平，即服务员的工作态度、服务技巧和方法等。

第四，客房是饭店经济收入和利润的重要来源。客房收入是饭店收入的主要来源，而且客房收入相对稳定，一般占饭店总收入的50%左右。欧美饭店的客房收入一般占60%以上。

第五，客房是带动饭店一切经济活动的枢纽。其一，客房管理要开发市场，组织客源，必然与市场发生广泛联系，如外出广告推销、拜访客户等，从而有利于掌握市场动向、特点、发展趋势和客人需求变化。其二，客房服务过程与客人的消费过程同时发生，以面对面服务为主，其质量高低必然对客人的心理产生影响。因此，提供高质量、高效率和富有人情味的服务，可以充分发挥客人宣传的作用而增加客源，引导消费。其三，客房服务与饭店各部门服务相互联系、相互依存。加强客房服务与餐饮、娱乐、前台等部门服务的协调和配合工作，就会提高整体服务质量，增加客源，提高酒店设施的利用率。

第六，对整个饭店服务质量有重要影响。客人在饭店的主要生活区域是客房，是客人在饭店中逗留时间最长的地方。因此，客房的卫生、客房服务质量、客房的服务项目等对客人有着直接影响，是客人衡量“价”与“值”是否相符的主要依据。所以，客房服务质量是衡量整个饭店服务质量和声誉的重要标志。

二、客房的基本类型

饭店经营要有自己的特色，而客房的类型是其区别于其他饭店的一个重要的方面，由此，使得客房类型呈现多样化发展的趋势，如商务客房、会议客房、休闲度假客房、无烟客房、女士客房、儿童客房、残疾人客房、盲人客房、大床间、连通房。在客房类型趋向于多样化的情况下，饭店也逐渐形成了自己的特色，并尽力使自己所特有的细分市场上的客人满意。

（一）单间房

房内设一张单人床的叫单人间。单人间面积一般为 16～20 m^2，内设单人床 1 张，配有沙发、书写桌椅、电视机等家具、设备。由于单人房比较舒适，客房的隐秘性较强，不受外界干扰，房价低于标准双人客房，比较适合从事商务旅游的单身客人用。根据客房的设施不同，单人间可分为：无浴室的单人间、带浴室的单人间、带淋浴的单人间 3 种类型。饭店单人房数量一般不多，且常常把面积较小或位置偏僻的客房作为单人房。近年来，随着客房面积和装饰布置的档次变化，单人房也摆脱了传统经济客房的概念。

（二）大床间

房内设一张双人床，另配有沙发、书写桌椅、电视机等家具、设备。大床间一般适合夫妻旅游居住；新婚夫妇使用时，称“蜜月客房”；也可供单身旅客租用。

（三）双人间

房内设有 2 张单人床的客房称为双人间。双人间配有沙发、书写桌椅、电视机等家具、设备，其中带卫生间的双人间，称为标准间。双人间一般用来安排旅游团体客人或会议客人或一家人居住，也可供 2 个单身旅游者居住，也可供 1 人居住。有的饭店在大床间供不应求时，可将 2 张单人床合为一张大床作为大床间出租。另外，根据住客要求，客房内可加床，一般加床用的是可折叠的活动单人床。通常情况下，根据客房的设施设备不同，双人间分为：无浴室双人间、带浴室双人间和带淋浴双人间 3 种类型。

（四）三人间

三人间一般是房内设有 3 张单人床，供 3 位宾客同时入住，属经济房间。目前在旅游饭店中此类房间较少，多以在双人间加一张折叠床的方式以满足 3 人同住一间客房的要求。

(五)标准套间

标准套间又称普通套间，也称双套间或家庭套间，一般由连通的2个房间组成，一间作卧室，另一间作会客室或起居室。卧室内设有一张双人床或2张单人床，并配有卧室家具设施、卫生间。起居室也可设盥洗室。适合全家人外出度假时住或一般经商人员居住。

套间可用固定的分室隔墙隔离，也可用活动隔离墙隔离。起居室在下，卧室在上，两者用小楼梯连接的套间称为双层楼间。连接套房即连通房，是指2个独立的双人间，用中间的双扇门相通时，一间可布置成卧室，另一间可布置成起居室，作为套间出售；需要时，仍可作为2间独立的双人间出租。但这种连通房中间的双扇门上均需安装门锁，关上时应具有密闭的效果和良好的隔音性能。

(六)豪华套间

豪华套间通常由卧室、会客室、卫生间、小厨房、餐室、办公室、陈列室、阳台等组成，可以是双套间，也可是多套间。卧室内设有大号双人床或特大号双人床，房间的装饰布置和设备用品华丽高雅。在饭店中，该类房间价格昂贵，数量不多，它代表饭店已具备豪华的级别，一般适合有经济实力的富商和知名人士居住。

(七)总统套间

总统套间又称总统房，一般由七间或八间房所组成，包括总统卧室、总统夫人卧室、分用的男女卫生间、会客室、会议室、随员室、警卫室、书房、厨房及餐厅等，有的还有室内花园。房间内设豪华家具、洁具、古董、陈列工艺品等。由于总统套房造价昂贵，房价高，而且总统居住的机会也很少，所以该类房间的出租率低。三星级以上的饭店设有总统房。总统套间是衡量饭店级别的标志。当然，有能力承受总统套房开支的宾客，同样可以享受总统的礼遇。

(八)特色客房

特色客房是指为突出某一特点而特别设计和布置的客房。各个饭店出现了一些带有创新元素的新型客房。

1. 主题客房

主题客房具有独特性、针对性、浓郁的文化气息等特点。有的以某种时尚、兴趣爱好为主题，如汽车客房、足球客房、邮票客房、电影客房等；有的以某种特定环境为主题，如监狱客房、梦幻客房、太空客房等；有的以世界风俗为主题，如北京客房、曼谷客房等。还有的饭店如希尔顿集团推出的健身客房和精神放松客房等。

【知识链接】

市场上的品牌经济型酒店迅速增加，进一步使竞争加剧。为了应对这一市场趋势，有的酒店开始变招应对：设置了女性房、男性房、雪茄房、茶道房等多个特色主题客房。每个系列的房间都围绕一个主题在细节上突出特色。例如，女性房中的丝质睡衣、熨衣板、柔软的化妆包都体现了饭店为外出的女客人最体贴的呵护。这一举措吸引了不少回头客。主题客房使饭店的房价也在稳步提升。

世界杯主题客房。日前，德国一家酒店想出奇招，推出世界杯主题客房，以吸引球迷入住。在房间里，一切东西都与足球有关。床上铺的床单就是一个足球场，上面还有一个小足球。房间里摆放着足球形状的椅子和脚凳，墙上挂满了世界杯海报，就连卫生间的瓷砖上也印上了球星的照片。在户外的草坪上，酒店为客人们精心准备了不少足球小游戏。每位住店客人还能得到一份球迷必备的看球套装。酒店经理韦斯曼说，这样的房间在平时看来也许有些奇怪，但是世界杯期间，整个德国都将为足球疯狂。到时，作为球迷能够住在这样的房间里，感觉一定非常不错。

2. 无障碍客房

无障碍客房是为了满足残疾客人的需求而推出的，房间没有残疾人专用的厕位等。残疾人由于身体上的残疾应该得到饭店的关怀。

三、客房设备

(一)睡眠休息区

睡眠休息区是客房最基本的空间，一般安排在房内靠卫生间一边，不对着房门及进门的走廊。

1. 床

床是饭店为客人提供休息和睡眠的主要设备。由于饭店等级和客房的面积大小不同，所以，床的大小规格也有差异。配备何种类型的床与确定客房的种类有密切关系。

以标准间为例，室内放置 2 张单人床。单人床规格，长为 200 cm，宽为 110 cm 或 120 cm。床由床垫、床架和床头软板三部分组成。软板一般与床架分离，床架下安有定向轮。通常床越宽越舒适，档次也越高。床的高度一般在 40～60 cm。

2. 床头柜

标准间床头柜应摆放在两床之间，一般为 60 cm×48 cm×55 cm，数量为

1个，除了供客人摆放小物品外，还放置有电话、小便笺、“请勿吸烟”卡等。控制面板上装有电视、音响、时钟、灯具等开关旋钮，下面隔板空出通常摆放一次性拖鞋、擦鞋纸(布)、电话簿。随着科技的进步，客房内的很多电器都有了遥控装置，床头柜上的一些控制开关已经失去了作用，因为很多开关集中在一起不易辨认，尤其是在夜间。因此，目前一些酒店已经取消了床头柜上的这些功能，既不在床头柜上安装开关，也不在客房内安装很多开关，而是在床头的墙面上安装少量的总开关，将电器遥控器放在床头柜上，这样就给客人带来很多方便。

3. 床头灯

床头灯通常安装在床头柜后面的墙上，高度要适中。如果摆放在床头柜上，则床头柜要比较宽大，通常双用的床头柜不宜摆放台灯。

(二)起居活动区

起居活动区主要供客人休息、会客、休闲饮食及观看电视等的区域。标准间的起居活动区一般安排在窗前，配备的主要有茶几和手扶椅。

1. 茶几

茶几摆放在窗前并位于两把扶手椅中间，通常为小圆桌，供客人喝茶及少量用餐用。茶几上面放置水壶、托盘、茶叶、茶杯、水杯等。

2. 扶手椅

大多数扶手椅是布蒙制的软椅，数量为2把，供客人休息或访问用。

(三)书写区

书写区是供客人书写、阅读及办公的区域。原来的很多酒店都将书写区安排在床的对面，沿墙摆放一组多功能柜桌，包括写字台兼梳妆台，配有一把靠背椅或梳妆凳，在写字台墙上装有一面梳妆镜。随着饭店服务的发展，客房布置也更加人性化。现在的客房摆放多功能橱柜，用于摆放电视机、影碟机和其他物品，取消墙上梳妆镜，移至壁橱的门上等位置，将写字台独立出来摆放在面前，并配有书报架。写字台的高度为70～75 cm，靠背椅的坐面高度为40～45 cm，靠背的高度为80～90 cm，靠背的角度为92°～98°，使客人使用起来更加方便、舒适。另外，写字台上配有台灯，台灯的大小与样式与写字台相协调。

(四)储物区

储物区是用于存放饭店为客人提供的用品和供客人存放私人物件的地方。

1. 壁橱

壁橱大多设在客房入口处的过道旁。一般壁橱宽度不小于100 cm，深度不小于50 cm，挂衣杆离地面的高度不小于170 cm，上面空间不小于75 cm，柜门以推拉式为宜，壁橱内应有自动照明灯具。壁橱内有格架，用于存放备用品，如枕头、毛毯等。

2. 行李架或行李柜

行李架或行李柜一般摆放在进入卧室的入口处，高度一般为 45 cm，宽度为 65 cm，长为 75～95 cm。传统的行李架是一个小柜子，表层可放置客人的各种行李箱包等，内部一般可用来摆放饭店或客人的一些物品。也有一些比较现代的行李架，主要考虑到特色和房间整体的协调一致。

3. 保险箱

一般高档次的饭店客房内部配有小型保险箱，供客人存放贵重物品。保险箱通常摆放在壁橱内或其他隐蔽处。

4. 电冰箱

客房内通常都有小型电冰箱，用于存放酒水饮料和小食品，同时为客人提供冰块和冷冰水，方便客人。

5. 酒柜

酒柜专用于摆放客房小酒吧供应的酒水和杯具。

(五)洗漱区

客房的卫生间称为洗漱区域。

1. 洗脸盆与云台

传统洗脸盆镶嵌在由大理石、人造大理石或其他材料铺设的台面里，上面装有供冷热水的水龙头。云台的高度要适宜，一般为 80 cm，上面可放置各种梳洗、化妆及卫生用品。现代洗脸盆形式多样，根据客房的特色选择。云台旁边的墙壁上通常安装毛巾架、插座，上面装有一面大玻璃镜，并在其旁边配有放大镜，供客人修面和化妆使用。

另外，有的饭店还装有吹风机和电话副机、体重秤等供客人使用。

2. 便器

客房卫生间的便器大多是坐便器。便器要宽大、低噪声，排污下水道要通畅。高级客房和套房大多在坐便器旁边设有下身冲洗器。

3. 浴缸

浴缸包括冷热水龙头，并装有淋浴喷头，能固定也可手拿。浴缸底部采用防滑结构。外部一般安装浴帘，既防止沐浴时水外溅，也有保护客人私密的作用。浴巾架固定在浴缸水龙头对面的墙上，用于摆放浴巾及披巾。豪华客房的浴缸往往带有可产生漩涡的水疗装置。有的饭店取消了浴缸，安装了淋浴房，方便了客人淋浴。

(六)客房内的其他主要设备

1.房门安全装置

客房上装窥视镜和安全链以及双锁。门后张贴安全指示图,标明客人现在所在的位置及安全通道的方向。

2.消防装置

房内天花板设有烟感报警器(烟感)和温感喷淋头,供报警和自动灭火之用。

3.空调

中央空调系统或客房空调器,可调节房内的温度和湿度,并有提供新鲜空气的出风口。

四、客房客用物品

为了满足客人的需求,饭店在客房中会根据本客人的住宿需要配备各种设备和用品。通常把客房内配置的供客人使用的各种物品叫做客用物品。

(一)一次性与多次性消耗品

客用物品按消耗形式划分为一次性消耗物品和多次性消耗物品。一次性消耗物品一次性消耗完毕,一次性完成价值补偿,如茶叶、卫生纸、信封、香皂、沐浴液。多次性消耗物品可连续多次使用,价值补偿在一个时期内多次逐渐完成,如床上布草、卫生间毛巾、水杯、酒具。

(二)客房备品与客用低值易耗品

客房备品也称客用固定物品或多次性消耗品。这类物品仅供客人住店期间使用,不能被损坏或在离店期间带走。客房备品一般包括衣架、卫生间防滑垫、服务夹等。

客用低值易耗品也称客房日耗品、一次性消耗品,供客人住店期间消耗使用,也可在离店时带走,如一次性拖鞋、沐浴液、针线包等。

(三)宾客租借用品

宾客租借用品一般不放在房内,而是存放在客房服务中心,供客人临时需要时借用,如手机充电器、接线板、应急包等。

第二节 客房接待服务

客房是宾客的主要休息场所,客房服务员要承担宾客的日常生活服务,与宾客接触最多。客房服务质量的高低,直接反映了乡村旅游接待的整体管理水平。

一、乡村旅游客房接待服务方面的基本要求

要能够为客人睡眠、工作、休息提供安全、方便、舒适、美观的环境。房门要有窥镜、安全链。卫生间要防滑、防潮、有地漏,机械通风良好。客房用品要数量充足、使用方便,消耗品每床一套,天天更新,成双配套。要有“请勿打扰”牌、针线包、擦鞋器、文具用品等各种服务用品。客房卫生要每天打扫清理1次,保持清洁卫生、整齐舒适、美观方便,无蛛网、灰尘、水印、碎屑、毛发、污渍。客用卫生间随时清洁、冲洗、消毒,保持干净、整洁、舒适、卫生,卫生纸、面巾纸、洗手液、肥皂、烘干器要齐全合用。客房棉织品要符合规格、定期更新。服务人员进入客人房间要敲门3次,每次敲三下。对客人入住过程中的服务要坚持做到热情、主动、礼貌、耐心、周到、细致和零干扰。VIP客人入住,要了解客人接待规格、生活特点、风俗习惯,根据需要加摆鲜花、水果、点心、饮料、小型礼物和欢迎卡。要建立客人生活记录卡,客人生日要免费提供生日蛋糕、生日贺卡。客房要能够提供茶叶、报刊、加床等项服务。

二、客房服务员的必备素质

(一)对客房部服务员的总体要求

高水平的服务是民俗户生存和发展之本,只有不断地提高服务质量,才能赢得更多的顾客及其更高水平的消费。

1. 微笑服务

微笑服务是客房员工为客人提供服务时所要求的基本礼貌,是优质服务的最具体的体现。它不仅是客房部服务员代表民俗村所做出的友好表示,而且是满足客人基本情感的需要,能给客人带来宾至如归的亲切感与安全感。

2. 礼貌待客

礼貌礼节是客房服务质量的重要组成部分,因而也是对客房部服务人员的基本要求。具体来说,客房服务员在语言上要文明、艺术,注意语气音调;在举止上要彬彬有礼,讲究正确的姿态。

3. 讲究效率

在客房的对客服务中,提供快速准确的服务是非常必要的,如一个人30 min要完成客人已退房离开的客房的清扫。

4.真诚待客

真诚服务,就是要发自内心,真正为客人着想,关心客人,使客人感到温暖。如果做到了这一点,也就是抓住了最佳服务的实质。

(二)对客房服务员的特别要求

客房部的服务员在言谈举止、礼貌礼节方面都应遵守民俗村对服务员的总体规定。在遵守这些共同的原则之外,客房部服务员还有以下一些需要格外注意的事项:

①在工作中不能失态,要表现得有耐心,有教养,善于控制自己的情绪,不能与客人发生争执。

②尊重客人的隐私权。客房部服务员经常进入客人房间,可能会了解到客人比较多的情况,在无意之中听到、看到一些客人的私人资料,就要格外注意尊重客人的隐私权,不得向外人透露,尤其是关于一些演艺界名人、政界要人等容易成为评论对象的客人,他们的隐私就更不能随便向外人说起。

③应注意创造安静的睡眠环境。不能在客房外大声喧哗、聚众聊天、开玩笑等。答应客人的招呼时不能大声,如果因距离较远听不见,可以点头或是用手势来领会、示意。

④因工作需要进入客人房间时,要先敲门,得到客人许可后方可进入。一般来说,要敲门3次,每次敲三下,每两次之间要间隔几秒钟;在敲门时,还要向客人通报自己的身份,说明自己是客房的服务员;如果敲3次之后客人仍无回应,可以用钥匙轻轻将门打开。

⑤在退出客人房间之前,要站在门边向客人点头微笑致意,而后再离开,并轻轻把门关上。

⑥在客人的房间里,不能随便坐下,即使客人邀请,一般也不要坐下或停留。

⑦不要轻易接受客人的馈赠。假如客人执意要送礼物,则必须请客人留言说明是真心赠送,并请客人写上他的姓名和房间号码。如果没有这些证明,客房部服务员就不能随便把礼物带出。

⑧要掌握拒绝的技巧与艺术。在服务过程中,会碰到客人提出的要求无法予以满足,必须要给以拒绝,向客人说"不"。那么,这时客房服务员就要掌握和运用拒绝的艺术,不能直接、生硬地回绝客人,而应该向客人说明实际情况,用委婉的语言向客人表示拒绝。如果必要的话,还可以向客人作更详细的解释,取得客人的理解和原谅。

⑨当发生以下情况时,客房服务员应向相关负责人报告:

其一，发现客人的房间有凶器或是麻醉剂一类的物品。

其二，原来一人登记住宿的房间却住了 2 个人。

其三，客人将自己的宠物带入了房间。

其四，在工作时无意中损坏了客人的行李物品。

其五，发现客房内的设备如家具、电器等有缺损或是出了故障。

其六，发现客人患了严重的疾病。

其七，发现客人遗忘了某些物品。

（三）优秀的客房服务人员应具备的优良素质

第一，品行端正，具有良好的职业道德。由于客房服务员所在岗位的特点，客房部的员工会经常出入客人的房间，有机会接触到客人的行李物品，当然也包括一些贵重的钱物。如果没有良好的道德品质，就可能出现利用工作之便顺手牵羊拿走客人物品的情况，就会给民俗户的形象与名誉带来不可估量的损失。

第二，工作态度好，踏实认真，能吃苦耐劳。客房部的主要工作就是清洁卫生，如客房卫生、卫生间的卫生等。因此，在客房部工作的员工必须不怕脏，任劳任怨，具有吃苦的精神。

第三，具备较强的卫生意识和服务意识。客房部的主要工作是搞清洁卫生，为了做好这项工作，服务员就必须具有强烈的卫生意识、服务意识，不然就无法将客房部的工作做好，为客人提供满意的服务。

三、做好客人的入住服务

一般来说，服务员对于住宿的旅客，应立即迎上去并说："您是不是已经订了房间，先生？"一面看看行李上的名字将客人引导至柜台，并告诉柜台接待员；如果旅客未订房，应立即告诉柜台接待员，查看当天是否还有空房接待未订房的客人。在客人办好登记手续后，柜台接待员会将旅客的房门钥匙交给服务员，这时服务员应立即告诉客人："您的房间是某号房"，然后引导客人到客人房间。在房间门口开锁后，服务员随即打开房内的电灯，请客人先进去，然后进去并将行李放在行李架上，并为客人介绍房内设备的使用方法，与房门锁如何开关的方法，最后询问客人："还有什么吩咐吗？"如果有交代的事情应立即妥善处理。服务员离开房间的时候，应鞠躬说声："失陪"，然后轻轻地关门离去。

客人进入旅馆接触最多的是客房服务员。客房服务员作业非常复杂，而且需要具备多种专长。客房服务员的责任就是让客人在住宿期间感觉到安逸舒适，心情愉快，并能成为民俗户的常客。每一家民俗户与其他的民俗户在生意上都是互相竞争的，尤其是同级之间的竞争更加激烈。因此，一个旅客是否住在这家民俗接待户家，决定于这家民俗户是否有最佳的客房服务。客房服务的具体程序如下：

①有礼貌向客人问好。

②热情介绍民俗村的设施设备与客房。

③根据客人身份由高至低报二三个房价。

④请客人填写入住登记表。如遇重要客人和书写不便的客人应主动为其填写，并为客人安排房间。

⑤查验客人证件，核对入住登记表的填写内容，及时更正错误和潦草之处，告诉客人房号和房价。

⑥请客人预付押金或刷卡，请客人在押金单或卡单上签名并核对签名。

⑦询问客人是否有贵重物品要寄存总台保险箱内。

⑧祝愿客人在民俗村住宿愉快。

四、客人住店期间的服务内容

(一)送水服务

①服务员每天给客人送 2 次水，早晚各 1 次。

②客人有时会要求送茶水，服务员应及时提供服务，并问清楚客人是要哪一种茶。

③注意观察，当有人来拜访客人时，要主动问客人是否需要送茶水，主动提供适时的服务。

(二)其他服务

除了以上几项之外，有的民俗村还提供擦鞋、缝补等其他服务，目的是为客人提供更多的方便，进一步提高自己的服务质量，提升自身形象。以擦鞋服务为例，遇到雨雪天气，客人从外面归来，鞋上往往沾有泥泞，如果服务员主动上前帮助客人将鞋子擦干净，就会令客人满意，同时也可以避免弄脏房间的地毯。

五、客人离店时应做的工作

客人离开饭店时，客房服务员应做好以下工作：

①为送客人做好准备工作。首先，要了解客人离开的确切日期与时间以及将要采用的交通工具。其次，检查客人是否有委托代办的事项。如果有，是否已办妥。再次，问清客人是否需要行李搬送服务，如果需要的话，应问清具体的搬运时间及行李的件数。

②客人离店时的送别工作。当客人离开房间时，面向客人微笑，鞠躬告别，并向客人表示欢迎他再次光临。

③客人离开之后的检查工作。客人离开之后，应立即入房仔细检查。检查房间物品是否有丢失，如果有要及时进行处理；检查客人是否有物品遗失，如果有要立即追送。

第三节　客房安全管理

外出旅游的人们最基本的要求是舒适、愉快、安全。客房是客人在饭店逗留期内最主要的生活基地，也就是客人在暂居期内的"家"，客人对客房的安全期望更高。饭店对客人负有的特殊责任，就是使他们免遭人身的伤害，保护他们财物的安全，还要保障客人心理上的安全感，即客人入住后对环境、设施、服务的一种信任感。所以，客房的安全状态应该是一种既没有危险也没有可能发生危险的状态。要达到这样的一种状态，在客房设计上和在设备用品的配置上以及在服务与管理工作中，就要充分考虑到保证客人在客房居住期内的各种安全问题，并以具体的措施、制度及程序加以保证和落实。

一、客房安全概述

（一）客房安全的含义

安全是指没有危险、不受威胁、不出事故。客房安全是一个全方位的概念，不仅包括客人的人身、财产安全，而且包括客人的心理安全及员工和饭店的安全。客房安全具有以下3层含义：

①客房安全是指客房区域应保持良好的秩序和状态。在客房范围内，客人、员工的人身和财务及饭店的财产安全不受侵犯。

②客房区域应当处于一种既没有危险也没有可能发生危险的状态。如果客房存在一些不安全因素，又没有相应的防范措施，即使暂时没有发生事故，也不是真正意义上的安全。例如，客房内的电源插头损坏、电线裸露、浴缸无防滑措施、热水龙头过于敏感、客房的门锁没有及时修好、钥匙管理混乱、安全通道堵塞、安全门方向无指示标志、违法犯罪分子混入、地面湿滑等。所有这些因素都可能会在一定的条件、一定的场合、一定的时间内突然引发危险，造成人身伤亡和财产损失。因此，客房安全是指不发生危险及对潜在危险因素的排除。

③客房安全不仅包括事实安全，也包括心理安全。事实安全是指不发生并且

不可能发生危险的安全状态。心理安全则是指宾客对饭店安全程度的一种心理感受。心理安全是由事实安全引起的。宾客对饭店有着心理安全感是饭店安全状态长期稳定的结果,而失去安全感也必定是由于饭店的某些事件引起的。一个控制有效、秩序井然的饭店,宾客是不会有心理负担的,不安全的心理感受也就无从产生。反之,对于经常发生不安全事件的饭店,宾客心理上当然不可能是踏实的。事实安全和心理安全有着因果关系,但有时两者并不统一。在同一时间状况下,如客人感到安全的时候,却并不一定是饭店最安全的状态。事实上,刚发生过不安全事件的饭店,往往是最安全的,因为这时饭店必将从各个方面加以改进,防止再犯。然而,宾客却心有余悸,不安全的心理感受难以消除。由此可见,不安全事故发生对饭店带来的危害,不仅仅是事故本身所造成的损失,更严重的是事故发生后一段时间内所带来的影响。

(二)客房安全设施配备

1. 客房安全设施配备的原则

为了保证客人在客房内的生命财产的安全,饭店应在客房和公共区域内配备各种安全设施。这些设施的配备,一定要遵循安全第一的原则。在装修时,就要考虑到材料的安全性能,不使用有毒、有污染、易燃的材质;在采购时,布料、地毯、家具应具有防燃性;浴室应具有防滑性;房门应具有防盗功能和自动报警系统等。饭店工作人员要定期检修这些设施和系统,及时排查隐患,确保客人使用安全。

2. 客房安全防范设备设施的配备

安全设施是指一切能够预防和发现违法犯罪活动并保障安全的技术装备,由一系列机械、仪表、工具等组合而成。当前,饭店常用的安全设施有:由多类警报器组成的自动报警系统;由摄像机、录像机、电视屏幕组成的电视监控系统;由多类火警报警器、防火门等组成的消防监控系统。客房部的工作涉及饭店的各个区域,是饭店安全工作的重点所在,所以,有必要对整个饭店的安全设施配备情况有一个基本的了解。

(1)安全报警系统

客房安全报警系统是由多种警报器组成的自动报警系统,其目的在于防盗、防火等。常用的报警器有以下几种:

①微波报警器。微波报警器是根据波的反射原理设计制造的。微波发射器向前发出一束微波信号,微波信号遇到障碍物就会被反射回来,然后由接收器接收。由于活动目标所反射的微波信号频率不一样,微波报警器就会发出报警声。所以,微波报警器适用于发现动态的目标,而对固定目标作用不大。

②红外线报警器(图 6-1)。任何物体都会发射出红外线,物体本身的温度越高,发射的红外线越多,反之就越少。被动式红外线报警器就是根据这一原理工作的。当红外线达到一点数量时,控制装置就发出报警信号。由于受气温的影响大,这种报警器比较适用于气温宜人的春秋季节和有空调的场所,控制面积也不宜过大。主动红外线报警器由收、发和控制装置组成。发射装置发出一束红外线,当有物体穿越光束时,红外线被挡住,接收器接收不到红外线,控制装置就会发出报警信号。这种报警器受气候影响不大,控制距离长,比较适用于室外的直线墙、开阔地等。

图 6-1 红外线报警器

③超声波报警器(图 6-2)。超声波报警器由发射装置向控制区域发出超声波,只要入侵者进入控制区域,就会立即发现。超声波报警器受气候和外界干扰较大,适用于密封性较好的仓库和比较安静的客房环境,冬天灵敏度比夏天高。

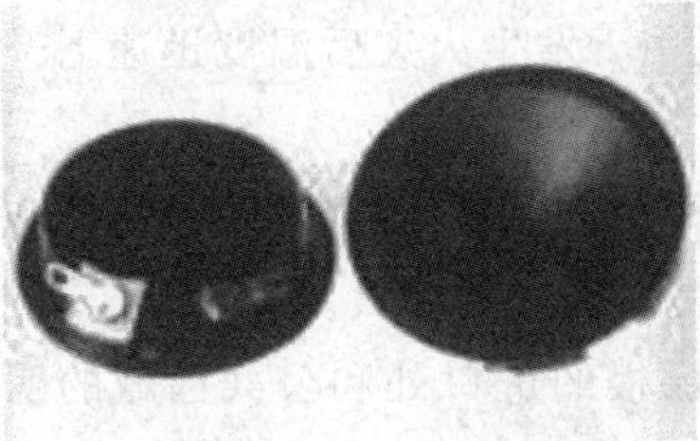

图 6-2 超声波报警器

④声控报警器。声控报警器由一个特别敏感的话筒和放大器组成。话筒能接收微弱的声音信号,放大器将这一声音信号放大后送入扬声器,使值班人员能清楚地听到现场活动的声音,客人可以在发生紧急状况时,通过呼救来求援。声控报警器适用于室内,具有话筒探头小、便于隐蔽和价格低廉等特点,与其他报警器配套使用效果更好。

⑤其他报警器。可视报警系统是为那些听觉可能有障碍的客人而装置的报警装置,可以通过闪光灯提示发生了火灾或其他紧急情况;开关报警器以开和关形式报警;微动式报警器一般适用于保险柜、贵重物品存放处等;磁控式报警器(图 6-3)一般适用于门窗;金属条断裂式报警器除适于门窗外,也可将金属条粘在玻璃上,玻璃易碎、金属条断裂,遂发出报警,也可利用其引线形成警戒防护网。

图 6-3 磁控式报警器

(2)消防监控系统

火灾是饭店安全的最大敌人。虽然火灾的发生率很低,但现代饭店大都为高层建筑,一旦发生火灾,仅靠消防部门的救火能力和救火高度是不能迅速扑灭大火的。因此,有关部门明确规定,饭店必须要建立自己的消防监控系统。消防监控系统一般由火灾报警器、灭火设施和防火设施组成。

①火灾报警器。火灾报警器主要有以下几种类型：

其一，烟感报警器(图 6-4)。烟感报警器有 2 种，一种是离子感应式，另一种是光电感应式。其原理都是一样的：在火灾发生时发出的烟雾微粒对烟感器里面的电离子或光波产生干扰，烟感报警器就会发出报警信号。烟感报警器一般安装在房间天花板上、4 m 以下高度，其保护面积为 100 m^2，适用于起火时烟多而升温慢的场所，如客房、餐厅、走廊等。

图 6-4　烟感报警器

其二，热感器。热感器在火灾发生时，因周围温度升高而启动报警。热感器一般可分为定温式、差温式、差定温式 3 种。热感器适用于发生火灾后温度迅速上升的场所。通常客房选用 68℃的定温式。

其三，光感器。光感器可以感受到火光的辐射而发出报警，有红外线光感器和紫外线光感器 2 种，比较适用于烟雾较少的火灾和易燃液体的起火。

其四，手动报警器。手动报警器一般安装在每层楼的进口处和公共区域的明显地方。手动报警器为防止误报而通常用玻璃罩罩住。当服务员发现附近有火灾时，可以立即打开玻璃压盖或打碎玻璃，使触点弹出，进行报警。手动报警器往往与前面所述的自动报警器配合使用。

②灭火设施。易燃物燃烧必须具备 2 个条件：温度和氧气。只要去掉其中一个条件，燃烧即会停止。灭火就是去掉其中一个条件：降温或隔绝氧气。最常用的灭火方法是用水和化学灭火剂来灭火。饭店的灭火设施主要是消防给水系统和化学灭火器材。

消防给水系统由装备在消防栓箱内的消防栓、水龙带、水枪及安装在饭店各处的自动喷水器组成。发生火灾时，可以打破玻璃取出消防水枪，打开消防栓进行灭火。

【资料阅读】

自动喷水器又称花洒，其工作原理是：当室内温度达到花洒的启用温度时，便引起花洒器内水银球的剧烈膨胀至爆裂，被球支撑的密封喷水口开放，水便喷到溅水盘上形成均匀洒水。客房花洒的洒水面积一般为 10 m^2 左右。

化学灭火器材用于扑救重要文件档案、精密仪器、贵重物品起火及各种电器火灾和油类火灾。饭店配置的化学灭火器材主要有卤代烷灭火器、二氧化碳灭火器、干粉灭火器、泡沫灭火器、酸碱灭火器等。

为了将火控制在一定区域，阻止火势向各处蔓延，以便于人员疏散和灭火救援工作，饭店都配备了一定的防火设施。防火设施主要有防火墙、防火门、防火窗帘、排烟系统、正压通风系统等。其中，防火门是高层饭店防火分隔和安全疏散设计中不可缺少的建筑构件。在火灾发生时，防火门用来关闭和分隔着火区域，防止火灾的蔓延。防火门是疏散通道能否真正起作用的基本保证之一。

③安全疏散设施。其主要有安全出口、疏散楼梯、疏散通道、疏散门、应急照明灯、安全指示牌等。设置安全疏散设施是为了在火灾发生时，用于快速撤离人员，减少伤亡。

【小资料】

安全通道示意图，张贴在客房门后，用以提醒客人在发生火灾时，快速找到出口逃生。

(3)电视监控系统

电视监控系统是饭店安全设施系统的重要组成部分。它是由摄像镜头、控制器、监视器和录像机等组成的闭路电视系统。通过设置在客梯、各楼层的电梯口、楼层走道、贵重物品集中地的摄像头组成的闭路电视监控网，电视监控人员可以从屏幕上发现可疑的人、事、物，达到监视和控制作用。如果发生意外情况，监控中心可立即通知有关人员前往解决，这样既减轻保安人员的负担，又大大提高了饭店处理问题的效率，还可以发现不法分子和可疑分子，及时做好防范措施，以确保客人和饭店的人身、财产安全。特别是对于建立客房服务中心的饭店，电视监控系统是必备的安全设施。

(4)通讯联络系统

通讯联络系统是保安部开展安全保卫工作网络化的重要手段，主要用于保安部、安全监控中心、保安巡逻人员在各个岗位上相互保持通讯联系，即通过电话、对讲机、手机等通讯器材而形成的联络网络。这个网络系统可以使饭店的安全工作具有快速反应能力，对保障饭店与客人的安全起着十分重要的作用。

(5)钥匙系统

为保证客房安全，严格的钥匙控制措施是必不可少的。客房钥匙丢失、随意发放、私自复制或被盗都会带来各种安全问题。

传统的金属钥匙系统按功能及使用范围一般分为 3 种。第一种是客房专用钥匙，即只能开启某一个房间，不能互相通用，供客人使用。第二种是楼层或区域通用钥匙，可以开启某一楼层或某一楼层上的某个区域内的所有客房，供客房部主管、领班及服务员用。第三种是客房全通用钥匙，可以开启各楼层所有的客房，有的还包括客房部所负责的公共区域内的场所，供客房部正、副经理使用。

金属钥匙领用应有严格的制度。每天上班时，根据工作需要，客房主管、领班及服务员来领用钥匙时，客房部办公室人员都应记录下钥匙发放及使用的情况，如领用人、发放及归还时间等，并由领用人签名；还应要求客房服务员在工作记录表上，记录下进入与退出房间的具体时间。

适时更换客房门锁的锁头是保证客房安全的进一步措施。尤其是在丢失钥匙、私自复制钥匙等事件发生后，更应及时更换客房锁头。在通常情况下，饭店也应定期更换整个饭店的钥匙系统，以保安全。

随着技术的进步，如今在饭店里，一种更安全、更方便的电子钥匙系统正在逐步取代传统的金属钥匙系统。电子钥匙系统可以用于客房以及饭店的其他地方。这种系统包括一片电子密码钥匙以及能轻易识别一种或多种密码的房门控制装置。电子钥匙的密码是从几十亿种可能的组合中挑选出来的，所以，这种钥匙基本上是不能复制的。每一位新客人入住时，都可以领到一张新的由塑料、金属或高强度纸板制成的钥匙，客人所住客房的门锁内的组合密码只认可这位新客人的钥匙。这种程序基本上可以保证顾客的安全。此系统的工作程序是：客人到达时接待员根据房号和其他信息，通过钥匙制作机制作一张磁卡，同时将房间的信息译成密码输入到客房内的钥匙安全装置；客人入住时，把磁卡钥匙插入客房的锁槽，前一张磁卡钥匙的信息就会自动作废。

电子房门出入控制系统还具有别的突出的优点。例如，它可以记录什么人于什么时间进入某一区域，并能将这一信息通知中心计算机，这样设备经理就能在办公室里对出入房间的使用者的活动了如指掌，从而能轻易地制作工作报告。房门出入控制系统也可以安装报警装置，客人万一遇上被迫开门的情况，就可以发出求救信号。从长远来看，这种系统的投资要低于金属钥匙系统安装、维修与重置的成本，并且还提高了客人在饭店的安全度。

以上各类安全设施都自成系统，但在实际的运转中，是相互联系发挥作用的。随着安全硬件设施的建设，越来越多的饭店都建立了安全监控中心，以便统一指挥与控制，而安全监控中心即是由以上各类安全设施系统并联组成的。

二、防火与防盗工作

客房安全工作主要分为6个方面，简称为“六防”，即防火、防盗、防伤害、防疾病传播、防恶性事件、防违法活动。本处主要分析防火、防盗和各种事故的处理问题。

(一)火灾的处理程序

火灾是直接威胁着饭店工作人员和客人的生命及饭店的建筑和财产的突发性灾难之一。火灾的发生将使饭店在声誉及资产上付出沉重的代价。火灾发生率虽然很低，但由于后果严重，饭店不得不认真对待，安装防火设施，同时制定出一整套完整的预防措施及处理程序，防患于未然。

客房的安全应由客房部成立防火组织，由客房部经理担任负责人，并由其结合本部门的运转制定具体的火灾预防措施及处理程序，在其管辖的客房及公共区域内预防火灾、处理火灾事故。

1. 火灾发生的原因

(1)由吸烟或烟头引起的火灾

据统计，在饭店火灾中由抽烟或烟头引起的火灾发生率占居首位。客人在酗酒后抽烟或抽烟时睡着、客人在禁烟区抽烟以及随地乱丢烟头等都极易引起火灾。

(2)电器设施出现故障、客人使用电器不当引起的火灾

电器设备线路连续超时、越限使用引起自燃，客人私拉乱扯电源、随意增设电器，在电器上覆盖易燃物品，这些都会引起火灾。

(3)饭店消防设施配备不到位、消防管理不善引起的火灾

由于饭店对火灾危害认识不足、存在侥幸心理、疏忽大意等原因，饭店消防设施数量不足或者设备老化，导致火灾发生后不能及时有效地扑救，给饭店和客人造成更大的损失。

(4)饭店施工过程中，作业不慎引起的火灾

施工作业中违规作业、现场管理不规范是导致火灾的重要因素。此外，饭店里小孩玩火、厨房用火不当等也可能引起火灾。

2. 火灾的类型

依照国家标准，火灾分为以下四大类：

①普通物品火灾(A类)。由木材、纸张、棉布、塑胶等固体所引起的火灾。

②易燃液体火灾(B类)。由汽油、酒精等所引起的火灾。

③可燃气体火灾(C类)。由液化石油气、煤气、乙炔等所引起的火灾。

④金属火灾(D类)。由钾、钠、镁、锂等物质引起的火灾。

3.火灾预防及措施

俗话说:“防火胜于救火。”客房应在饭店总经理统一领导下,成立防火小组,制订完整的防火计划,防患于未然。

(1)加强职工培训,增强防火意识

客房部都应组织员工学习饭店制定的防火手册,并制定防火安全条例,建立防火岗位责任制,明确各岗位员工在防火、灭火中的职责和任务;教会他们如何及时发现火情和报警,遇有火灾发生时如何使用防火、灭火设备及平时对这些设备的维护和保养;当火灾发生时如何镇定地疏散客人以及重要的财产如何保护和安置,如何在日常工作中正确执行操作规程以防止火灾发生以及如何向客人宣传防火知识;可定期举行消防演习等。

(2)建筑装饰中要安装必要的防火设施和选用阻燃性能的材料

客房要配备有效的消防设施用品,如防火门、安全通道、自动喷水灭火装置、烟感报警器等。同时,对家具、布件等物品应选用具有阻燃性能的材料。

(3)对住店宾客加强防火宣传

在每间客房内,要有防火宣传材料,如《防火手册》、《防火须知》等;向客人介绍客房内的消防设施,并提醒客人在室内吸烟和使用电器设备时,要注意安全防火;在房门后张贴一些防火宣传图例;一般情况下,客房还备有《旅客须知》宣传册,向他们介绍一旦发生火灾时,撤离的方法和路线。

4.日常的防火管理工作

①配合保安部定期对重点部位进行全面检查,如紧急出口是否畅通,防火门是否有效,报警、灭火设施是否良好等。

②发现客人使用电炉、电饭锅等设备,要及时提醒、阻止。

③发现楼面和客房有易燃、易爆物品,要及时清扫、处理。

④注意检查房内电器、电线和插头等有无短路、裸露、漏电现象,如若发现,要及时报修。

⑤对酗酒过度或吸烟和烟瘾大的客人,要格外加以关注。

⑥对带电、带油在客房进行维修的作业人员,要及时提醒注意防火。

⑦对发生故障的清洁设备,要及时报修,以防短路或漏电而发生火灾。

⑧制定火警时的紧急疏散计划,包括如何引导客人疏散、保护重要财产等。

(二)盗窃事故的处理程序

客房内拥有大量的设施设备和各种高档物品。这些设施设备和物品为饭店正常运行、服务及客人享受提供了良好的物质基础。这些设施设备和物品,每天有员工或客人接触使用。对这些财产及物品的偷盗及滥用都将影响到饭店或客人的利益。因此，防盗工作是饭店安全控制与管理的重要内容。盗窃主要包括外盗、内窃、内外勾结、客人自盗等形式。一般情况下，为了保障饭店及客人的财产安全，饭店必须采取安全管理与控制措施。

1.员工偷盗行为的防范与控制

员工在日常的工作及服务过程中直接接触客房各类设备与物品。如果这些设备可以供个人家庭使用或再次出售，很容易诱使饭店个别素质不高的员工产生偷盗行为。对于这个问题，饭店应采取一系列的确实可行的措施加以预防。

在防范和控制员工偷盗行为时，应考虑的一个基本问题是员工的渎职与道德水准。这就要求在录用员工时严格把好关，进店后经常进行教育并有严格的奖惩措施，应在员工守则中写明并照章严格实施。对有诚实表现的员工进行各种形式的奖励及鼓励；反之，对有不诚实行为的员工视情节轻重进行处理，甚至开除。思想教育和奖惩手段是相辅相成的，只要切实执行，是十分有效的。

另外，还要通过各种措施，尽量限制、缩小员工进行偷盗的机会及可能。例如，员工上班都必须穿工作制服，佩戴号牌，便于安全人员识别；在员工上下班进出口，由安全人员值班，检查及控制员工携带进出的物品等。

2.客人偷盗行为的防范与控制

由于饭店设备、物品的高档性、实用性，饭店住店客人也容易产生偷盗行为。虽然客人的素质一般较高，但受喜爱物品诱惑也不乏情不自禁者。由于住宿场所所配备的客用物品如浴巾、浴衣、办公用品、日用品等一般都由专门厂家生产，档次、质量、式样都较好，客房内的装饰物及摆放物（如工艺品、字画、古玩等）也比较昂贵和优美。这些物品具有较高的使用价值、观赏价值和纪念意义而容易成为住店客人盗取的对象和目标。

为防止这些物品被盗而流失，可采取的防范控制措施有：可将这些有可能成为住店客人盗取目标的物品，印上或打上饭店的标志或特殊标记，这能使客人打消偷盗念头；有些使客人引起兴趣、想留作纪念的物品，可供出售，这可在《入住须知》中说明；客房服务员在打扫房间时，应对房间内的物品认真检查，如发现有物品被偷盗或设备被破坏，应立即报告。

3.外来人员偷盗行为的防范与控制

第一，不法分子和嫌疑人员的防范与控制。要加强人员控制和楼层走道控制及其他公共场所的控制，防止外来不良分子窜入作案。

第二，外来公务人员的防范与控制。饭店由于业务往来需要，总有一些外来公务人员进入饭店。这些人员包括外来送货人员、修理人员、业务洽谈人员等。应规定外来人员只能使用员工出入口，并经安全值班人员弄清楚情况后才能放行进入。

这些人员在完成任务后，也必须经员工出入口离开。保安人员应注意他们携带出店的物品。楼层内的设置、用具、物品等须带出店外修理的，必须具有饭店经理的签名，经安全值班人员登记后，才能放行。

第三，房客的防范与控制。饭店的客人因业务需要经常接待各类访客，而访客中也常混着不良分子。他们在进入客人房间后，趁客人不备而顺手牵羊，带走客人的贵重物品或客房内的高档装饰品及摆设物；他们也可能未经客人同意，私自使用客房内的付费服务项目，如打长途电话甚至国际长途等。此外，楼层应尽量避免将有价值的物品（如楼层电话等）放置在公共场所的显眼位置，并应对安放在公共场所的各种设施设备和物品进行登记和有效管理。

【知识链接】

“冒名顶替”事件

一天，有位新加坡客人进住饭店。这位客人有60多岁，面容和蔼，是位很慈祥的老人。老先生是饭店的常客，前台的服务员都认识他，和这位老人很熟。第二天，老先生早上10多点钟就出去了。他在出门前嘱咐前台的服务小姐，说他外出办事，中午的时候会有一位广州来访客人，是他多年的老朋友，客人来了就让其上他的房间取一份文件，并告诉了来访者的姓名。老先生交代完毕就外出办事去了。大约过了3 h，一位年轻的客人到了前台，说是来取一份什么文件，并说出了房间号与那位老住客的姓名。前台实习生小许听了也没多想，既然符合姓名与事件，便给了他房间的钥匙，并打电话通知了楼层的实习生小晶，让其进房间。过了20 min，那位年轻的来访者交还房间钥匙离开了。

又过了1 h左右，来了一位40多岁的客人，向前台说明是来某某房间取什么文件，并详细地讲清楚那位老住客的姓名及房间号等情况。小许等几位前台服务员一听马上感觉不对，怎么有两位来访者取同一份东西？越想越感到有问题，马上将情况报告主管；主管分析后，马上通知保安人员一起上房间查看。当打开门时，那位老先生的房间凌乱不堪，床上和地上到处都是有被翻过的东西。饭店立即打电话通知了客人，经过清点物品，被盗走了10 000元美金和一部数码相机。结果，饭店做了原价赔偿，并让客人免费入住饭店。这个深刻的教训值得让人反思。

【评析】

通过此次事件，暴露出饭店管理中很多值得思考的问题，值得注意。

第一，前台的服务员工作不细致，不认真。前台在没有问清情况下就给房间钥匙让陌生来访者进客房，也没有及时通知客人，给盗窃者提供了很好的作案条件；让案犯方便地进出房间，给饭店的声誉造成了极坏的影响，让客人住在饭店有不安全的感觉；更不应该超越权限处理问题，打电话叫楼层服务员让来访者进入房间。

第二，楼层服务员既未让来访者做“来访登记”，也没有注意来访者的面貌，给公安机关破案增加了难度。正因为违反了饭店的操作规程，才给案犯提供了进一步作案条件。楼层服务员的上级主管不是前台的服务员，不应该听从前台小姐的安排，有问题应该向自己所在部门的主管反映，超过自己权限的问题让上级去处理；来访者走后也不及时检查客人的房间，做好登记。

第三，饭店的管理规程上出了漏洞。当有客人要求转交物品时，应该让客人自己带来前台，让前台服务员转交，并做好关于转交财物的相关登记，不能让来访者单独去房间，给案犯提供作案的机会，让客人的财物受到损失。在给前台员工培训的时候，要求前台员工接待客人时或做住房登记时，要注意客人周围的人物，并委婉提醒客人保管好自己的财物。

第四，作为服务行业，出现了此类事件，给饭店造成直接经济损失与信誉损害，并给国家的形象抹黑。

三、其他安全事故的处理程序

凡是可能导致客人伤害的任何不安全因素，都应严格控制和防范。

1. 停电事故的处理

停电事故可能是外部供电系统引起，也可能是饭店内部供电发生故障。停电事故发生的可能性比较大。因此，对于有一定规模的饭店来说，应配备应急供电装置，能在停电后立即自行启动供电。这是对付停电事故最理想的办法。在没有这种装置的饭店里，客房部应设计一个周全的安全计划来应付停电事故。

第一，向客人及职工说明这是停电事故，保证所有职工镇定地留守在各自的岗位上，客房内的客人留在各自的客房里。

第二，用手电筒照明公共场所，帮助滞留在走廊及电梯里的客人转移到安全的地方。

第三，在停电期间，注意安全保卫，加强客房走道的巡视，防止有人趁机行窃。

第四，派遣维修人员，组织抢修。

2. 客人遗失物品的处理

客人在离店时，有时会把物品遗落在客房里。客房部应遵照一定程序，妥善处理这些物品。客房部履行客人遗留物品处理的职责有以下几个方面：

①饭店员工发现客人的遗留物品，必须将物品如数交到客房部，如若违反，严肃处理。

②服务人员如在客房发现客人遗留的重要物品时，应立即通知客房部中心和前台收款处。若客人尚未离店，经核对后，将物品归还客人；若客人已离店，客房服务中心设遗留物品登记本，将物品的发现地点、发现时间、名称、数量、质地、颜色、形状以及服务员的姓名等情况详细登记在案，并设柜存放，以待客人认领。处理客房遗留物品时要判断究竟是客人扔掉的还是遗忘的。一般认定下列物品为客人遗留物品：现金、珠宝首饰；身份证件；具有文件价值的信函和物件；留在抽屉或衣柜内的物品；仪器零件和器材等。

③如失主前来认领遗留物品，应认真核实其证件及物品的具体情况，确认无误后，客人须在遗留物品登记本上签名，方可将物品交给客人。

④如果客人委托他人带领，一定要查验委托人身份证、委托说明书及其他有效证件，防止冒领。

⑤如果客人希望将物品邮寄给本人时，客房部应予以办理。其邮费费用应根据具体情况来决定是由客人承担还是由饭店承担。

⑥遗留物品保存到饭店规定期限(3 个月或半年)仍无人认领时，可按饭店有关规定处理。

3. 客人伤病、死亡处理

如果发现伤病客人，要及时做好简单处理，并立即联系医院救治。事后做好详细记录。

如发现客人在客房内死亡，应立即将客房双锁，通知保安人员保护现场，由保安部门向公安部门报案，等警方前来调查、验尸和判断死因。如警方判断客人为非正常死亡(自杀、他杀、原因不明的死亡)，则应配合警方进行死因调查，事后做详细记录；如客人属自然死亡(病亡)，须经公安部门出具证明，由饭店向死者家属发出唁电，并进行后事处理。

4. 食物中毒处理

食物中毒是指由于客人进食了被细菌、细菌毒素或有毒的化学物质污染的食物而引起的急性疾病。食物中毒人员常出现恶心、呕吐、腹痛、腹泻等急性肠胃炎病症。

第一，预防客人食物中毒现象，饭店应负起主要责任。从采购员到收货员、仓库人员、厨师都要把好卫生关，确保食物卫生安全。

第二，发现食物中毒，应立即通知医生进行紧急救护，餐饮部应对客人所用的食品取样品备检，以确定中毒原因，并通知当地卫生防疫部门。

第三，前厅部和销售部要通知中毒客人的有关单位和家属，并协助做好善后工作。

5. 客人违法处理

客人违法是指客人在住店期间犯有流氓、斗殴、盗窃、嫖娼、赌博、走私、吸毒等违反我国法律的行为。发现违法情况后，保安部值班人员应立即问明当事人的姓名、性别、年龄、身份、房号等以及事情的时间、地点、经过，并立即向值班经理汇报；值班经理接到报告后，应立即派保安主管和警卫人员到现场了解情况，保护和维持现场秩序。对于严重的事件，保安部经理要亲自到现场调查，同时向值班总经理报告，在必要情况下需要向当地公安部门报告。此时，保安部人员应对违法人员进行合法监控，等待公安人员前来处理。事件处理完毕后，保安部要详细记录备案。

6. 防爆处理

防爆就是指人为的爆炸破坏事件。随着国际恐怖分子活动的猖獗，防爆也成为饭店工作内容之一，饭店因此要制定相应的措施预防此类恶性事件的发生。

第一，饭店应明文规定，严禁客人携带易燃、易爆、剧毒、腐蚀性和放射性等危险物品带入楼层，如果发现应及时处理，严重的报告公安部门。

第二，饭店不得存放任何危险品。

第三，饭店应教育员工学习防爆知识，制定防爆方案，进行防爆演习。

第四，对于发生爆炸后的现场，立即组织人员保护现场，并通知公安机关，等待防爆人员前来处理。如果有人员伤亡，应协助医生进行救护。

第五，事故处理完毕后，做出详细的报告并存档。

7. 自然灾害事故的处理

威胁饭店安全的自然灾害有地震、水灾、飓风、龙卷风、暴风雪等。客房部应制定具体的安全计划，内容包括以下几个方面：

①客房部及其各工作岗位在发生自然灾害时的职责和具体任务。

②应具备各种应付自然灾害的设备器材，并定期检查，保证其处于完好的状态。

③情况需要时的紧急疏散计划。

8. 住客醉酒的处理

饭店经常发生客人饮酒过量现象，此时客人处于不能自控状态，处理起来要格外谨慎。

①对醉酒轻的客人，可婉言劝导，安置其回房休息。

②对醉酒重不听劝导的客人，要协助保安人员将其制服，送回客房，以免其扰乱其他住客或伤害自己。

③对醉酒客人的房间要特别注意观察,防止客人在失去理智时破坏房间设备或因吸烟引起火灾。

④若服务员在楼层走廊遇见醉酒客人,不要单独扶其进房甚至为其宽衣休息,以免客人酒醒后发生不必要的误会。

【案例阅读】

酒醉耍无赖

一天,小李和小刘当班,一位客人住进饭店802房。客人看上去30多岁,喝得醉醺醺的。在走廊橘黄色的灯光下,可以看到他面色通红,额上几根被酒力所激发的青筋在凸动。

"靓女,拿酒水来。"客人冲着她们大喊,并斜着眼看着小刘。小李看到客人一脸醉相,还如此贪杯,真为小刘担心。小刘答应一声,跟服务中心联系,拿了一瓶酒。这时,小刘要求小李跟她同去802房,谁想到刚进客人房间,客人却指着小李说:"你进来干什么?我只要她送酒,你出去!"小李便退回在门口等小刘。小刘小心翼翼地走到客人的旁边,将酒放下,正想抽身离去,不想客人却一拍桌子道:"靓女,你怎么啦?还不快为我斟酒!"小刘十分戒备地、小心翼翼地对客人劝道:"先生,请你不要多喝了,过量会醉酒伤身的,是不是?……"客人瞪着眼说:"什么醉酒,什么伤身?我没醉,再来两瓶也不会醉。"小刘吓得倒退半步。她仿佛感觉到,客人的脸不仅是红色的,而且红得发紫,非常触目。客人看小刘亭亭玉立、洋溢着女性的青春和魅力,便一手拿过酒,身体向前一倾,一把将小刘拉过来,并搂住她的腰说:"小姐,你真美,陪我喝酒吧。"刹那间,小刘大惊失色。小李马上对着对讲机喊:"张领班,听到没有?请您带保安员到802房。"小李随即冲入房间。客人见到小李,便喊:"你进来干什么?出去!"小李急中生智,忙对客人说:"先生,您酒杯里怎么有些会动的东西?好像有虫子掉进去似的。"客人心里一惊,马上往酒杯望,挽住小刘腰的手自然松了。小李赶紧用力拉小刘挣脱客人的手起身,并说道:"真对不起!我们还要招呼其他客人呢。"

这时,张领班和保安员已来到802房。客人嘴里叫着:"靓女,你别走,别耍我,我要你陪我喝酒。"张领班见状,并没有冲动,而是耐着性子上前对他说:"先生,您需要些什么?"客人说:"你别管,我只要她陪我。"张领班没有责怪客人,极力沉着地说:"先生,您累了,先安静的休息一下,我们给您倒杯水来。"他立即用眼神示意小李去"拿水"。小李给客人送上一杯可以醒酒的"果汁",哄他喝下去。客人喝了果汁后,逐渐感觉舒服一点,就让服务员出去了。

【评析】

其一，一个“酒鬼”独自来开房，拼命酗酒，且情绪非常低落，在这种状态下的客人，最容易失态和发怒，也容易出现酒醉失控，因而导致了本案例中“酒鬼”搂住服务员的腰等极端状态的发生……。如果客人与服务员失去理智，都不愿意去理解对方，发生冲突的可能性就会大大增加。对这起突然发生的事件，服务员小刘和小李都比较沉着，采用“冷却”处理法，用“哄”、“稳”的办法使客人安静下来，使客人免受进一步“刺激”，从而使事端得到了化解。当然，这也要看具体情况发生变化的程度而论，如果不是小李设法让小刘挣脱客人，饭店的其他人员或保安也要防范及协助处理的。饭店如遇借酒醉打人或有拿出凶器者，保安和员工应该特别警惕，实施必要的自卫；可能的话，应在不伤害客人的情况下将其制服。若情况更加恶劣的话，还可以报警处理。

其二，本案例中的酒醉客人可以说是神经失控。有此症的客人，具有敏感、易变等不完整的人格。他们有这样几种情感：厌倦、脾气乖戾；急躁、大惊小怪；兴奋、易激动；无礼、事必挑剔；敏感、难以预料。这类客人最难服务，对饭店员工是最大的挑战。这些客人会要求服务员提供热情满意的服务，或对服务员有过分的要求，甚至蛮横无理。若双方不能相互理解时，矛盾冲突或就范就可能发生。这需要客房服务人员努力做到尊重和理解对方。当然，失控型的客人，通常情况下的比例较小，但随着社会的发展，生活节奏日益加快，外在压力的增大，人们体验的失败感越来越多，导致神经失控的客人有增加的趋势。从旅游饭店业的角度来说，没有选择客人的权利，必须用积极的态度、较强的心理素质去对待各种各样的客人，化解各式各样的“无理取闹”。若能做到这点，也算是达到一种至高服务的境界。

【案例】

某公司的丁助理一行 5 人来到 A 饭店，准备参观一下开会场地，因为该公司下个月要举办为期 3 天的训练讲习。丁助理在饭店业务部林主任的陪同下前往大会议厅参观。由于大会议厅场地宽敞，恰好符合这次大型讲习会人数多的要求，且大会议厅格局、装潢和设施都令人满意。林主任也胸有成竹地准备接下这个讲习会。不过，丁助理和随行人员始终觉得有点不对劲，原来这里不时传来低微的怪气味，似乎是霉味。原来这是发自地毯的怪味。

“好吧！谢谢林主任的解说，我们会好好考虑。”丁助理一行客气地告辞。但自此以后，该公司人员再也没有和林主任联络。后来林主任才知道，这笔生意已经被其他饭店接走了。

请分析：

①丁助理为什么没有选择A饭店？

②在本案例中，谁应承担接待讲习会失败的责任？

③你认为地面的清洁保养对饭店的业务经营有何影响？谈谈你的看法。

【复习思考题】

1. 客房内如何防止偷盗事件的发生？
2. 客人离店后，服务员在查房时发现客房内少了一条毛巾，应如何处理？
3. 如何预防火灾的发生？
4. 灭火的方法和灭火器主要有哪些？
5. 对醉酒客人应如何处理？

第七章　乡村旅游导游基础知识

【学习目标】

- 了解导游服务的产生和发展，熟悉导游服务的原则
- 熟悉导游资格考试和导游证的相关知识
- 掌握导游人员应具备的基本素质
- 熟悉入境旅游团人数变更的处理方法
- 掌握导游过程中相关问题的处理
- 掌握交通事故、治安事故、火灾事故的预防措施和处理方法以及旅游者受伤、骨折、溺水的预防措施和处理方法
- 掌握导游常用方法

【引导案例】

2005 年 8 月 28 日，陕西洛川，一场旅游途中突如其来的车祸，让原本充满欢声笑语的车厢顿时陷入了极度的恐慌之中。旅游大巴车被撞得严重变形，车内血肉模糊，乱作一团。危急时刻，车厢里传来导游文花枝“挺住！加油！”的鼓励声。这个声音虽然微弱，却透着一股沉稳、坚定，像黑暗中的一线光束，让受伤、受惊的游客从死亡的噩梦里看到生的希望。事后许多亲历者都说，正是这个很有穿透力的声音，给了大家支撑下去的勇气。其实，在这起 6 人死亡、14 人重伤、8 人轻伤的重大交通事故中，文花枝是伤得最重的一个，但重伤的她一直牢记着自己的神圣职责。当施救人员一次次向她走过来，她总是吃力地摇摇头说：我是导游，我没事，请先救游客！在长达 2 个多小时的救援时间里，她多次昏迷，但只要一醒过来，就不停地为大家鼓劲、加油。文花枝是最后一个被救出来的。她左腿 9 处骨折，右腿大腿骨折，髋骨 3 处骨折，右胸第四根至第七根肋骨骨折。

由于延误了宝贵的救治时间，医生不得不为文花枝做了左腿截肢手术。她才 20 多岁，正是一个女孩最宝贵灿烂的青春年华。半个多月后，得知自己失去了一条腿的残酷事实，出事之后一直没有流泪的文花枝流泪了。文花枝一直是一个用真诚和微笑对待游客的阳光女孩。她常说：作为导游就是要把游客当成朋友和亲人。每带一个团，她都按事先的承

诺服务;每到一个地方,她都提醒游客购物要谨慎;每到吃饭的时候,她都先安排好游客,自己最后才吃。游客称赞,她是我们人品上的“导游”,是我们职业道德的“导游”。

第一节　导游服务的产生与发展

一、导游服务的产生

导游服务是旅游服务的一个组成部分,是在旅游活动的发展过程中产生,随着旅游活动的发展而发展。

(一)旅游开端

世界公认的第一次商业性旅游是1841年由英国人托马斯·库克(Thomas cook)组织的。1841年7月初,在他居住的莱斯特城不远的拉夫巴勒要举行一次禁酒会。为了壮大这次会的声势,托马斯·库克在莱斯特城张贴广告、招徕游客,组织了570人从莱斯特前往拉夫伯勒参加禁酒大会。他向每位游客收费1先令,为他们包租了一列火车,做好了行程的一切准备,使这次短途旅行十分成功。这次旅行成为公认的近代商业性旅游活动的开端。

后来欧洲及北美诸国和日本纷纷仿效托马斯·库克组织旅游活动的成功模式,先后组建了旅行社或类似的旅游组织,招募陪同或导游,带团在国内外参观游览。这样,在世界上逐渐形成了导游队伍。

(二)中国导游服务沿革

中国第一代导游员出现于1923年8月,即上海商业储备银行的旅游部组建之时。中国导游服务至今经历了4个发展阶段。

1. 起步阶段(1923—1949年)

1923年8月,上海商业储备银行总经理陈光甫先生在其同仁的支持下,在该银行下创设了旅游部。1927年6月,旅游部从该银行独立出来,成立了中国旅行社,其分支社遍布华东、华北、华南等15个城市,由此,我国出现了第一批导游人员。

2. 开拓阶段(1949—1978年)

新中国成立后,我国旅游事业有了进一步发展。第一家旅行社“华侨服务社”于1949年11月在厦门筹建,12月正式营业。1954年4月15日,中国国际旅行社在北京西交民巷4号诞生。其后又在各地设立分支社,主要负责接待外宾,为外国人来华旅游提供方便,但不承担自费的接待任务。1964年6月,国务院批准成立

“中国旅行游览事业管理局”作为国务院直属机构，加强对旅游事业的组织和领导。在此期间，我国的导游队伍逐渐形成，规模约有二三百人，懂十几种语言。在周总理提出的“三过硬”（思想过硬、业务过硬、外语过硬）原则指导下，他们是国际导游队伍的一支后起之秀，为我国旅游事业的发展、创立中国导游风格、总结导游工作经验和扩大我国在国际旅游市场中的影响起到了重要作用。

（三）发展阶段（1978—1989 年）

中国共产党第十一届三中全会后，我国实行对外开放政策，吸引了大批海外旅游者涌入我国，国内旅游也蓬勃发展。为适应旅游业的大好形势，1978 年，中国旅行游览事业管理局改名为“管理总局”，各省、市、自治区都设立相应的旅游局。1980 年 6 月，中国青年旅行社总社成立；邮电、教育、铁路等部门也相继成立了旅行社。1984 年后旅行社外联权下放，全国各行业和地区性旅行社迅速发展。到 1988 年底，全国形成了以中国旅行社总社、中国国际旅行社、中国青年旅行社为主干框架的近 1 600 家旅行社体系，全国导游人员迅速扩大到 25 000 多人，他们为这一时期我国旅游业的发展做出了贡献。

（四）全面建设导游队伍阶段（1989 年至今）

为了整顿导游队伍，使导游服务水平适应我国旅游业大发展的需要，1989 年 3 月，国家旅游局在全国范围内进行了一次规模空前的导游资格考试，自此，每年举行一次全国性的导游资格考试。这标志着我国开始迈入全面建设导游队伍的阶段。

为进一步规范导游服务、加强导游管理，1994 年国家旅游局决定对全国持有导游证的专职及兼职导游员分等定级，划分为初级、中级、高级、特级 4 个级别，进一步加强导游队伍建设。同年，国家旅游局联合国家技术监督局发布了《导游员职业等级标准》（试行），1995 年发布《中华人民共和国国家标准导游服务质量》，1999 年 5 月国务院颁发《导游人员管理条例》，这标志着我国导游队伍的建设迈上了法律进程。2001 年，国家旅游局颁发《导游人员管理实施办法》，决定启用新版导游证，实行导游计分制管理，并运用现代科学技术手段建立导游数据库，在全国范围内推行导游电子信息网络化管理。2002 年，国家旅游局开展整顿和规范旅游市场秩序活动，把全面清理整顿导游队伍作为 3 个重点环节之一来抓，明确提出：严厉查处乱拿、私收回扣，打击非法从事导游活动，坚决清理一批政治、道德、业务素质不合格的导游人员，建立和完善“专职导游”和“社会导游”两套组织体系和教育管理体系，全面推行导游计分制管理和 IC 卡管理。这些举措促进了导游工作的规范化和导游队伍的建设。目前，我国已形成了一支由职业导游和兼职导游组成的专业队伍。

二、导游服务的类型与范围

(一)导游服务的类型

现代导游服务大致分为两大类:图文声像导游和实地口语导游。

1. 图文声像导游

图文声像导游亦称物化导游。它包括:导游图,交通图,旅游指南,景点介绍册页、画册,旅游产品目录,有关旅游产品、专项旅游活动的宣传品、广告、招贴以及旅游纪念品,有关国情、景点介绍的录音带、录像带、电影片、光盘、幻灯片。在有的景点内还设有录像室及声光模拟实物,帮助游客对景点的历史、布局等有个基本了解。

2. 实地口语导游

实地口语导游,亦称讲解导游,包括导游人员在旅游过程中向游客所做的介绍、交谈和回答问题以及在游览现场的导游讲解。

随着时代的发展、科学技术的进步,导游服务方式将往多样化、高科技化方向发展。图文声像导游形象生动、便于携带和保存的优势将会进一步发挥,在导游服务中的作用将会进一步加强。然而,与实地口语导游相比,图文声像导游只能处于从属地位,起着减轻导游人员负担的辅助作用。实地口语导游将永远是最重要的,因为现代旅游活动更需要导游人员提供富有人情味的服务。

(二)导游服务的范围

导游服务范围是指导游人员向旅游者提供的服务内容。导游人员向旅游者提供的服务是多方面的,涉及面很广,但大体上可归纳为两大类:导游讲解服务和旅行生活服务。

导游讲解服务和旅行生活服务相辅相成。通过导游讲解,让旅游者认识一个国家(地区),从而扩大一个国家(地区)的传统文化和现代文明的影响;通过良好的生活服务,使旅游者了解一个国家(地区)人民的以礼待人、热情好客的美德以及他们的精神面貌和道德水准。认真做好旅行生活服务工作,可以使旅游者确信与这样的导游人员在一起,旅游活动一定会顺利,从而对其产生信任感,逐渐消除初见时的陌生感。提供良好的生活服务,使旅游者生活丰富多彩,精神轻松愉快,游兴浓郁。客、导之间关系融洽,有利于旅游者集中精神认真听取导游人员的讲解,从而使讲解服务取得良好的效果。

总之,导游人员不仅要努力提高导游讲解服务的质量,也要尽心尽力地照料好游客的旅行生活,多提供富有魅力、具有针对性的服务,使他们在旅游中获得最大的享受。

三、导游服务的原则

为了做好导游服务工作，导游人员应该遵循下列基本的服务原则："游客至上"原则、"履行合同"原则、"安全第一"原则和"合理而可能"原则。

（一）"游客至上"原则

"游客至上"是旅游行业的座右铭。这不仅是招徕游客的宣传口号，更是旅游行业的服务宗旨、行动指南，也是旅游服务工作中处理问题的出发点。

"游客至上"，意即在游客和旅游行业的关系中，游客总是第一位的，没有游客，旅游服务的价值就无从体现，导游服务也就失去了存在的必要。

"游客至上"，要求导游人员尊重游客，真心实意地为游客服务。

"游客至上"，要求导游人员在为游客服务时必须符合国家和旅游行业的有关规定，服务质量必须达到国家和行业制定的标准，并努力将规范化服务与个性化服务、细微化服务有机地结合起来，从而向旅游者提供高质量的导游服务。

"游客至上"，要求导游人员平等待客、礼貌待客，热情地为每一位游客服务，对每一位游客都一视同仁，提供同等的优质服务。

（二）"履行合同"原则

中国国家旅游局发布的《旅行社管理条例》明确规定，旅行社组织旅游者旅游，应当与旅游者签订合同。

作为旅行社的代表，导游人员处在旅游接待的第一线，要不折不扣地按照旅游合同规定的内容和标准向旅游者提供导游服务，将维护旅游者的合法权益作为自己的服务准则，并据此对其他旅游服务的供给进行监督，并处理旅游过程中发生的问题。

（三）"安全第一"原则

保护旅游者的生命财产安全是导游人员头等重要的责任。一旦发生安全事故，不仅旅游者身心痛苦，也会使旅游服务部门的一切努力付之东流，还会造成经济损失，影响旅游企业乃至地区、国家旅游业的声誉，有时也会危及导游人员自身的安全。因此，导游人员必须树立"安全第一"的思想，在带团过程中提高警惕，常备不懈，加强安全防范，保护旅游者的安全。同时，还要时刻提醒旅游者注意安全。

（四）"合理而可能"原则

满足旅游者的正当要求，使他们愉快地度过旅游生活是导游人员的主要任务。旅游者提出合理要求，要是能够办到的，即使很困难，会给导游人员增添不少麻烦，导游人员也要尽力予以满足。如果旅游者提出的要求是合理的，但实在无法满足，导游人员也要实事求是地说明原委，必要时还需赔礼道歉。游客提出不合理要求，导游人员要婉拒,但要讲清道理。“合理而可能”原则既是导游服务原则,也是导游人员处理问题、满足游客要求的依据和准则。

四、导游服务的发展趋势

(一)导游内容的高知识化

导游服务是一种知识密集型的服务,即通过导游人员的讲解来传播文化、转递知识,促进世界各地区间的文化交流。在未来社会,人们的文化修养更高,对知识的更新更加重视,文化旅游、专业旅游、科研考察的发展,对导游服务将会提出更高的知识要求。

(二)导游手段科技化

随着科学技术的发展,将来还会有更先进的科技手段运用到导游工作中来。如图文声像导游、网络导游等先进的导游手段,在游览前或在游览现场引导游客参观游览过程中,不仅让游客看到(听到)旅游景观的现状,还进一步了解其历史沿革和相关知识,起到深化实地导游讲解和以点带面的作用,现已成为导游工作不可或缺的辅助手段。

(三)导游方法的多样化

旅游活动多样化的趋势,尤其是参与性旅游活动的兴起和发展,要求导游人员随之变化其导游方法。参与性旅游活动的发展,意味着人们追求自我价值实现的意识在不断增强。追求自我价值不仅体现在工作中,人们还将其转移到了娱乐活动之中。人们参加各种节庆活动,与当地居民一起活动、生活,还在旅游目的地学习语言、各种手艺和技能,甚至参加冒险活动。这要求导游人员不仅会说(导游讲解),还要能动,与游客一起参加各种活动。

(四)导游服务的个性化

今天的社会是个性张扬的社会,个性化发展成为时代的主题。人们对旅游的需求呈现个性化,旅游产品的消费也呈现个性化的趋势。导游服务的个性化要求我们导游人员要根据游客的个性差异和不同的旅游需求提供针对性的服务,使不同的游客获得更大的心理满足;另一方面,导游服务的个性化有利于导游人员根据自己的优势或特长、爱好,形成自己的个性风格,朝品牌化导游发展,给游客留下特色鲜明的印象。

(五)导游职业的自由化

从世界各国导游发展的历史来看,导游人员作为自由职业者是必然趋势。他们身份自由、行动自由、收入自由,靠为游客提供良好的服务和高尚的职业道德取得社会认同,收入取决于上团机会;服务水平高、个人声誉好的上团机会就多,收入就高，体现了“优胜劣汰”的原则。目前，我国各地区成立的导游公司或导服中心就是这一趋势的反映。

【案例阅读】

国家旅游局驻新加坡办事处今日收到一封来自菲律宾的表扬信，信中高度评价了成都市光大旅行社导游徐春梅忘我为游客服务的精神。表扬信全文如下：

今年我社着力推动中国西南地区的旅游线路，特别是素有“童话世界”美誉的九寨沟自然风景区。许多菲律宾客人游览后都留下了很好的印象，其中特别值得一提的是以成都光大旅行社徐春梅小姐为代表的导游队伍，海外游客们给予了很高的评价，称徐春梅小姐为“导游典范”。

今年秋天，我社有一位团友曾先生在九寨沟旅游期间，出现严重的高原反应，徐小姐迅速安排救护，并派车送曾先生到医院抢救，不幸的是曾先生在送医院途中去世。徐小姐镇定地与当地的医院、旅游、公安部门等有关单位协调，办好一切手续。另外，一位团友后来由于高原反应也住进医院，徐小姐特意留意在医院照顾我们的团友，一直到最后在厦门送团友夫妻出境。为此她还推掉了下一个团的导游计划。徐春梅小姐的全心服务得到了全体团员的高度赞扬。

徐春梅不单得到这一个团的赞扬，在今年9～10月份，他们带团队的5个旅游团全部对她的导游工作给予了极高肯定。菲律宾最大华文报《世界日报》社长陈先生也是我们的团友，他告诉我们，徐小姐不辞辛劳地工作，让客人们非常感动，大家不忍心看她那么辛苦，甚至强迫她停止工作，必须休息。

徐小姐工作出色，使得旅游团的客人们不但领略了中国的美丽风光，而且对中方各个部门工作人员一并留下了很好的印象。很多团友回到菲律宾以后在同事朋友宣传中国的见闻，还在报纸上刊登了许多赞美的文章。我们认为，徐小姐真心诚意地为游客服务，她的优秀品德代表了中国的优秀传统。

第二节　导游人员

一、导游人员的概念和分类

（一）导游人员的概念

导游人员是指依照《导游人员管理条例》的规定取得导游证和接受旅行社的委

派并为旅游者提供向导、讲解及相关旅游服务的人员。这个概念具有以下含义：

①从事导游业务的资格即按规定参加导游资格考试、取得导游证。

②从事导游活动的前提即经旅行社委派。

③从事导游业务活动的内容即向旅游者提供向导、讲解及相关旅游服务。

(二)导游人员的类别

由于工作范围、业务内容不同，服务对象和使用语言各异，导游人员的业务性质和服务方式也不尽相同，即使是同一位导游人员，由于从事的业务性质不同，所扮演的社会角色也随之变换。而且，世界各地对导游人员类型的划分也各不相同，因而很难用一个世界公认的标准对导游人员进行分类。本书是从中国的实际情况出发，分别从不同角度对我国的导游人员进行分类。

1.按业务范围划分

导游人员按从事的业务范围可以将其分为出境旅游领队人员、全程陪同导游人员、地方陪同导游人员。

(1)出境旅游领队人员

出境旅游领队人员简称领队，是指依照《出境旅游领队人员管理办法》规定取得出境旅游领队证和接受具有出境旅游业务经营权的国际旅行社委派并从事出境旅游领队业务的人员。

(2)全程陪同导游人员

全程陪同导游人员简称全陪，是指受组团旅行社委派，作为组团社的代表，在出境旅游领队人员和地方陪同导游人员的配合下实施接待计划，为旅游团(者)提供全程陪同服务的工作人员。

这里的组团社或组团旅行社是指接受旅游团(者)或海外旅行社的预订，制定和下达接待计划，并可提供全程陪同导游服务的旅行社。

这里的领队是指受海外旅行社的委派，全权代表该旅行社带领旅游团到中国进行旅游活动的工作人员。

(3)地方陪同导游人员

地方陪同导游人员简称地陪，是指受接待旅行社委派，代表该接待旅行社实施接待计划，为旅游团(者)提供当地旅游活动安排、讲解、翻译等服务的工作人员。

这里的接待社或接待旅行社是指接受组团社的委托，按照接待计划委派地方陪同导游人员、负责组织安排旅游团(者)在当地参观游览等活动的旅行社。

总之，从业务范围看，出境旅游领队人员和全程陪同导游人员的主要区别在于出境旅游领队人员带领中国旅游团进行出境旅游，而全程陪同导游人员则带领入境旅游团或国内旅游团(者)在我国境内旅游，一般不跨越国界；地方陪同导游人员的工作范围就在其服务的地区。

从业务内容看,出境旅游领队人员、全程陪同导游人员的工作基本相同,主要是进行旅游活动的组织和协调并提供全程陪同服务;地方陪同导游人员既承担当地旅游活动的组织、协调任务,又要进行导游讲解或翻译工作。

2.按使用的语言划分

按导游人员使用的语言可以将其分为外语导游人员和中文导游人员。

外语导游人员是指运用外语从事导游服务的人员。目前,他们的服务对象是入境旅游的外国旅游者和出境旅游的中国公民。

中文导游人员是指能使用普通话、地方方言或少数民族语言,从事导游业务的人员。目前,这类导游人员的主要服务对象是在国内旅游的中国公民和入境旅游者中的港、澳、台同胞。

3.按职业性质划分

导游人员按职业性质可以将其分为专职导游人员和兼职导游人员。

(1)专职导游人员

专职导游人员是指在一定时期内以导游工作为主要职业的导游人员。这类导游人员与旅行社签订有正式的劳动合同,是当前我国导游队伍的主体。

(2)兼职导游人员

兼职导游人员亦称业余导游人员,是指不以导游工作为主要职业而是利用业余时间从事导游工作的人员。

4.按技术等级划分

导游人员按技术等级可以将其分为初级导游人员、中级导游人员、高级导游人员和特级导游人员。

(1)初级导游人员

获《导游人员资格证》1 年后,就技能、业绩和资历对其进行考核,合格者自动成为初级导游人员。

(2)中级导游人员

获初级导游人员资格 2 年以上,业绩明显,经考核、考试(笔试、口试),合格者晋升为中级导游人员。他们是导游队伍的业务骨干。

(3)高级导游人员

取得中级导游人员资格 4 年以上,业绩突出,在国内外同行和旅行商中有一定影响,经考核、考试,合格者晋升为高级导游人员。

(4)特级导游人员

获高级导游人员资格 5 年以上,业绩优异,有突出贡献,有高水平的科研成果,在国内外同行和旅行商中有较大影响，经评审、考核和考试，合格者晋升为特级导游人员。

二、导游人员的职责

（一）导游人员的基本职责

根据当前我国旅游业的发展状况和导游服务对象，导游人员的基本职责如下：

①根据旅行社与游客签订的合同或约定，按照接待计划安排和组织游客参观、游览。

②负责为游客导游、讲解，介绍中国（地方）文化和旅游资源。

③配合和督促有关单位安排游客的交通、食宿等，保护游客的人身和财物安全。

④耐心解答游客的问询，协助处理旅途中遇到的问题。

⑤反映游客的意见和要求，协助安排游客会见、会谈活动。

（二）全程陪同导游人员和地方陪同导游人员的职责

1. 全程陪同导游人员的职责

全程陪同导游人员是组团旅行社的代表，对所带领的旅游团（者）的旅游活动负有全责，在全程旅游活动中起着主导作用。全程陪同导游人员的主要职责如下：

①实施旅游接待计划 。按旅游合同或约定，实施组团社的接待计划，监督各地接待旅行社执行计划的情况和接待服务质量。

②组织协调工作。协调导游服务集体各成员之间的合作关系，督促、协助各地方接待旅行社安排、落实各项旅游活动，照顾好游客的旅行生活。

③联络工作。负责旅游过程中组团社和各地接待旅行社之间的联络，做好旅行各站之间的衔接工作。

④维护安全、处理问题。在旅游过程中维护游客的人身、财物安全，处理突发事件。

⑤宣传、调研。宣传中国（地方），解答游客的问询；了解外国（外地），转达游客的意见、建议和要求。

2. 地方陪同导游人员的职责

地方陪同导游人员是地方接待旅行社的代表，是旅游接待计划在当地的具体执行者，是当地旅游活动的组织者。地方陪同导游人员的主要职责如下：

①安排落实旅游活动。根据旅游接待计划，科学、合理地安排旅游团（者）在当地的旅游活动。

②做好接待工作。认真落实旅游团（者）在当地的迎送工作和食、住、行、游、

购、娱等各项服务。在全程陪同导游人员、出境旅游领队人员的配合下，做好当地旅游接待工作。

③导游讲解。做好旅游团(者)在当地参观游览中的导游讲解和翻译工作，耐心解答游客的问题。

④维护安全。维护游客的安全，做好事故防范和安全提示工作。

⑤处理问题。妥善处理当地各相关服务单位之间的协作关系，以及旅游团(者)在本站旅游过程中可能出现的各类问题。

【案例阅读】

在平时的接待工作中，甘玲不仅耐心、细心，不厌其烦地讲解，还为游客提供个性化服务，形成了独特的讲解风格，为不同国家、不同地区、不同职业的游客带来了欢乐。

近年来，单身或者离婚的旅游者比较多。他们常一个人来旅游，心情不好，性格孤僻。甘玲在为他们提供服务时，不是光顾自己讲，还注意他们的反应，想办法让他们多说话，让他们能够宣泄自己的郁闷。她的努力收到很好的效果，许多客人感觉在桂林的日子非常愉快。

一次，甘玲接待了一个以色列旅游团，客人对桂林前面的中国3个城市地方陪同导游人员都不满意，并且发生争执。到桂林后，甘玲以诚恳的态度、热情的服务、客观的介绍，给客人很好的感受。例如，在往返龙脊的路上，客人七八次要求停车照相，甘玲都能做通司机工作，请司机配合停车，在确保安全的情况下满足客人需要。以色列领队和客人都非常满意甘玲的工作，写信到旅行社要求甘玲以后专门接待以色列团，以后许多重要的以色列团也指名要甘玲接待。

从毕业到现在，甘玲已经做了21年导游，接待过2 000多批海外游客。他们大多来自世界各地的英语国家。甘玲优质的服务深得外宾的喜爱，年年都得到大量的表扬。每次旅游结束评价导游服务，客人在《意见表》上大多数填写的都是“优秀”，优秀率高达98%。

三、导游人员的素质与修养

(一)树立新的服务观念

20世纪60年代，我国旅游界根据周恩来总理等国家领导人对翻译人员的要求，提出翻译导游人员必须政治素质过硬、语言过硬和业务过硬。但是，几十年来，我国旅游业快速发展，要观念上、角色上和所起作用已有新的变化。

在观念上，导游人员要具有市场观念、产品质量意识和竞争意识。

在角色上，导游人员应意识到自己是导游服务的供给者，要具有很强的服务意识、很高的服务技能，努力满足游客的正当需求。

在作用上，导游人员应认识到自己的作用是协助旅行社实现旅游产品的消费价值，帮助游客最大限度地享受到旅游产品的使用价值。

(二)导游人员的基本素质

导游人员良好素质的标准是：成为有理想、有道德、有文化、有纪律的社会主义导游人员。导游人员的工作繁杂、责任重大，因而对一名合格导游人员的素质要求是多方面的，不过基本上可以将其归纳为思想素质、道德素质、知识素质、技能素质、心理素质和身体素质6个方面。

1.思想素质

爱国主义意识是在任何时代、任何国家的伦理道德的核心。爱祖国、爱家乡、爱社会主义制度是中国导游人员的首要美德。同时，导游人员还要具备很强的服务意识，时刻不忘“游客至上”、“服务至上”旅游服务宗旨，真心实意地为游客服务。

2.道德素质

导游人员应具有健康的政治素质、高尚的情操，不断提高判断是非、识别善恶、分清荣辱的能力，抵制形形色色的物质诱惑和“精神污染”。导游人员要做好导游服务工作，首先要学会做人，要尊重他人，要诚信待人，要将个人的功利追求和国家利益融合起来。导游人员要自尊、自爱，时时维护自己的人格尊严，绝不为蝇头小利而做有损人格、国格之事。

3.知识素质

随着时代的发展，现代旅游活动更加趋向于对文化、知识的追求。人们出游，除了消遣，还想通过旅游来增长知识、增加阅历、获取教益，这就对导游人员提出了更高的知识要求。

丰富的知识是搞好导游服务工作的前提。导游讲解必须以丰富的知识作后盾，讲解内容要丰富，要言之有物，内容要健康，要有情有趣；讲解内容要有根有据，而不是胡编乱造。这就表明，导游服务工作本身要求导游人员具有真才实学，知识要丰富、涵盖面要广。事实也证明，导游人员的知识越丰富，信息量越多，就越有可能把导游工作做得有声有色，就能在更大程度上满足旅游者的知识需求。

【案例阅读】

张晓国毕业于长春大学外国学院日语旅游专业，是我国较早的日旅专业本科毕业生。毕业后的10多年，他一直坚守在旅游工作第一线，勤于思考，善于总结，以独特的视角把山河之秀、城市之美传递给广大宾客，使旅游通过自己的服务获得高品位的享受和愉悦，以高尚的职业情操和对导游工作的强烈自豪感，温暖、感动着一批批游客，被称为“学者型导游”。

有一次，他接待日报青山大学古陶瓷考察团。当按照考察团提供的资料找到博山区辞村后，却竟然连村支书都不知道考察团要参观的古瓷窑旧址的确切位置。张晓国凭借着自己的知识积累，根据考察团提供的资料，按图索骥，一个多小时之后，终于在村外的玉米田里找到那片古窑址。日本教授们欣喜若狂，团长握着张晓国的手激动得连连说：“谢谢！谢谢！”

他的解说，总能够给游客带来美丽的感受。在接待北京宣武区职教中心优秀教师团时，从泉城济南到圣城曲阜，再到五岳之首泰山，他的解说一路上充满诗情画意，与山水圣境浑然一体。三天导游行将结束的时候，这个团队感谢张晓国的美丽解说，竟然专门在济南天龙大厦歌舞厅为他举行了告别仪式。仪式上，这个团的领队说：“3天的山东之旅给我们留下了深刻而美好的记忆，3天里我们参观了人文的最高峰——曲阜三孔、自然的最高峰——东岳泰山和人情最美的城市——泉城济南，我们很幸运遇到了一个能把山水说活的好导游。”

在很多人看来导游只是一份普通的服务工作，既没有多大技术难度，也不需要高深的学问，但张晓国不这样认为。他说，导游是“博学家”，要拿出“学无止境”的劲头去学习。为此，在校期间他就以学习刻苦而走遍了黑龙江、吉林、辽宁、北京、山西、陕西、河南、山东，积累了大量的一手素材，锻炼了解决实际问题的能力。

4.技能素质

通常，一个旅游团是因为旅游而临时组织起来的，旅游者之间可能本来素不相识，他们的层次往往参差不齐，他们的文化修养不同，生活习惯、兴趣爱好也有较大差异。为了圆满做好导游服务工作，导游人员不仅要具有较强的实力，也要掌握必不可少的服务技能，还要注意工作时的方式、方法。

导游人员的服务技能范围很广，主要要具备独立工作能力 、组织协调能力、善于和各种人打交道的能力、较高的公关能力、导游讲解能力 、特殊问题的处理和突发事件的应变能力等。

5.心理素质

导游服务的复杂性和特殊性决定了导游人员不能只掌握一些操作技能，而是要全面培养自己的各种能力：敏锐的观察能力、准确的判断能力、冷静的思维能力、较强的自控能力等。这些都属于人的心理素质范围。导游人员的良好心理素质是导游活动成功的重要保证。导游人员应该是一个心理健康的人，是一个十分自尊的人，是一个无论在什么情况下都不会放纵自己、感情用事的人。

【案例阅读】

吉林市雾凇旅行社一男性导游徐敏超带着该旅行社一行40人的“夕阳红”旅行团在丽江古城四方街游览。该团队3月26日从吉林出发，旅游线路为吉林—贵阳—昆明—大理—丽江—昆明—张家界—吉林。从昆明到丽江时，由昆明大家旅行社导游“省陪”彭丽萍一路陪同接待，到丽江后，徐敏超和彭丽萍带游客到古城四方街游玩。

然而，在从昆明至丽江期间，徐敏超几次与彭丽萍为团队的行程、进店等安排发生争执。到了丽江后，两人再次为团队的安排发生争吵，徐敏超还拉扯了彭丽萍。彭丽萍不但不听，还自行安排了团队在古城自由活动，后彭丽萍离开。

4月1日16时21分左右，徐敏超带着极其不满的情绪进入古城区食品公司门市专营工艺品店。徐问店内的寸金莲有没有刀，寸说有把小刀。寸刚把小刀拿出来，就被徐一把将刀抢过去，一刀扎在寸金莲的脖子上。随后，徐就从店里跑出到大街上，沿途见人就捅，先后被捅伤20人，其中游客17人，在古城经商的3人，9名男性，11名女性。

丽江市古城区委宣传部部长李朝红告诉记者，徐敏超本来情绪就不太好，从昆明到丽江途中，一路上为游客进店购物等问题，多次与昆明大家旅行社导游彭丽萍发生争执；到了丽江古城后，彭丽萍又擅自改变行程路线，这样就使徐产生了过激行为。

6. 身体素质

导游服务工作是一项脑力劳动和体力劳动高度结合的工作。为了适应这项工作，导游人员不仅要有丰富的知识、较强的语言表达能力和娴熟的服务技能，还必须有健康的身体。导游服务工作要求导游人员能走路、会爬山，能适应各地的气候、水土和饮食；能为旅游者四处奔波，满足他们的正当要求、解决他们的困难；能适应长期在外、连轴转带团、体力消耗大、无法正常休息的工作特点。

第三节 旅游接待中一些主要问题和事故的预防与处理

一、旅游活动计划和日程变更的处理

旅游者到旅游目的地后要求延长或缩短在当地的活动日程，或要求留在当地

而取消下一站的旅游行程，导游人员一般应婉言拒绝，说明当地接待旅行社不能单方面不执行旅游合同。如果是出境旅游领队人员提出此类要求，地方陪同导游人员不能当场拒绝，而应通过当地接待旅行社报告组团社，根据组团社的决定，或接受变更要求，或婉言拒绝。

(一)延长活动日程的处理

旅游团误了飞机，如果只能在第二天乘坐同一航班离站，在旅游地的活动日程就延长了一天，地方接待旅行社和地方陪同导游人员应立即行动，正确处理。地方陪同导游人员应与计调人员联系，商量旅游团继续游览的计划；计划一确定就带领旅游者游览，提供热情周到的导游服务。

(二)缩短活动日程的处理

旅游团推迟抵达旅游地，相应缩短了在当地的活动日程。得知旅游团推迟一日抵旅游地的确切消息后，导游人员要与计调部门一起确定新的接待计划。只要时间许可，一定要将原计划中的参观游览的景点及其他活动都安排进去，保护旅游者的合法权益。时间不许可，就选择最具代表性、最有特色的旅游景点，让旅游者对当地旅游资源有个基本的了解。

由于旅游目的地方面的原因，旅游团被迫提前离开旅游地，地方陪同导游人员一般应这样处理：旅游团一到，立即与全程陪同导游人员、出境旅游领队人员商量，实事求是地说明情况，提出应变计划；向旅游团中有影响的人物说明情况，诚恳地赔礼道歉，详细介绍应变计划，争取他们的谅解和支持，然后分头做旅游者的工作，立即带领旅游团外出游览；由当地接待旅行社办理退房、退餐、退车等相关事宜，通知组团社和下一站接待旅行社；必要时经旅行社领导同意可加酒、加菜和赠送小纪念品；若旅游者反应强烈，可由旅行社领导出面表示歉意并提出补偿办法。

旅游团延长或缩短在一地的活动日程，导游人员还应注意：缩短行程，导游人员应尽力不让旅游者感到损失太大；延长行程，不要让旅游者感到在本地浪费时间；在一地延长或缩短行程超过半天，地方接待旅行社要报告国内组团社；必须将行程变化的信息及时通知下一站。

(三)取消一地行程的处理

取消旅游团在某站的活动日程，一般都由天灾造成。自然灾害迫使旅游团滞留某地，导游人员应及早报告组团社，由其决定变更旅游团行程，导游人员遵照执行，带领旅游者前往某地继续旅游，但事先必须实事求是地将组团社的决定向旅游者说明。

(四)活动内容变更的处理

有时，计划中列出的景点实际上已经不存在，或计划中的某一景点由于自然因素(大雪、洪水、地震等)无法前往,或某一景点正在大修而无法参观。遇到此类情况,应实事求是地说明情况,提出替代项目;继而详细介绍替代项目,激起旅游者游览替代项目的兴趣;然后带领旅游者进行游览活动,并提供精彩的导游讲解以及高质量的服务。

【案例阅读】

1997 年 2 月,某旅行社接待香港某旅行团。按照旅游合同约定,该旅行团在北京游览 4 天,2 月 11 日游览长城、2 月 12 日游览颐和园、2 月 14 日参观市容后乘机离境。该旅行社导游人员××未征得该旅行团的同意,擅自对旅行团日程作了变更,将游览长城的日期改为 2 月 14 日。该旅行团曾对此变更提出质疑,××未作任何解释。2 月 13 日,北京下了一场大雪。2 月 14 日清晨,旅行团车到八达岭脚下,由于积雪封路无法前行,该团只得返回。翌日,该团离境返港后向旅游投诉中心投诉。

【评析】

国务院颁布实施的《导游人员管理条例》规定:导游人员应当严格按照旅行社确定的接待计划,安排旅游者的旅行、游览活动,不得擅自增加、减少旅游项目或者中止导游活动。导游员××未征得该团同意擅自改变日程属于违反合同的行为,并且此行又给游客造成一定的损失;2 月 14 日,不能游览长城是由于天气和路况等无法预料、无法克服、无法避免的原因造成的,属于人力无法抗拒,但起因是旅行社的违约行为。依据《旅行社质量保证金赔偿试行标准》第八条一款:导游员擅自改变活动日程,减少或变更参观项目,旅行社应退还景点门票、导游服务费并赔偿同额违约金。依据《导游人员管理条例》第二十二条第二款:导游人员擅自变更接待计划的,由旅游行政部门责令改正,暂扣导游证 3～6 个月;情节严重的,由省、自治区、直辖市人民政府旅游行政部门吊销导游证并予以公告。处理如下:

①旅行社退还长城景点门票、导游服务费。

②旅行社赔偿长城景点门票、导游服务费同额违约金。

③暂扣导游员××导游证 3 个月。

二、漏接、空接、错接的预防和处理

(一)漏接的预防和处理

漏接是指旅游团抵达机场、车站,没有导游人员迎接的现象。漏接会造成旅游团原地滞留、活动受阻、影响行程等一系列麻烦。

1. 漏接的预防

导游人员接站前，一定要详细审阅接待计划，问清是否有计划外通知。接站前要与机场、车站联系，最好与上一站接待旅行社联系，做好计划时间、时刻表时间、问询时间三核实，还要核实确切的接站地点。提前 30 min 到达接站地点。站在醒目位置，举接站牌迎接旅游团。

2. 漏接的处理

得知旅游团已抵达旅游地，导游人员必须立即赶去与旅游团会合，实事求是地说明情况，诚恳地赔礼道歉，以求旅游者谅解。如果是外来因素造成的漏接，地方陪同导游人员要认真解释，消除误解，更加热情周到地为旅游者服务，更精彩的导游讲解，高质量地完成旅游接待任务，尽快消除旅游者因漏接造成的不愉快。旅游者因等不到导游人员而乘坐出租车前往下榻的饭店，导游人员应主动支付相应的费用。

【案例阅读】

1998 年春节将至，××夫妇才决定到衡山、井冈山旅游。因为是旅游旺季，连续致电了几家旅行社，都因客满而遭拒绝。后找到 A 旅行社，这时离出发日期只剩 2 天。当××夫妇等坐火车抵达衡阳时，却久候无人接车。经人指点，××夫妇找到当地负责接待的 B 旅行社，但该旅行社却称当天并无 A 旅行社的接团计划。××夫妇无奈，只好自己游玩。回穗后即向旅游质量监督管理部门投诉。

【评析】

旅游质量监督管理部门审理认为：这是一宗漏接的质量事故。经查：漏接的原因是 A 旅行社在旺季期间临时组团，在未落实好对方接待旅行社的情况下即发团到当地，并误将当地接待旅行社 C 社当做 B 社通知客人，造成漏接。A 旅行社应承担赔偿责任。

(二)空接的原因和处理

所谓空接，是指导游人员按预定计划前往机场、车站接站，但没有接到旅游团的现象。

1. 发生空接的原因

地方陪同导游人员按原计划前往接站，但飞机没有抵达。造成此类现象的原因是：气候的突然变化或机械故障，飞机没有起飞或滞留在途中某地，上一站旅行社不知道，也就无法通知本站接待旅行社；上一站旅行社知道，但因应对突发事件，无暇顾及通知本站；已经通知本站，但接待旅行社没能及时通知导游人员。

导游人员按原计划前往接站，飞机、火车准时抵达，但没有接到旅游者，这类情况的成因可能是：旅游团在上一站误了飞机、火车，或上一站旅行社改变了旅游团的行程或改换了交通工具，但没有及时通知本站当地接待旅行社；通知了本站当地接待旅行社，但没有及时通知导游人员；旅游者（主要是散客）因生病、急事，临时取消旅游计划，但没有及时通知旅行社，造成空接。

2. 空接的处理

一旦发生空接，地方陪同导游人员应按下列步骤处理：

①排除漏接。飞机、火车准时抵达，导游人员接不到旅游团（者）时，首先应排除漏接的可能。与旅游团下榻的饭店联系，核实旅游团是否自行到了饭店。

②请旅行社查明原因。经核实，旅游团（者）推迟抵达旅游地，导游人员要听从接待旅行社的安排，或在机场、车站等待，准备迎接不久后来到的旅游团（者），或离开机场、车站，重新安排接团事宜。经核实，旅游团（者）次日抵达旅游地，当地接待旅行社要重新安排住房、餐饮、车辆，地方陪同导游人员要与计调部门协商，重新安排活动计划。经核实，旅游团（者）取消当地的行程时，当地接待旅行社应立即取消一切预订事项，如退掉住房、餐饮、车辆和交通票证，并及时通知组团社和下一站接待旅行社（如果有下一站活动的话）。

【案例阅读】

一个18人的旅游团，原计划当日晚20:00由桂林飞抵北京，但那天桂林两江机场因故临时空中管制，计划中的航班都无法按时起飞，全程陪同导游人员忙于关注事态发展，未能及时通知旅行社，造成了北京的空接事故。全程陪同导游人员和地方陪同导游人员都不知道对方的手机号码，所以北京地方陪同导游人员虽然在机场与多方联络，但毫无结果；加上北京当地接待旅行社计调部门的疏忽，将计划书上的旅游团出发城市桂林错写成贵阳，致使地方陪同导游人员没能发现桂林的航班没有准点起飞的情况。该团最终于次日到达北京，但因全程陪同导游人员没有掌握联络电话，造成全团近6 000元的损失。

【评析】

案例中的旅游团推迟到次日抵达北京，北京地方陪同导游人员应按空接的方式处理。

从案例中可得以下教训：

①全程陪同导游人员必须随时将旅游团行程中任何变化通知相关人士，旅行社则应及时通知下一站地方接待旅行社。

②北京当地接待旅行社最好在团队抵达的当天与上一站当地接待旅行社联系，再次确认旅游团抵达的准确时间。

③手机是最方便的联络工具，导游人员在接团时一定要将其处于最佳状态。当然，导游人员必须记住必要的电话号码。

④计调人员要加强责任心，下达的接待计划必须正确无误。

(三)错接的预防和处理

所谓错接，是指导游人员接了不应该由他接的旅游团(者)的现象。错接是责任事故，是由于导游人员责任心不强、粗心大意造成的。

1. 错接的预防

认真阅读接待计划，掌握旅游团的相关信息。接到旅游团后，导游人员要认真核实其团名、代号，核对人数，问清领队姓名等；如果是散客，要问清旅游者的全名和国籍。杜绝迟到现象，警惕非法导游接走旅游团(者)。

2. 错接的处理

通常，发生错接，必然伴生漏接，即错接的导游人员应接的旅游团发生无人迎接的现象。

发现接错旅游团(者)，导游人员应立即报告接待旅行社，请其寻找接待该旅游团的旅行社和导游人员；找到了应立即办理移交手续，并说明情况，还要因自己的不认真给人家添麻烦赔礼道歉。

同时，地方陪同导游人员应设法寻找自己的旅游团，找到后，要向旅游者实事求是地说明情况，真诚地赔礼道歉。若发现非法导游接走了旅游团(者)，地方陪同导游人员应立即报告接待旅行社，请其协助寻找。若找到非法导游，由有关部门予以严肃处理。

【案例阅读】

S市的Z旅行社有2个旅游团到杭州旅游，相同的旅游计划，乘坐的火车班次、行程、人数、标准也相同，只是杭州的接待旅行社不同，分别为X旅行社和Y旅行社，地方陪同导游人员分别是小张和小李。当他们在车站出口处迎接旅游团时，只见两个旅游团，举着同一旅行社的小旗，戴着相同的帽子，并背着相同的行李袋，小张首先很高兴地迎上前去，确认了人数，便热情地招呼大家上车。小李见到小张已带走一队，自己就直接把另一个团带走了。直到吃晚餐时，小李才发现，此团并非自己计划要求所接旅游团。

【评析】

两位地方陪同导游人员没有认真核对组团社全程陪同导游人员的姓名、旅游团人数、团名(编号)等；全程陪同导游人员也犯了同样的错误，没有与地方陪同导游人员认真核对接待旅行社地方陪同导游人员的姓名等。这属于导游员粗心大意造成的错接。处理措施如下：

①由于该案例中的错接发生在两家旅行社，所以，小李发现错接后，应立即打电话向旅行社领导汇报，实事求是地说明情况，请求旅行社处理。

②在旅行社安排下，小李与小张取得联系，确定交换旅游团的准确时间、地点及办法。

③两位导游员应分别向客人诚挚道歉，并各自写出书面检查，找出错接的原因，保证在以后的接团中要吸取教训，不再让类似事故在自己的导游工作中发生。

三 误机、误车事故的处理和预防

误机、误车事故属重大事故，往往会造成重大的经济损失和不良影响。

(一)误机、误车事故的处理

发生误机、误车事故，地方陪同导游人员应正确处理。导游人员应该立即报告接待旅行社。接待旅行社与各方联系，争取旅游团乘下一航班、火车或包机、加挂车厢或改乘其他交通工具前往下一站，并及时通知下一站接待旅行社。旅游团当天走不了，就由接待旅行社解决其滞留在当地期间的食宿和交通车辆以及离开当地的交通票证等事宜。事故责任者应该诚恳地向旅游者赔礼道歉，提供热情周到的服务。旅行社领导应该出面向旅游者道歉并予以安慰。

旅游团因导游方面的原因，延误离站，费用由当地接待旅行社承担；对旅游者的经济补偿经协商处理；事故责任人的赔偿金额由旅行社决定。问题严重者，由当地旅游行政管理部门吊销其导游证并予以公告。

(二)误机、误车事故的预防

发生误机、误车事故，无论怎样处理，总会有旅游者不满意，而且这类事故会对旅行社造成经济损失和不良影响。所以，此类事故重在预防，设法杜绝。对导游人员和其他旅游从业人员加强教育，制定必要的规章制度，强化管理。制定严密、有效的接待工作程序，建立岗位责任制并严格执行，加强接待工作各个环节的联络检查和审核制度。事故责任者不能只检讨了事，还必须承担相应的经济损失并接受处罚。

导游人员要加强责任心，认真做好旅游接待工作；送站前，切实做到四核实并问清具体的送站地点。导游人员要与计调部门和行李员、司机紧密联系，相互配合，共同做好送站工作。有关规章制度，导游人员必须遵照执行，不得我行我素，不能只凭经验办事。要充分考虑各方面的因素，安排充裕的时间，提前到达机场、车站。

【案例阅读】

一个40人的国内旅游团，计划于4月15日15:30乘火车离京前往西安。旅游团在一家大型商场旁的餐厅用餐，午餐于13:00结束，旅游者要求去商场购物，地方陪同导游人员起先不同意，但经不住旅游者的坚持要求，还是同意了，不过一再提醒大家1 h后一定要返回原地集合。

1 h后只有38人回来，差2人。等了一会儿，地方陪同导游人员让已经回来的旅游者在旅游车上休息，自己与全程陪同导游人员及2名年轻旅游者进商场寻找。找到此2人时，离火车离站时间只有约20 min，旅游车赶到北京火车站，火车已经离站。

【评析】

这起误车事故的责任在地方陪同导游人员，他犯了以下2个错误：

①地方陪同导游人员同意旅游者去商场购物，违反了“旅游团离站当天不得让旅游者自由活动，不带旅游者去大型商场购物”的纪律；38人已经返回，地方陪同导游人员应该让全程陪同导游人员携票证带旅游团先去车站等候，自己留下寻找走失者，而他却让所有的人在旅游车上休息。

②旅游者进了商场，一旦分散活动，就是再三强调集合时间，不少人还是会因选购中意商品而忘了时间。导游人员应该充分认识到这一点。为了避免旅游者饭后购物，地方陪同导游人员可以安排午餐时间略晚，或用餐时间拖得长一点，以免留有足够的时间让旅游者产生购物欲望；或与计调部门商量更换餐厅，不安排旅游团在靠近大商场的餐厅用午餐。

四、旅游者丢失证件、钱物、行李的预防与处理

(一)预防

旅游期间，旅游者丢失物品是比较常见的现象。但是，丢了证件、行李和贵重物品，不仅给旅游者造成诸多不便和烦恼，也会给导游人员带来不少麻烦和困难。因此，导游人员要采取有效措施，防止遗失事故的发生。导游人员要不厌其烦地反复提醒旅游者保管好自己的证件、财物，这是防止物品遗失或失窃的最有效的方法。

导游人员不保管旅游者的证件和贵重物品，游客的物品应由游客自己保管。需要旅游者的证件时，由出境旅游领队人员收取，用毕立即归还并当面点清。旅游团离开旅游地时，导游人员要检查自己的行李，若保存有旅游者的证件原件和物品，应立即归还。

在旅游地游览期间，导游人员要随时提醒司机在旅游者下车后关好旅游车的

门窗，最好不离开旅游车；若离开，一定要锁好车门。旅游者返回上车时，导游人员和司机要尽量阻止小商贩上车兜售商品。如果有行李员接送行李时，地方陪同导游人员要严格按规定检查、清点、签字、交接，认真做好行李的交接工作。

(二)旅游者遗失证件的处理

外国游客丢失护照，导游人员首先要帮助寻找，安慰失主，设法稳定其情绪，让其回忆证件可能放在什么地方，可能在哪个环节丢失，帮助在可能的范围内寻找。确认证件遗失后，由接待旅行社开具证件遗失证明，失主去当地公安局出入境管理处报失，申请、领取《护照报失证明》。失主持《护照报失证明》和照片去所在国驻华大使馆、领事领馆申请新护照或临时证件。失主持新护照或临时证件再去当地公安局出入境管理处申请入境签证并办理出境签证。一切费用由失主自理。

【案例阅读】

一个波兰旅游团在北京游览的第四天，上午参观天坛，下午逛王府井。一位老先生在外文书店前突然焦急地叫起来，说放在上衣口袋里的护照不见了，全程陪同导游人员在附近陪游客购物，得知消息后赶了过来，一面安慰老人，一面迅速用手机与地方陪同导游人员联系。地方陪同导游人员到后，请老人认真回忆，在身上与腰包中寻找；确认护照丢失后，地方陪同导游人员将此事通报了接待旅行社，写好波兰大使馆的地址，让全程陪同导游人员带失主去北京公安局和波兰大使馆办理相关手续，自己则带领旅游团其他成员继续在王府井逛街、购物。

【评析】

导游人员要熟练掌握导游业务的方方面面，才能有条不紊地处理旅游者证件丢失事故。

处理这类事故的时候，导游人员还应注意以下几点：

①导游人员之间要密切合作，才能既办好事情又不影响旅游团的游览活动。

②把知情范围尽量控制在相关几个人之内，以免影响其他游客的游兴；事后要一再提醒游客保管好自己的证件、财物，避免发生类似事故。

(三)旅游者丢失财物的处理

旅游者的财物丢失或被盗，导游人员要设法寻找。一经确定财物丢失或被盗，立即向公安机关报告，必要时向保险公司报案；及时报告旅行社，听取指示并开具遗失证明。丢失的如果是贵重物品，失主应持报失证明、本人护照或其他有效身份证件到当地公安局出入境管理处填写《失物经过证明》，列出失物清单；丢失的如果是入境时向海关申报的物品,失主应出示《中国海关行李申报单》；丢失的如果是行李申报单,要在公安局申请办理《中国海关行李申报单报失证明》;遗失的如果是在国外办理了财产保险的物品,要在公安局出入境管理处办理《财物报失证明》;遗失旅行支票、信用卡等票证,失主应同时向公安局和相关银行报失。

(四)旅游者行李遗失、损坏的处理

托运的行李遗失,责任一般在航空公司,导游人员可按下列程序认真处理:

与失主一起去机场行李查询登记处办理行李丢失认领手续,出示证件、机票和行李卡并填写《丢失行李登记表》,写明航班号、始发站、经停站、行李件数、大小、形状、特色、标记、颜色等。留下失主姓名、下榻饭店名称;同时记住登记处的电话、联系人姓名、有关航空公司的地址、电话等。在旅游地期间,地方陪同导游人员应当着失主的面,多次打电话询问行李查找进程。行李一时找不回来,导游人员要协助失主购买必要的生活用品,并提醒他保存购物发票。离开旅游地时还找不着行李,导游人员应将旅游团在中国的全部行程(旅游路线、抵达各地的日期、接待旅行社名称和将下榻的饭店)转告有关航空公司,以便找到行李后及时交还失主。行李确系丢失,协助失主按规定索赔(根据中国民航的规定,行李丢失 30 天后可以开始索赔进程,行李最高索赔金额为每千克 50 元人民币;乘坐国际航班的旅客丢失托运的行李,不按重量计算赔偿金额,而是每件赔偿 1 000 特别提款权,约合 1 350 美元)。

在饭店找不着行李处理时,地方陪同导游人员应联系该团的出境旅游领队人员、全程陪同导游人员,一起去找饭店大堂值班经理,了解哪个行李员或行李组分送该团行李;与行李员一起查清行李的下落;如果行李员找不到行李或说话吞吞吐吐,就得追查行李员的责任;行李确系丢失,就应追查相关人员的责任;导游人员协助失主购置生活必需品,照顾好他的生活并帮助他按规定索赔。写出书面报告。

在机场发现行李破损,导游人员应该陪同行李的主人去行李查询处填写《行李运输事故记录》。行李送到客房后,旅游者发现行李破损,一般应追查饭店行李员的责任。行李破损,一般先由旅行社垫付,然后向保险公司索赔。赔偿的方式有:现金赔付、以坏换新、退旧买新(凭发票报销)、修理后凭票据报销。

五、旅游者走失的预防和处理

(一)旅游者走失的预防

在前往景点的旅游车上,地方陪同导游人员要详细通报当天的活动安排:上午、下午的活动地点,午餐、晚餐的用餐时间、餐馆名称和地址;在景点示意图前讲清游览路线、所需时间,强调集合的时间和地点,提醒旅游车的特征、车号和停车地点。旅游者离开饭店时，提醒他们带好饭店卡片；参观游览时，提醒旅游者跟上团队，不要误入叉道，不要离团在一旁自由活动或摄影时间过长；自由活动时，提醒旅游者不要走得太远，不要回饭店太晚，不要去热闹、拥挤、秩序乱的场所等。参观游览中，每次转移时，都要清点人数，发现少人，要及时寻找。参观游览时，地方陪同导游人员、全程陪同导游人员和出境旅游领队人员要密切配合：地方陪同导游人员举社旗走在队伍前面，引导旅游者观景赏美并做精彩讲解，全程陪同导游人员和出境旅游领队人员则殿后，注意旅游者动向，必要时提醒旅游者跟上队伍，防止旅游者走失。

（二）旅游者走失的处理

旅游团在景点游览结束集合时，发现有人没有及时赶到，地方陪同导游人员一般应这样处理：等待一会儿后，迟到者还没有到，地方陪同导游人员就请出境旅游领队人员照顾已到者，自己则与全程陪同导游人员回原路分头寻找。认真寻找后仍找不到走失者，就应求助于景点管理处和景点派出所，请求广播找人或请管理处通知景点工作人员帮助寻找。寻找一段时间后，地方陪同导游人员可与旅游团下榻饭店联系，查询走失者是否已自行返回饭店。仍然找不到走失者时，地方陪同导游人员应将走失情况报告接待旅行社，必要时拨打 110 报案。找到走失者后，要予以安慰，不可指责、训斥，但要提醒走失者或其他旅游者多加注意，以免再次发生走失事故；如果发生其他事故，按事故性质妥善处理。写出书面报告。

得知旅游者外出时走失，导游人员应立即报告接待旅行社和饭店保卫部门，请求指示和帮助；通过旅行社或饭店向公安机关报案，并告知走失者可以辨认的特征，请求帮助寻找。找到走失者，应予以安抚，稳定他的情绪；必要时提出善意的批评，并以此为戒，提醒旅游者避免再次发生类似事故。若发生其他事故，视具体情况妥善处理。写出书面报告。

【案例阅读】

地方陪同导游人员小吴带领旅客在某景区游玩。王太太告诉小吴：王先生不知去向。由于景区较大，且有几个出口，小吴当即和全程陪同导游人员商量，从游客中挑选了 2 位能干的先生与他们分头去找。剩下的游客焦急地等待着，可一直不见他们踪影。离景区关门时间不多时，4 个人才匆匆忙忙从不同方向赶回来。小吴抱歉地对大家说："我们找遍了景区，也没有发现王先生。由于时间关系，司机将带各位先回饭店。我去景区派出所报案……。"旅客顿时怨声一片，小吴觉得非常委屈。

【评析】

①发现游客走失时，小吴应首先了解情况，分析走失者可能在何时、何地

走失。

②迅速组织分头寻找，但不能让旅客参与寻找。

③请全程陪同导游人员或出境旅游领队人员留下照顾其他旅游者。

④在一时找不到的情况下，小吴应向景区派出所或管理处报告，请求他们帮助寻找。

⑤小吴还应打电话回饭店询问客人是否已自行回到饭店。

⑥小吴同时应向旅行社报告这一情况，并请求帮助。

⑦小吴不能因为王先生一个而放弃整个旅游团的行程，而应带领其他旅游者继续浏览。

六、旅游者患病、死亡问题的处理

(一)旅游者患病的预防和处理

1. 旅游者患病的预防

旅游活动安排要留有余地，要劳逸结合，使旅游者轻松愉快地在旅游地游览。游览活动不能安排太多、太满，不能将大运动量的活动集中在一起，以免疲劳旅游；晚间活动不宜太多、时间过长，应让旅游者早点休息，尽快恢复体力；旅游团中若老人多、体弱者多、小孩多，导游人员要结合他们的特点安排活动，行进速度要慢，活动量要适中。导游人员要随时提醒旅游者注意饮食卫生，不喝自来水、河水、不洁生水，不吃小摊上的食品；在餐馆用餐时，若发现提供的食物不卫生、变质变味时，导游人员要干预，与供给方交涉，让其调换并报告接待旅行社；每天早上出发游览时，导游人员要向旅游者预报当天的天气，并根据天气的变化，及时提醒旅游者增减衣服，带上雨具或遮阳伞帽；对南方来的旅游者，要提醒他们多喝水、多吃水果。

2. 旅游者患一般疾病的处理

有的旅游者习惯性晕车，也有人因太累、体弱而晕车，导游人员应给予必要的帮助。例如，乘车前，建议旅游者饮食不宜过饱，但也不宜空腹乘车，少食油腻食物，多食易消化食物；乘车时，尽可能将其安排在旅游车前部、顺方向座位，建议他少看车外移动物体；让其在乘车前 30 min 服用 1 片乘晕宁、2 片维生素 B_6 等；请其在脐部贴橡皮膏等。

早晨，旅游团集合出发游览前，有旅游者找到地方陪同导游人员，说他身体不适，希望留在饭店休息。地方陪同导游人员应怎样正确处理旅游者的这一要求？地方陪同导游人员应不动员他随团活动，并建议患病旅游者及早就医，安排好患病旅游者休息。回饭店后先探视患病旅游者。

(二)旅游者中暑、食物中毒的预防和处理

1. 中暑的预防和处理

在夏季旅游,气温高、相对湿度大,体弱疲劳的旅游者中暑时有发生。导游人员要采取有效措施,尽量避免中暑事故的发生;户外活动最好避开正午,并建议旅游者戴宽边帽或带遮阳伞;提醒老年体弱游客保存体力,多喝水;建议旅游者穿透气性好、宽松的衣服;提醒旅游者避免饥饿和过度疲劳;建议旅游者服用一些防暑降温药。

旅游者中暑后,立即将患者移至阴凉通风处,让其平卧并解开衣扣、裤带,通风降温。与医务人员联系,请其协助;饮用凉开水或含盐饮料;患者发热,可头敷湿毛巾,用凉水擦身降温;患者神志不清,可掐人中穴、双手合谷穴,促使其苏醒;尽快送往附近医院诊治。

2. 旅游者食物中毒的预防和处理

一定要在合同餐馆用餐;若发现餐馆的食物不洁、变质、有异味,应立即与餐馆交涉并及时采取有效措施。提醒旅游者不吃小食摊上的食品,不喝自来水或不洁生水;提醒游客不要随意采摘景点、景区中的野果食用,以免中毒;提醒游客吃买来的水果要洗净,最好去皮。

旅游者食物中毒后,反复多次催吐,直至呕吐物变清为止;疑为细菌性食物中毒时应立即禁食,请医务人员诊治,并封存患者所食用物品或呕吐物,以备查验;送中毒者到医院救治,要求医生开具"诊断证明",写明中毒原因;若旅游团集体中毒,必须立即报告卫生防疫部门,同时报告旅行社管理部门,追究有关单位的责任。

【案例阅读】

几年前,一北京旅游团游览九寨沟。从成都到九寨沟全程 385 km,且路况不好,加上用餐、如厕,旅游车走了约 10 h。到达一处山寨边时,大家看见路边有一筐筐水果,要求停车,很多人买了经不法商贩"加工"过的"新鲜"水果,当场食用,以求补充体能和水分。但没想到,不到 0.5 h,就有人说肚子不舒服,在随后的约 1 h 里,全团 30 人竟有 22 人发病,其中包括全程陪同导游人员。看到这种情况,地方陪同导游人员介绍再往前开车 1 h 后,就到松潘县城,那里有医院。于是旅游车赶往县城。导游人员则组织没有发病的游客,为病人喂水,帮他们擦汗,一路上安慰他们、照顾他们。在即将抵达县城时,地方陪同导游人员拨通了 120,很快,急救车就迎上来了,对重病号进行救治。当晚 7 点钟,全体人员到了县城。经过一夜紧急救治,除 2 人外,其他人基本康复。全程陪同导游人员、地方陪同导游人员和司机商量,决定由全程陪同导游人员留下照顾这 2 位游客,还留下其中一位游客的家属,其余游客则由地方陪

同导游人员带领前往九寨沟；与旅游者商量后，决定放弃海拔较高的黄龙景区。次日，留下的2位游客也已康复，搭乘别团的旅游车赶到九寨沟，与大家一起游览。

【评析】

①旅游卫生直接关系着旅游者的健康安全和旅游活动进程，导游人员对此绝不能有半点懈怠。

②反复强调饮食卫生的重要性，提醒游客不喝不洁之水，同时要特别注意时令水果、山珍、野味等食物的卫生。

③出现集体病状，不要慌乱，也不要延误时间，而应立即拨打120，向医生求援；切不可向游客随意提供药物。

④旅游团集体生病，有时不得不放弃某些活动，但事先要与旅游者商量。至于索赔，旅游者可参照旅游合同。

(三)旅游者患重病的处理

有一个英国旅游团在从上海飞往北京的途中，一位老人心脏病突然复发，病势严重，老伴在旁边吓得手足无措。面对这样突如其来的病情，全程陪同导游人员应沉着应对，让患者平躺，请其亲属或旅游团中某一位成员在老人身上寻找急救药，并让其服下(导游人员一般不找药)；求助于空勤服务人员，请其帮助在飞机上寻找医生，参与救治；借助机组的通讯设备，与北京急救中心和北京当地接待旅行社联系。

乘火车旅行时，旅游者突发心脏病，让其平躺、找药、找医生，然后与国内组团社联系，报告情况，由组团社与各方联系后做出决定，全程陪同导游人员应遵照执行。

在参观游览时，旅游者突然患病，让患者平躺、找药；拨打120，找救护车或求助景点的医务部门或找车送患者去附近医院；及时通报接待旅行社，请求必要的协助。

在饭店，旅游者突然患病，由饭店医务人员救治，然后送往医院；及时通报接待旅行社。

(四)旅游者死亡的处理

旅游者死亡，地方陪同导游人员应立即通知其亲属及组团旅行社。若死者是外国人，必须严格按外交部《外国人在华死亡后的处理程序》办理；应迅速通过外事部门与死者所属国家驻华大使馆、领事馆联系；为前来处理后事的死者亲属和大使馆、领事馆人员提供方便。

处理死亡事故，必须有死者亲属、出境旅游领队人员、大使馆、领事馆人员、旅行社领导在场，有时还需公安局、旅游局、保险公司的有关人员在场。正常死亡或死因明确的非正常死亡者的遗体一般不解剖；若死者亲属或死者所属国驻华大使馆、领事馆提出由其签字的书面申请，方可解剖遗体。非正常死亡者，为查明原因，需进行解剖时，由公安、司法部门按有关规定办理。

对遗体的处理，应尊重死者家属和其所属国大使馆、领事馆的意愿，可在当地火化，也可将遗体运回家。若运回遗体，要证件齐全，要消毒、防腐、密封到位。死者遗物，要清点造册，一式2份。清点人员在清单上签字，分别保存。遗物交亲属，或交出境旅游领队人员带回交死者亲属，或交死者所属国驻华大使馆、领事馆。

若举行追悼仪式或宗教祭祀仪式，导游人员要参加。死亡赔偿，按国家的有关保险规定妥善处理；死者生前办有人寿、医疗等保险，要为死者亲属办理人寿保险索赔、医疗费报销等有关证明。处理死亡事件，各类证件、证明必须齐全，事后存档；写出《死亡善后处理报告》。

七、旅游者越轨言行的处理

（一）攻击和污蔑言论的处理

有些境外旅游者对我国的方针政策不理解，有误解，在一些问题上存在分歧，有些言论越轨。这种现象一般是因不同的社会政治制度和不同的国情造成的。导游人员要积极地宣传中国，介绍我国的国情，认真回答旅游者的问题；面对少数人的越轨言论，导游人员要认真阐明我国对有关问题的立场、观点，求同存异。若有人肆意进行攻击、污蔑，导游人员要严正驳斥，驳斥要理直气壮、观点鲜明，要有理、有据，必要时要报告有关部门。

（二）违法行为的处理

若有人违法，一旦发现，导游人员应立即阻止，但要对其讲清道理并指出这种行为触犯了中国的法律。如果违法者由于对中国的法律缺乏了解而违法，听了导游人员的解释，就会停止活动；如果继续违法，就是明知故犯。不管出现哪种情况，导游人员都必须将违法行为报告有关部门并配合调查核实，按情节轻重，进行处理。

导游人员若发现旅游团中有人窃取机密和经济情报以及走私、贩毒、偷盗文物、卖淫、嫖娼等犯罪活动，应立即报告相关部门。

（三）宗教活动的处理

若有旅游者在大街小巷散发宗教宣传品或进行宗教宣传活动，导游人员一定要予以制止，并向其宣传我国的宗教政策，指出不经我国宗教团体的邀请和允许，任何人都不得在我国布道、进行宗教活动,不得在非宗教场所散发宗教宣传品。还应指出,持旅游L签证来中国旅游的外国人不得在我国从事与其身份不符的活动,如宗教宣传等。处理这类事件要注意政策界限和方式方法,对不听劝告者和有明显破坏行为者,应立即上报,并由司法部门处理。

若有人以旅游者的身份宣传邪教,进行邪教活动,导游人员要坚决制止并迅速报告有关部门,予以严肃处理。

(四)违规行为的处理

旅游者中总有一些人行为不检点,对景区、景点树立的醒目告示牌熟视无睹,明知故犯。导游人员在进行精彩讲解的同时,相机进行文物保护、环境保护的宣传。导游人员要讲清景区、景点的有关规定并一再提醒旅游者注意遵守。例如,有的地方禁止进入、禁止照相、禁止使用闪光灯;禁止乱涂、乱划;禁止践踏草地;禁止攀登;禁止采摘花草、果实,禁止采挖野菜;禁止随地吐痰、乱扔废弃物。导游人员还要注意旅游者的动向,防止少数人破坏景区、景点的环境,扰乱景区、景点的秩序。若发现违规行为,导游人员应予以阻止;若有人不听劝告、一意孤行,导游人员要报告有关部门,对其进行严肃处理。

女导游人员与异性旅游者交往时,不能太随便,切不可轻浮,而是要行为端庄、落落大方,显出不可侵犯的姿态。这样的女性,可使图谋不轨者望而却步。若有异性旅游者向女导游人员挑逗或提出非分要求,必须明确拒绝,言语不应激烈,但必须明确拒绝。如果有人怕搞僵关系而不明确表态,或因不好意思而脸红跑掉,就会给自己找来更多的麻烦。若有个别人蛮横无理,或纠缠不休,或行为粗野,女导游人员可以采取断然措施以求自卫并立即报告旅行社领导,情节严重者由有关部门依法处理。

八、旅游安全事故的预防与处理

(一)交通事故的预防和处理

1.交通事故的预防

提醒司机经常检查车辆,发现隐患要及时修理或要求更换车辆。行驶途中,导游人员不要与司机聊天,以免分散其注意力。然而,长途行车时,导游人员却要不时与司机聊两句,以免司机打瞌睡。安排日程,在时间上要留有余地,以免司机因赶时间而违章超速行驶,避免司机疲劳驾驶;在任何情况下,导游人员都不应该催促司机开快车,有时还要阻止司机开"英雄车"、"赌气车"。如遇天气不好(雨、雪、大雾)、交通堵塞、路况不佳尤其在窄道、山区行车时,导游人员要随时提醒司机注意安全,谨慎驾驶。如天气恶劣、发生灾害时,导游人员有权改变行程,甚至可调整日程安排，但事先应向出境旅游领队人员和旅游者讲清情况，征得他们的同意并及时报告旅行社。司机在工作期间不得喝酒。如果司机饮酒，导游人员要加以劝阻；若司机不听劝告，要立即报告旅行社，要求改派车辆或更换司机。非本车司机不得开车。导游人员若和司机有争执，待下团后解决，不要在接待过程中争执，以免司机赌气驾车。

2. 交通事故的处理

一旦发生交通事故，只要导游人员没有受重伤，神志还清醒，就应立即采取措施，冷静、果断地进行处理并做好善后工作。发生交通事故，应立即组织抢救，呼叫救护车或拦车护送重伤员去附近医院。发生事故，可能时要指定专人保护现场，避免在慌乱中破坏现场；立即拨打120报警；报告旅行社，通报事故情况，请求派人处理事故，派车来接安然无恙者和轻伤者或回饭店或继续游览；安抚旅游者，提供热情周到的服务，力争使旅游活动得以继续进行。在旅行社领导下，妥善处理善后事宜；事故查清后，告诉出境旅游领队人员，由其向全团通报事故原因、对死亡人员的抢救、处理经过等。写出详细的书面报告。

（二）治安事故的预防和处理

1. 治安事故的预防

在接待工作中，导游人员要始终提高警惕，采取有效措施并随时提醒旅游者，尽力防止发生治安事故。入住饭店后，提醒旅游者保管好贵重物品。向旅游者讲清外币兑换的有关规定，提醒他们不要私自与他人兑换外币，更不要在偏僻的地方与不熟悉的人兑换外币。提醒旅游者不要将自己的房间号告诉不熟悉的人；出入房间一定要锁好房门；晚间，不要有人敲门就贸然开门，以防意外；不要让不熟悉的人和自称饭店维修人员的人进入房间。

旅游车行驶途中，不得停车让非本车人员上车。若有不明身份者拦车，提醒司机不要停车。下旅游车时，提醒旅游者不要将证件和贵重物品遗留在车上；旅游者下车后，提醒司机关好车窗、锁好车门，不要让生人上车，不要离车太远；旅游者返回上车时，导游人员和司机要尽力阻止小商贩上车兜售商品。参观游览活动时，导游人员要始终和旅游者在一起，随时注意观察周围环境和旅游者的行踪，不时清点人数；发现可疑现象，尽力引领旅游者避开；在人多拥挤的公共场所，要提醒旅游者不要离开团队，注意保管好自己的证件、财物。

2. 治安事故的处理

遇到歹徒骚扰、行凶、抢劫，导游人员要临危不惧，绝不能临阵脱逃，可能时将旅游者转移到安全地点；导游人员要勇敢，但不能鲁莽行事，要防备歹徒的凶器，既要保护旅游者的安全，也要保护好自己。若旅游者受伤，应立即做好必要的伤口处理，尽快送往附近医院；尽可能保护现场；立即拨打110报警；公安人员赶到后，导游人员要积极配合、协助侦查；将案情报告接待旅行社领导，情况严重时，请领导到现场指挥处理。治安事故发生后，导游人员要设法稳定旅游者的情绪，如果后果不是很严重，就应设法继续进行旅游活动；在领导指导下准备好必要证明及相关资料，处理好种种善后事宜；注意破案情况，一有结果，由出境旅游领队人员向全团通报。写出翔实的书面报告，对旅游者的重要反映，力争用原话并注明反映者的身份。

(三)火灾事故的预防和处理

1. 火灾事故的预防

导游人员应提醒旅游者不要携带易燃、易爆物品，不在托运的行李中夹带易燃、易爆等违禁物品；提醒旅游者不在床上吸烟，不乱扔烟头和其他火种。入住饭店后，导游人员要熟悉所在饭店楼层的太平门、安全通道并向游客详细介绍；提醒他们熟悉客房门上贴的安全路线示意图，掌握失火时应走的路线；提醒旅游者，一旦发生火灾（地震、水灾等）时，不要乘坐电梯，只能从安全通道逃生。导游人员要牢记火警电话；掌握出境旅游领队人员及全团成员的住房号码，以便失火时及时通知他们。

2. 饭店失火时的应急措施

火速通知游客。导游人员获悉饭店失火，要立即报警，采取一切可行的措施通知出境旅游领队人员和全团旅游者。火灾逃生时，要轻装、快速、有序，避免摔倒，不盲目跳楼。导游人员撤至安全地带，就要寻找本团旅游者，让大家聚集在一起。发现有人失踪，应组织人力尽快寻找；如有人受伤，应及时救治。

发现火灾已晚，无法逃离火灾现场时，旅游者要设法自救：用湿毛巾捂住口鼻，趴在墙根，爬行穿越浓烟，爬到烟少的地方，避免被烟气熏呛烧伤或窒息，可能时打开窗户。大火封门时，或泼水降温，或用浸湿的衣被封堵塞严，越严实越好。房内有明火时，或泼水灭火，或用浸湿的被褥包住身体保护自己，等待救援。若身上着火，可能时就地打滚，或用浸湿的衣被压灭火苗。消防队员到来后，要一面高声喊叫，一面挥舞色彩鲜艳的衣物，争取救援。报告旅行社，正确处理善后事宜。翔实的书面报告

(四)旅游者受伤、骨折的预防和处理

提醒旅游者注意安全；照顾好老人，尽可能让他们走平坦的路；提醒父母照管好孩子，不要让他们乱跑，以免发生意外。旅游者受伤部位不同、轻重不一，处理方法自然就不同。游客擦伤皮肤，流血不多，导游人员可协助游客在附近寻找医疗点，消毒包扎；被动物咬伤，应去医院消毒、打破伤风针或狂犬疫苗等。小伤口进行

简单处理后就可以止血，较大的伤口一般可采用指压法、包扎法、止血带法等方法止血。较重的外伤在进行现场初步处理后应尽快送往医院。

旅游者骨折忌按摩揉搓。疑为骨折时，要让患者停止活动。对开放性骨折，必须进行必要的现场处理，设法止血、消毒。四肢骨折应设法就地取材进行固定。例如，用毛巾等垫好后，用布条将伤肢固定在厚纸板、平直的木板和树枝上。伤肢还可以采用以下方法固定在健肢或躯干上：右腿骨折，固定在左腿上；上肢骨折，固定在胸部；四肢骨折固定时，要上肢屈肘，下肢伸直，固定范围包括上下关节。脊椎疑为骨折时，让伤者平卧木板上，固定好后才能搬运。拨打120求助。

【案例阅读】

一旅游团在某名山游览，其中一位旅游者在登山时不慎摔伤，左手臂骨折，流血，疼痛不止。此时，地方陪同导游人员马上将随身携带的治疗跌打的内服药取出，让受伤旅游者服用。随后，地方陪同导游人员让全程陪同导游人员和另一位团员将受伤者送往医院治疗，自己则带团继续活动。

【评析】

①地方陪同导游人员不得擅自给受伤的游客用药。

②游客受伤骨折，地方陪同导游人员应就地先做初步处理：如骨折处出血，应立即采取止血措施；给受伤游客做简易包扎；为避免转动骨折肢体，应为伤者上好夹板。

③受伤游客的治疗费先由本人支付，然后再按有关保险规定处理。

④事后地方陪同导游人员应前往医院看望受伤游客。

（五）旅游者溺水的预防和处理

在河边、湖边游览时，地方陪同导游人员要提醒旅游者，尤其要提醒孩子、老人不要太靠河边、湖边行走，以免落水；在乘船和竹筏时，要提醒旅游者不要超载、不能打闹；不让旅游者在非游泳区游泳；在游泳区游泳前，要提醒旅游者做好全身准备活动，提醒水性不好者不去深水处游泳；提醒父母监护好自己的孩子；进行水上活动时，应提醒旅游者穿好救生衣、戴好救生圈等救护设备；将码头的电话告知旅游者，以备天气突变时与之联系。

有人落水或在游泳、水上活动时发生危险，导游人员应立即组织抢救，必要时请救生员、救生艇协助救援；落水者被救上岸后，帮助其吐出脏水，换上干衣服，让其喝姜糖水，以防感冒；对严重溺水者，应拨打120求助并及时报告旅行社。

（六）天灾逃生常识

1. 地震

室内遇险，应就地躲避：躲在桌、床等结实的家具下，尽量躲在小的空间内，例如卫生间、厨房或内墙角；可能时，初震后迅速撤至室外。室外遇险，切忌乱跑乱挤，不要扎堆，避开人多的地方；远离高大建筑物、窄小胡同、高压线；注意保护头部，防止砸伤。旅游团在游览时遇到地震，导游人员应迅速引领旅游者撤离建筑物、假山，集中在空旷开阔地。

地震时被压在废墟下、神志还清醒的幸存者，最重要的是不能在精神上崩溃，而应该创造条件脱离险境或保存体力等待救援。例如，若能挣脱开手脚，应立即捂住口鼻，以隔挡呛人的灰尘，避免窒息；设法保存体力，不要乱喊，而要听到外面有人时再呼救；若能找到水和食物，要计划使用，尽可能长地维持生命。

【案例阅读】

1996年2月，云南丽江发生大地震。晚7点钟时，突然，大地震颤。当时，一个上海旅游团正在集合，准备前去用晚餐。带团的是位有丰富经验的导游人员，发现发生地震，就镇定地高喊："大家不要乱跑，快到街中心来，这里没有建筑物，安全。"他一面把老人、孩子往人堆中推，一面让大家保护好头部。几秒钟后，古镇到处断墙残壁，周围一片漆黑。两位导游人员密切配合，一前一后带着旅游团在初震后几分钟内冲出险区，进入安全地带。

【评析】

①天灾无法预知，但一旦发生都很危险，导游人员一定要处乱不惊，引领全团旅游者冷静应对。

②地震时，让旅游者站到较宽阔的街中心，显示导游人员很有经验；若让旅游者各自乱跑逃生，危险性会增加。

③初震后，利用短暂的空隙时间，引领旅游者迅速撤离险地，非常必要。

④如果旅游团在人多拥挤、建筑物密集的地区遭遇地震，旅游团可能被迫解散，各自逃生，可能时导游人员一定要反复强调集合的时间和地点。

2. 海啸

海啸威力巨大，会在瞬间吞噬数十万人的生命。若遇到海啸，怎样应对？怎样逃生？一位杭州的女导游员为我们提供了很好的榜样。

【案例阅读】

2004年12月26日印度洋发生大海啸时，杭州的导游小姐正带领24人的旅游团在泰国普吉岛(PP岛)游览。下午，旅游团刚回饭店，突然听到后面传来巨响。她凭直觉，感到有一股不祥的气息，于是立即高喊：大家快上楼，都上到三楼以上来，可能有大海浪……顷刻，海水扑来，把岸上的所有东西撞成一团，到处一片狼藉。站在楼上的杭州姑娘，在清点人数时发现少了4人，于是不顾个人安危，踩着漂浮的冰箱、桌椅，在海水冲砸过的地方寻找自己的客人。终于,全团24人,一个不少地被她"集中"在饭店楼顶上,等候救援队伍的到来。

【评析】

①导游人员要有一种先期设想各式灾难的意识。

②人的生命安全第一,旅游者的生命安全最重要。

③处事沉着、反应机敏、果断行事,导游人员的这些心理素质在处理突发事件时显得特别重要。不管发生什么灾难,导游人员自己不慌乱,旅游者也就可能镇定,并能保持秩序,形成合力,形成团队智慧。这就有可能将灾祸的损失和影响降到最低。

④措施得当。导游小姐指挥大家往高处逃生,确保了旅游团的安全;她不顾个人安危寻找失散者,将大家"集中"在一起,相互照应,共渡难关。

这位杭州的导游小姐的行为可圈可点!她的行为为每个导游人员做出了榜样。

3.泥石流

在旅游团行程中如果有泥石流、滑坡多发地区,导游人员必须注意天气预报,若有连绵阴雨或大雨,要与旅行社或旅游者商量,对行程作必要的修改;暴雨刚停时,旅游团最好不要在山区活动。

泥石流发生时,不能在沟底停留,而应迅速向山坡坚固的高地或连片的石坡撤离,抛掉一切重物,跑得越快越好,爬得越高越好。切勿与泥石流同向奔跑,而要向与泥石流流向垂直的方向逃生。到了安全地带,旅游者应集中在一起,等待救援。

4.飓风

旅游团若遇强大风暴,尤其遇到龙卷风时,要采取自我保护措施。若在室内,最好躲在地下室、半地下室或坚固房屋的小房间内,避开重物;不能躲在野外小木屋、破旧房屋和帐篷里。若困在普通建筑物内,应立即紧闭临风方向的门窗,打开另一侧的门窗。若被飓风困在野外,不要在狂风中奔跑,而应平躺在沟渠或低洼处,但要避免水淹。旅游团在旅游车中时,司机应立即停车,导游人员要组织旅游者立即撤离,躲到远离汽车的低洼地或紧贴地面平躺,并注意保护头部。

第四节 导游语言与导游讲解

一、导游语言

(一)导游语言的概念

导游语言一般是指导游人员与旅游者交流思想、表达感情、指导游览、进行讲解、传播文化时使用的一种具有丰富表达力、生动形象的口头语言。

（二）导游语言的特点

导游讲解的内容面广、复杂，有的内容难度很高，而且往往没有时间字斟句酌，必须在现场正确、清楚地表达出来，这就决定了导游语言具有“快、急、难、杂”特点。

（三）导游语言的运用原则

导游语言是一种口头语言，它要求导游人员在工作现场能以准确、高雅的语言，生动形象地进行导游讲解；要求讲解内容趣味无穷，修辞优美，语调富有感情；要求讲解时语速适中，强弱相宜，高低和谐，转折自然，嗓音甜润悦耳。这样的导游讲解让游客听了感到舒服并难以忘怀。有志成为一名能进行高水平导游讲解的优秀导游人员，不仅要有坚实的语言（汉语、外语）功底，还要在运用语言时能遵循“正确、清楚、生动、灵活”四原则。

导游语言是思想性、科学性、知识性、趣味性的综合体。正确、清楚、生动、灵活是导游语言的基本要求，是导游人员语言技能的具体体现，四者相辅相成，缺一不可。

（四）导游语言的音调和节奏

导游语言是一种口头语言，从导游讲解的性质看，应该是一种艺术语言，讲究语调的高低强弱，语气的起承转合、自然流畅以及节奏的抑扬顿挫，即讲究语言的音乐性。为了充分发挥语言艺术的作用，要求导游人员努力使导游语言的音调和节奏运用得恰到好处，根据讲解对象的具体情况和当时的时空条件灵活运用，以求达到传情、传神的目的。

作为口头语言的导游语言在运用时必须掌握“适中”这个原则。“适中”，就是要求导游人员在导游讲解时声音强弱要适度，以旅游者听清为准（必要时可借助扩音器），避免声音过高或过低。声音太高造成噪声，令人讨厌；高声说外行话更让人瞧不起；声音太低，让人听起来费劲，会给人说话无把握、缺乏信心的印象。

二、应对技能

导游人员与旅游者的交往广泛，涉及的问题很多。“应答”、“道歉”、“拒绝”、“聚谈”是导游人员常用的应对技巧。

（一）应答

导游人员与旅游者在一起，一般是友好相处，有问有答，谈笑风生。但是，旅游者中总有那么一小部分人，或由于禀性，或由于误解、错觉，或故意发难，喜欢不时地刁难导游人员，还可能提出一些涉及政治方面的挑衅性问题。应对旅游者的刁难，处理挑衅性的问题，政策性强，但又不能回避，这要求导游人员沉着冷静，必要时据理驳斥，表明自己的立场、观点。

（二）道歉

导游人员一旦发现接待单位错了或自己错了，就应向旅游者道歉，越早越好。应真心诚意地向旅游者道歉，应实事求是地承认错误，大大方方地向旅游者道歉。导游人员知错就要勇于承认，知错就改，知错就要向旅游者真诚道歉，但不能大包大揽，把某事的所有责任都揽在自己身上。

（三）回绝

旅游者会提出种种要求，很多是合情合理的，也有可能办到的，但也会有一些不合理又不可实现的要求，甚至是些无理的要求。对于这类要求，导游人员无法或不能予以满足，就得拒绝。通常，旅游者大多是明白人，只要导游人员耐心地讲清道理，他们会接受导游人员的解释，会谅解导游人员。然而，拒绝旅游者的要求，不免会让部分旅游者失望，使他们感到伤了面子，客导之间也可能会失和，为短暂的旅游活动蒙上阴影。

导游人员既要拒绝旅游者的不合理要求，又不伤对方的面子，还能得到对方的谅解，这确实不容易做到。这就要求导游人员学会一些回绝旅游者的技巧和方法并正确运用。旅游者提出的要求虽然合理但实现不了，导游人员不能直截了当地一口拒绝，以免伤了对方的自尊心；最好是先肯定对方的要求，然后婉转地说明不能实现的理由。对旅游者提出虽然合理但难以实现的要求和建议，导游人员可用耸肩摊手的动作表示“无可奈何”、“办不到”。对不愿或不能应允的要求，导游人员可以微微一笑、摇摇头的方式回绝，或借故推脱。对一些棘手的问题，对有些无理取闹者、恶言伤人者，导游人员可以沉默来回答。这时，沉着冷静、沉默以对往往胜于雄辩。对一些难以回答的问题，导游人员可顾左右而言他，或设法回避。对一些原则性问题，对一些有伤风化或我国法律禁止的要求和建议，导游人员必须明确无误地拒绝。

（四）聚谈

导游人员与旅游者相处的时间不长，但应利用各种机会多与他们交谈，让他们更多地了解中国、了解首都，导游人员也在交谈中进一步熟悉客源国（地）。为了使聚谈成功，应该掌握谈话艺术并熟练运用，而高超的谈话艺术绝非一日之功，希望导游人员勤奋学习，虚心请教，勇于实践，并做有心人，长期总结、积累。

为了使聚谈愉快、成功，导游人员要善于选择话题。大家相聚交谈，话题不能太专，曲高则和寡，而要选择在场的大多数人感兴趣、大家都能说上话的内容，例如社会新闻、旅游奇观等。聚谈，忌讳令人扫兴、不愉快的话题。大家聚在一起，是为了寻求愉悦和舒畅，是为了增进相互了解，扫兴事会影响交谈者的情绪，会破坏社交气氛。聚谈,忌讳格调低下的话题,那些乱七八糟、博人一笑的庸俗内容绝不是导游人员与旅游者欢聚时的交谈内容。另外,导游人员与旅游者交谈,必须讲究语言文明,摒弃脏话、粗话等语言“垃圾”。客导聚谈,不涉及他人隐私,不在背后胡乱评论他人,不评论他人的服饰打扮,不对他人的生理特点尤其是生理缺陷说三道四。不讲他人忌讳之事。例如,不与印度人讲牛的坏话,不与欧美人谈打狗、宰狗的事,不与穆斯林提及猪和酒的话题等。

三、导游讲解技能

导游服务是一门艺术,它集表演艺术、语言艺术和综合艺术(指服务艺术化、交际技巧化)于一身,集中体现在导游讲解之中。

(一)导游讲解原则

1. 正确性原则

导游人员在导游讲解时,无论采用何种方法或技巧,都必须以客观存在为依托,即必须建立在自然界或人类社会某种客观事实的基础之上。只有这样,经过导游人员的加工、整理,构造出来的意境才能够对游客产生感染力,勾起游客的兴趣,使游客浮想联翩,在不知不觉中受到感染。那种不以客观事实为依托凭空想象的导游词最多只能博得游客的一笑,弄不好还会产生相反的结果。

2. 针对性原则

针对性就是从对象的实际情况出发,因人而异,有的放矢。导游人员的服务对象复杂,层次悬殊,审美情趣各不相同,因此,要根据不同对象的具体情况,应采取不同的接待方式和服务形式,在导游内容、语言运用、讲解的方式方法上也应有所不同。导游讲解时导游词内容的广度、深度及结构应该有较大的差异。通俗地说,就是要看人说话、投其所好。导游人员讲的正是游客希望知道的、有能力接受的、感兴趣的内容。

3. 计划性原则

所谓计划性,就是导游讲解的科学性和目的性,就是要求导游人员在特定的工作环境和时空条件下,发挥主观能动性,科学地安排日程,有计划地进行导游讲解。这是导游方法和技巧运用是否得当的标志之一。

导游人员应特别注意科学分配旅游团每一天的活动时间,并按规定顺序进行一天内的各项活动,以免出现“前松后紧”或“前紧后松”的现象。若因时间使用不当使某项计划中的活动无法进行,定会引起旅游者的不满甚至投诉。

计划性的另一个具体体现是每个参观游览点的具体导游方案。导游人员应根据景点及时间等具体情况选择最佳游览路线,导游讲解也要做适当取舍。如果不考虑时空条件，事先无科学的计划，到了目的地再临时应付，就不可能充分利用时间，也不可能收到最好的导游效果。

4. 灵活性原则

灵活性就是导游讲解要因人而异、因时制宜、因地制宜。我们所讲的最佳时间、最佳路线、最佳旅游点等都是相对的，客观上的最佳条件若缺少主观完满的导游艺术的运用和发挥，就不可能达到预期的导游效果。导游方法贵在灵活、妙在变化。导游讲解的内容可深可浅，能长能短，可断可续，一切视具体对象和当时的时空条件而定，切忌千篇一律、墨守成规。

(二)常用的导游讲解方法和技巧

1. 概述法

概述法是指导游人员为帮助旅游者更好地了解景点而在参观游览前介绍景点概况的手法，一般在景点示意图前进行。旅游团(者)进入一个景点，一般都要在景点示意图前停留一会儿。导游人员一面指点示意图，一面向旅游者概述该景点，内容主要包括：历史沿革、地理位置、占有面积、整体布局、主要景观、用途和作用以及在同类景点中的地位等。

2. 分段讲解法

分段讲解法是将一处大景点分为若干前后衔接的部分，分段讲解。首先，在前往景点的途中或景点入口处的示意图前用概述法介绍景点，并介绍主要景观的名称，使游客对将要游览的景物有个初步印象，达到“见树先见林”的目的，使之有了“一睹为快”的感受，即通过游前导，将旅游者导入审美对象的意境，然后到现场顺次游览讲解。在讲解这一部分的景物时注意不要过多涉及下一部分的景物，但也要讲一点，目的是为了引起游客对游览下一部分景物的兴趣，并使导游讲解处处扣人心弦。

3. 突出重点法

所谓“突出重点法”，就是在导游讲解时避免面面俱到，而是突出某一方面的讲解方法。一处景点，要讲解的内容很多，导游人员必须根据不同的时空条件和对象区别对待，有的放矢地做到轻重搭配、重点突出、详略得当、疏密有致。要做到突出大景点中具有代表性的景观、突出景点的特征及与众不同之处、突出游客感兴趣的内容 、突出“……之最” 等。

4. “虚”、“实”结合法

“虚”、“实”结合法就是导游讲解中将典故、传说与景物介绍有机结合的导游手法。“虚”、“实”结合法中的“实”，是指景观的实体、实物、史实和艺术价值等；“虚”则指与景观有关的民间传说、神话故事、典故和趣闻轶事等。“虚”、“实”必须有机结合，但以“实”为主，“虚”为“实”服务，以“虚”烘托情节，以“虚”加深“实”的存在，努力将无情的景物变成有情的导游讲解。

5. 问答法

问答法是一种常用的导游手法，就是在导游讲解时导游人员向游客提出问题或启发他们提问题的导游讲解方法，目的是为了活跃气氛，引起游客的联想从而避免导游人员唱独角戏的灌输式讲解，使客、导之间产生思想交流，使游客获得参与感或自我成就感的愉快，也可以加深旅游者对所游览景点的印象。问答法有多种形式，主要有自问自答法、我问客答法、客问我答法。

6. 制造悬念法

导游人员在导游讲解时提出令人感兴趣的话题，但故意引而不发，激起游客想急于知道答案的欲望。这种产生悬念的方法即为制造悬念法，俗称“吊胃口”、“卖关子”。

制造悬念的方法很多。例如，问答法、引而不发法、分段讲解法等都可能激起游客对某一景物的兴趣，引起游客的遐想，急于知道结果，从而制造出悬念。制造悬念是导游讲解的重要手法，在活跃气氛、制造意境、提高旅游者游兴、提高导游讲解效果诸方面往往能起到重要作用，所以导游人员都比较喜欢用这一手法。但是，再好的导游方法都不能滥用，“悬念”不能乱造，否则会起反作用。

7. 类比法

类比法是以熟喻生从而达到类比旁通的导游手法，即以旅游者熟悉的事物与眼前的景物比较，便于他们理解，收到事半功倍的效果。类比法分为同类相似类比和同类相异类比，不仅可在物与物之间进行比较，还可作时间上的比较。

8. 画龙点睛法

用凝练的语句概括所游览景点的独特之处，给游客留下突出印象的导游手法称为“画龙点睛法”。例如，游览颐和园时，导游人员既要讲解张扬之美如佛香阁之高、长廊之长、昆明湖之宽阔、四大部洲之神秘，也要描绘颐和园的含蓄之美如灵秀的园中之园、神奇的岛中之岛、美妙的太湖奇石、造型各异的大小桥梁以及点缀在园中各处的亭、台、楼、阁。导游人员如能将颐和园盛宴般承托出来，游客得到的就不仅是园林之美的感受，而是中国文化博大精深的感叹了。旅游者听完这样的讲解，除对颐和园大加赞赏外，定会议论纷纷。这时导游人员可指出，中国古代园林的造园艺术可用“抑、添、对、借、障、框、漏”七个字概括，并帮助游客回忆在颐和园中所见到的相应景观。这种做法能起到画龙点睛的作用，不仅加深了游客对颐和园的印象，还可使其对中国园林艺术有初步的了解。

【案例】

已经17:00了,自由活动的客人才全部上车。"师傅,快开车!快!我们的飞机可是18:30起飞的"!随后我转过身来:"各位团友,现在我们就前往机场。杭州的行程到此结束了,祝你们在广州玩得愉快!"说完,我坐了下来,两眼紧张地盯着窗外。我心里明白,办理登机牌的窗口18:00就会关闭,我只有在17:45之前赶到,才能有时间办理登记手续,并送客人进入安全检查区。师傅在我的不断催促下,以最快的速度向机场飞驰,可是下班的人流时时阻挡着我们前进的步伐。17:30时,我们驶上了钱江三桥。我稍稍松了一口气。还好,再有20 min,我们就可以到机场了。"师傅,再开快点"!师傅在全速超车时,右前方的一辆面包车突然变道,插到我们前面。师傅一个紧急刹车……车里一片混乱……前面的面包车在打了几个滚以后翻倒在路旁,我们的大客车头也凹进了一大块。我赶紧拦了一辆中巴车。把几个受伤的客人转移到中巴车上,让司机继续开车前往机场赶飞机,并吩咐全程陪同导游人员和出境旅游领队人员照顾好其余客人,自己则送伤员前往附近医院进行抢救或包扎伤口……

请分析:在上述案例中,"我"犯了哪些错误?

【复习思考题】

1. 导游服务的原则有哪些?
2. 导游人员的素质与修养?
3. 漏接、空接、错接的处理方法分别是什么?
4. 误机事故的处理方法是什么?
5. 旅游者丢失证件、钱物、行李应该如何处理?
6. 旅游者在景区内走失该如何处理?
7. 旅游者中暑如何处理?
8. 对女导游来说,旅游者出现越轨言行该如何处理?
9. 有一位英国游客因家中有急事要求退团返回,导游人员应该怎么办?
10. 个别旅游者无特殊原因提出提前离开旅游团,导游人员应如何处理?
11. 旅行团抵达后,有客人行李未到怎么办?
12. 如何避免误机(车、船)事故的发生?
13. 在游览点,个别旅游者要求独自行动,导游人员应怎样处理?
14. 如何预防旅游者走失?
15. 导游语言的特点是什么?
16. 导游讲解常用的方法有哪些?

第八章　乡村旅游服务礼仪规范

【学习目标】

- 理解乡村旅游服务人员应具备的基本素质
- 掌握旅游接待人员日常工作中的行为规范
- 掌握乡村旅游工作者仪容、仪表及着装的要求

【引导案例】

“总统”的仪态

曾任美国总统的老布什，能够坐上总统的宝座，成为美国“第一公民”，与他的仪态表现分不开。在1988年的总统选举中，布什的对手杜卡基斯，猛烈抨击布什是里根的影子，没有独立的政见。而布什在选民的形象也的确不佳，在民意测验中一度落后于杜卡基斯10多个百分点。未料2个月以后，布什以光彩照人的形象扭转了劣势，反而领先10多个百分点，创造了奇迹。原来布什有个毛病，他的演讲不太好，嗓音又尖又细，手势及手臂动作总显出死板的感觉，身体动作不美。后来布什接受了专家的指导，纠正了尖细的嗓音、生硬的手势和不够灵活的摆动手臂的动作，结果就有了新颖独特的魅力。在以后的竞选中，布什竭力表现出强烈的自我意识，改变了原来人们对他的评价；配以卡其布蓝色条子厚衬衫，以显示“平民化”，终于获得了最后的胜利。

通过上述案例，仪表、仪容的重要性可见一斑。

第一节　旅游接待从业人员的基本素质

随着旅游业的发展，乡村游已成为人们生活中的一项重要的休闲活动。乡村旅游从业者是乡村旅游服务的主体，他们各方面的素质将直接影响乡村旅游服务的质量。对于乡村旅游从业人员来说，职业道德、服务纪律、服务态度以及相关的礼节礼貌、服务效率、综合素质等是必须具备的。

一、职业道德

旅游从业人员要想使自己成为一个具有高尚情操的人，就应该加强自身的职业道德修养，逐步提升自己的道德境界，争取到达大公无私的最高境界。旅游职业道德不仅是每个旅游接待人员在工作中必须遵循的行为准则，而且也是人们衡量旅游接待人员的职业道德行为和服务质量的标准。

（一）具有良好的政治素质及思想素质

旅游从业人员应具有爱国主义意识，在为旅游者提供热情、有效服务的同时，要自觉维护国家利益和民族尊严，遵纪守法。

热爱祖国是旅游接待人员的首要条件。旅游接待人员的一言一行都与祖国息息相关，旅游者会通过接待人员的言行举止来观察、了解我们的乡村、地区甚至整个中国。因此，旅游接待人员应带着充满热爱祖国的激情来完成每项接待任务。

维护国家的利益和民族尊严是宪法赋予每一位中国公民的义务，也是旅游接待人员应尽的基本义务。每位接待人员均应把祖国的利益放在首位，自觉地维护祖国的尊严和民族的尊严，并把对祖国的热爱化为自己工作的动力。

遵纪守法是旅游接待人员必须具备的政治素质，也是每个公民的应尽的义务。作为乡村旅游代表的旅游接待人员尤其应该树立高度的法纪观念，认真学习并模范遵守国家有关法律法规，遵守旅游行业规章，严格执行服务质量标准，严守国家机密和商业秘密，维护国家和旅行社的利益。

（二）具有优秀的道德品质和高尚的情操

优秀的道德品质及高尚的情操是旅游接待人员必备的修养。旅游接待人员应不断学习，提高思想觉悟，努力使个人的功利追求与国家的利益融合起来。

旅游接待人员要提高判断是非、识别善恶、分清荣辱的能力，模范遵守社会公德，培养自我控制能力，自觉抵制形形色色的污染，始终保持高尚的情操。

（三）热情服务，爱岗敬业

旅游接待工作是一项传播文化、促进友谊的服务性工作，因而也是一项很有意义的工作。旅游接待人员在向八方来客提供旅游服务时，不但可以结识众多的朋友，而且能增长见识、开阔视野和丰富知识，旅游接待人员应该为此感到自豪。在接待过程中应该热情地关心每一位旅游者，经常嘘寒问暖，提供富有人情味的服务，使旅游者产生一中宾至如归的感觉。爱岗敬业，树立远大理想，将个人抱负与事业的成功紧密联系起来，立足本职工作，尽职敬业，刻苦钻研业务，不断进取，全身心地投入到工作之中；讲文明，讲礼貌，讲礼节，举止大方，端庄稳重，表情自然，诚恳和蔼，高效优质地完成每一次接待任务。

二、服务纪律

纪律是对人们行为的一种约束，是确保做事正确、行动有效、执行到位的有力武器。“最低的收费，最佳的服务”是希尔顿饭店引以为傲的经营理念。在提倡最佳服务时，希尔顿先生坚持全体饭店员工必须做到“和气为贵，顾客至上”，他谆谆告诫员工，要尽最大努力为顾客提供优质服务，饭店的一切应从“方便顾客，让顾客满意”出发。乡村旅游接待人员也必须严格遵守相关服务纪律，为旅游者提供最好的服务。

（一）保持良好的工作状态，不懒散

在工作过程中注意仪容仪表，不大声呼叫，不讨论家长里短，不准倚墙和斜靠柜台休息。

（二）诚信无欺

对所有旅游者诚实、公道、买卖公平，坚持质量第一、信誉第一。

乡村旅游由于其地势较偏僻、宣传力度不足等特点，顾客的评价就更显得尤其重要，往往很多客源都是回头客或经人介绍慕名而来的。因此，诚实经营，为游客提供一流的服务是既经济又有效的广告策略。

（三）廉洁自律，拾金不昧

服务过程中不得以明示或暗示的方式向游客索要小费；不准因游客不给小费而拒绝提供服务；做到拾金不昧，捡到物品、钱财要及时归还。

（四）团结协作，顾全大局

旅游服务是关联性强的综合性服务，虽然旅游接待服务是重要环节，然而单靠接待人员单方面难以完成旅游计划，必须与许多部门或个人进行合作。在合作过程中一旦发生矛盾和冲突，旅游接待人员应以大局为重，要个人利益服从集体利益，局部利益服从整体利益，眼前利益服从长远利益。在一些非原则性问题上，旅游接待人员要委曲求全，尽量做好耐心解释工作，力争各方的谅解和合作，这样才能确保旅游服务的质量。

（五）尊重游客的民族习惯、宗教信仰及个人生活习惯

旅游者纷繁复杂，不同国籍、不同宗教信仰的游客有不同的民族传统和风俗习惯。因此，旅游接待人员在接受一项旅游接待任务时，必须在不影响旅游者个人隐私的前提下，尽量多的了解旅游者的民族习惯、宗教信仰及个人生活习惯，以提供有效、高质的服务。

三、服务态度

乡村旅游接待人员在工作中应摆正自己与游客之间的关系，遵守劳动纪律，讲究职业道德，以良好的服务态度赢得游客的信任。

（一）主动热情，宾客至上

热情友好、宾客至上是旅游工作最显著的一个职业特征，也是旅游工作者必须遵循的行为准则。

①宾客至上，服务第一，以主人翁态度和责任感对待本职工作。

②坚守岗位，遵守纪律，具有整体观念和团结协作精神。

③眼勤、口勤、手勤、腿勤、心勤，想游客之所想，急游客之所急，服务于游客开口之前。

④对客服务应面带笑容，热情饱满，和蔼可亲，精力旺盛，待客诚恳。

（二）耐心细致，优质服务

耐心细致是衡量服务人员工作态度和工作责任心的一项重要标准。旅游接待人员待客要虚心、耐心，关心要细致入微。俗话说，“细微之处见真情”。优质服务是规范化和个性化服务相结合的服务，是高效率、高附加值的服务。

①对客服务应耐心、不急躁、不厌烦，操作要快速、敏捷，程序要准确无误。

②对客服务始终如一，具有忍耐精神，不和游客争吵。

③服务细致周到，表里如一。

④尽力满足游客的合理要求，不怕麻烦。

（三）为客服务，注意礼仪

“不学礼，无以立。”礼貌待客是对旅游接待人员文化知识和技术能力的要求。旅游接待人员的工作性质和特点要求导游一定要注意穿着得体，离开了得体的穿着、良好的仪表就谈不上旅游接待人员的文明礼貌。

①注重仪表，外表形象应给人庄重、大方、美观、舒适的感觉。

②应掌握旅游者的风俗习惯、礼仪知识，礼貌修养良好。

③对客服务说话和气、语言亲切、称呼得当，使用敬语，语言运用准确得体。

④服务操作和日常坐、立、行、说要举止大方，动作规范，文明优雅。

（四）助人为乐，照顾周详

①对老弱病残游客主动照顾，服务细致。

②对有困难的游客提供帮助，应准确及时。

【案例阅读】

南京导游的可贵精神

一次，一个学生团去南京旅游，南京的地方陪同导游人员为当地××旅行社的导游。学生团在参观南京大屠杀纪念馆时，有几个学生不太安静，还在讲话。当时导游的脸色一下子变得非常严肃。他说："各位既然选择了到这儿来，那么就请尊重这些死难的人。"几个学生觉得导游太小题大做了，当即一个学生反问道："那么请问导游你是不是南京人？"导游答道："严格来讲，我不能算是真正的南京市人，而是从南京周边的县镇迁居过来的，但是现在几乎所有的南京人都算不上是真正的南京本地人，因为真正意义上的南京人已在南京大屠杀当中几乎被屠杀殆尽了。"听完导游的这一席话，所有人的神情都变得凝重，在接下来的参观中自始至终都没有一个人喧哗。参观完了以后，导游还告诉我们：在南京大部分日本团的行程当中都会有参观大屠杀纪念馆这一项，如果没有，只要时间允许，很多导游都会自己掏腰包加这个点，免费让日本游客参观。在后面的游览中，这位导游始终如一的认真负责的带学生团走完了南京的行程。他的讲解始终都体现出一种深刻的爱国主义和尽职尽责的精神。临告别时，很多学生都向他索要了通信地址并表示了感谢。

【评析】

本案例中的导游员充分体现出了一个旅游从业人员的职业道德。他以自己的言行给这个旅游团上了一堂生动的爱国主义课，体现出的是他强烈的自尊自强和敬业爱岗精神。

第二节　乡村旅游服务礼节礼貌须知

礼貌礼仪是指在一定社交场合人们的行为准则和交往规范。它广泛存在于人类生活的各个方面。

一名乡村旅游接待员讲究礼节礼貌有助于树立良好的形象。如果接待员在旅游者心中树立起良好的形象，他就有将旅游者团结在自己的周围的可能；如果旅游者信任旅游接待员，他们就会帮助接待人员解决困难，正确对待旅游活动中出现的问题和矛盾，积极配合、协助旅游接待人员顺利完成整个旅游接待任务。

一、礼貌服务的内涵

礼貌服务是服务者在待人接物时的外在表现，是通过仪表、仪容、仪态以及语言和动作等来体现的。礼貌是人与人之间在接触交往中互相表示敬重和友好的行为，体现了时代的风尚与人们的道德品质，体现了人们的文化层次和文明程度。

（一）站立服务

良好的站姿能表现出对人的尊敬。服务界有句话，叫做“人家坐着你站着，人家吃着你看着”。这句话看似不平等，但这是行业的法则。为了体现对宾客的尊重，体现服务与被服务的关系，在工作中应坚持站立服务。

（二）微笑服务

微笑服务是一个人内心真诚的外露，具有难以估量的社会价值。微笑服务可以创造难以估量的财富。正如一位哲人所说：“微笑，它不花费什么，但却创造了许多成果。它丰富了那些接受的人，而又不使给予的人变得贫瘠。它在一刹那间产生，却给人留下永恒的记忆。”

微笑服务是一种力量。它不但可以产生良好的经济效益，使其赢得高朋满座生意兴隆，而且还可以创造无价的社会效益，使其口碑良好，声誉俱佳。在服务市场竞争激烈、强手林立的情况下，要想使自己占有一席之地，优质服务是至关重要的，而发自内心的微笑，又是其中的关键。

（三）敬语服务

敬语服务是在对客服务中，要使用敬语，表现出对游客的敬意。如“请”。“请”可以单独使用，也可以与其他词语搭配使用，并伴以恰当的手势。如请宾客入座，可以边做手势边说“请”。通常在请求别人做某事时、关切或安抚他人时、希望得到别人谅解时，都要“请”字当头。

敬语服务的基本要求：语言语调悦耳清晰；语言内容准确充实；语气诚恳亲切；讲普通话，语言表达恰到好处。

（四）真诚服务

真诚服务就是在与游客交往时，必须做到诚心待人，心口如一。待人真诚的人会很快得到别人的信任。乡村旅游从业人员要对游客诚心诚意，把宾客的事当成自己的事，使宾客有亲切感、信任感。诚心诚意贵在持之以恒，只有长期坚持不懈，才能树立良好的口碑。

二、接待语言礼节

要掌握语言技巧，尤其是口语的表达能力，必须以语言的“礼”吸引人，以语言的“美”说服人。成功有效的语言，能使交流双方心理认同，给对方以一种满足或愉悦，达到心理相悦、心灵相通的目的。乡村旅游接待者掌握一定的接待语言礼节，不但可以加深乡村旅游产品在旅游者心目中的形象，也将对乡村旅游产品的营销起到桥梁作用。

(一)乡村旅游接待人员礼貌用语的基本要求

①语言标准,咬字清晰,不要使用地方方言。

②使用礼貌用语首先态度要诚恳。

③使用礼貌用语要谦逊文雅,尽量使用敬语。

④旅游接待人员在接待宾客过程中要努力做到声音优美、动听、音量适度,要使听者感到亲切自然。

⑤针对不同年龄和性别、不同场合和对象,灵活而适当地使用不同用语,有利于沟通和理解,从而避免矛盾的产生或可使矛盾得到缓解。

(二)常用的礼貌用语

1.称呼语礼节

称呼礼节是指日常服务中和客人打交道时所用的称谓。我们接待的对象来自不同的省市和地区,各民族语言不同,风俗习惯存在差异,所以称呼要因人而异。乡村旅游接待人员,由于工作性质的特点,与国内外游客接触的机会较多。因此,服务接待时的各种礼节是十分重要的。

接待人员在称呼游客时,应注意礼貌用语:

①对男性游客可称"先生",在知道游客的姓名时,最好称"××先生"。

②对年轻的女性游客可称"小姐"。

③对已婚的女性游客可称"夫人"。

④对不知道已婚未婚女性游客,可称"女士"。

⑤国内的游客在一般情况下可以称呼"同志",如"××同志"。

2.问候语礼节

问候礼节是人与人见面时互相问候的一种礼节。

①根据不同的时间主动问候:"您好"、"早上好"、"下午好"、"晚上好"等。

②向旅游者道别时,应主动说:"晚安"、"再见"、"明天见"、"希望您再次光临"等。

③当节日到来时,要向宾客表示节日的祝贺:"春节快乐"、"新年好"、"祝您圣诞快乐"。

④遇有旅游者过生日或新婚旅游时,应向游客表示祝贺:"祝您生日快乐"、"祝你们新婚愉快、白头偕老"。

⑤遇有旅游者生病时,则应表示关心,可以说:"请您多加保重,早日康复"。

3.应答语礼节

应答礼节是指旅游接待人员在接待服务过程中,回应游客的召唤及答复客人询问时的礼节。规范的应答礼节应注意：

①与旅游者谈话，一般谈与服务工作有关的事情。

②与旅游者谈话时，应本着实事求是的原则，不要随便答复自己不清楚或不知道的事情，对服务范围以外和自己无把握办到的事情，不应该轻易许诺游客。

③同旅游者交谈时，应态度诚恳、和蔼可亲，音量高低以对方听清楚为宜。谈话时应面对游客，尽量不用手势。在游客面前不可有不文雅的举动，如抓耳挠腮等。打喷嚏时，应将脸转向一侧，用手帕遮住口鼻。

④同旅游者谈话时，讲话要有分寸，称赞游客要适当，做到谦虚有礼。

⑤可与旅游者进行有关菜肴、饮料、天气、旅游风光、体育运动为话题的交谈。但不能问及游客的经济收入、婚姻状况、宗教信仰、年龄等情况。

⑥与旅游者谈话时，应保持站立姿势，注意倾听对方的发言，不要随便插嘴。游客讲话如没有听清楚时，可以再请游客讲一遍，但不能有急躁或厌烦的表情。

⑦同2个以上旅游者谈话时，不能只和一个谈而冷落其他游客，如遇此时有人插嘴与你说话，不应把脸背对着游客。如需离开时，应先向游客表示歉意后，后退一步再转身离去。

⑧旅游者之间交谈时，不可驻足旁听，如有事需与游客联系时，则应先打招呼，并表示歉意。

（三）接待语言技巧

恰当的接待语言，可以保证畅通的信息传递，协调主客关系，更能激发旅游者的热情。因此，乡村旅游接待者必须善于运用语言这一媒介，更好地驾驭事理与情理，从而唤起旅游者的愉悦反应，最终树立良好的接待形象。

1.使用机智、幽默的语言

要提高运用语言的技巧，就必须学会和正确使用机智。在言谈中，幽默具有妙不可言的功能，同时也是一种含蓄而充满智慧的境界。幽默和机智常常是密切联系在一起的。它们的结合，能使人在不同场合有较强的语言应变能力和较高语言艺术性。

幽默能活跃气氛。一个外国旅游团在中国旅游时，一位美国姑娘不慎扭伤了脚，大家都很着急。这时，同行的几个美国男青年就对她说："哈哈，这下子我们有机会背你啦！"姑娘也诙谐地回答："可只许你们背我的脚和皮鞋！"于是大家在愉快的气氛中得以继续游览。

幽默使批评变得委婉而有效果。幽默往往是紧张气氛的缓冲剂，既能使对方摆脱窘境，又能自我解嘲。在公共汽车上，一位姑娘不小心踩了小伙子的脚，姑娘神色紧张，慌忙道歉："对不起，我踩了你！"那小伙子风趣地回答："不，是我的脚放错了地方。”这时，这位姑娘如释重负地笑了。具有这种幽默感的人，有一种宽容、豁达、大度的风度。

据说大文豪歌德一天在公园散步，碰到了一位曾经恶意攻击过他的批评家。那批评家傲慢地说：“我是从来不给傻瓜让路的。”歌德立即回答：“而我却完全相反。”说完就转到一边去了。这幽默的回答，充分显示了歌德的机智敏捷。语言的幽默和机智不单单是言谈技巧的问题，它是一个智慧、胸怀、性格诸因素的综合体现。因此，要做到语言的幽默机智关键在于丰富、充实、完善自己。

2. 学会礼貌地拒绝对方

一次，陈毅在记者招待会上，有位外国记者问他：“陈毅市长，中国已成功地发射了第一颗、第二颗人造卫星，请问第三颗何时发射？”陈毅微微一笑，很坦诚地说：“我不知道这是不是秘密？”记者说：“不是”。“那么，既然不是秘密，你肯定知道了。”陈毅镇定自若地回答了记者有意刁难的问题。

在旅游接待过程中，也常会碰到一些较复杂的情况，让接待人员无法回答。对于旅游者不太合理的要求，想拒绝又不想损伤他的自尊心，就要重视培养自己在语言表达上机智应变的能力，要技巧地掌握拒绝语言，学会说“不”字。从礼仪的角度来讲，不提倡用身体姿势、道具等非语言行为拒绝对方，而应用语言实施拒绝的技巧和艺术。在用语言拒绝时，重要的是要讲究表达的方式方法，既把拒绝融于情理之中，也保护了对方的自尊心和面子。切忌断然拒绝和颠三倒四、言不尽意。为了达到不说“不”而达到“不”的目的，生活中有许多巧妙的做法：如迂回寓意，抓对方的语病，反被动于主动等。

3. 善于聪明地提出问题，打破僵局

提问是引导话题、转移话题的好方法。它可以通过发问来了解自己不熟悉的情况；可以把对方的思路引到某一要点上；可以打破冷场避免僵局。但发问应注意内容，不要问对方难以回答的问题。

(四)乡村旅游接待人员常用文明用语及忌用语言举例

1. 乡村旅游接待人员常用文明用语

①您好，欢迎光临×××农家院。

②您好，请收好门票，景区内有××个景点需要验票。

③谢谢，欢迎下次光临。

④对不起，您的证件不符合免票规定，请到售票处补票，谢谢。

⑤请拿好票，往这边走，祝您玩得愉快！

⑥您好，需要帮忙吗？

⑦对不起，这个问题我现在无法回答，让我了解清楚再告诉您，请留下您的联

系方式。

⑧对不起,请再重复一遍。

⑨您好,这是×××乡村游接待员为您服务。

⑩感谢您打电话给×××农家院,希望能继续得到您的关注,谢谢!

⑪请您坐下,慢慢说。

⑫非常抱歉,让你遇到这样的麻烦……。

⑬这是我们工作的疏漏,十分感谢您提出的批评。

2. 乡村旅游接待人员的服务忌语

①不知道。

②自己看。

③你是谁。

④牌子上写的有,你不会自己看。

⑤你可能不明白……。

⑥我们不会……我们从没……我们不可能。

⑦你弄错了。

⑧这不可能。

⑨你别激动……你不要叫……你平静一点……。

⑩我不是为你一个人服务的。

⑪没看到我们有多忙吗,你先等一下。

⑫你最好……之前给我们打电话,否则我们就下班了。

⑬你必须先排队后买票。

⑭你刚才说你是谁?

⑮禁止……;不准……;严禁……;不得……;违者罚款;严惩。

⑯这不是我们的责任。

三、行为举止礼节

(一)迎送礼节

迎送礼节是指旅游接待人员在迎送旅游者时的礼节。它反映了接待人员对客的热情以及服务的规格。接待人员在对客服务中,要做到“迎客走在前,送客走在后;客过要让路,同走不抢道”。

1. 迎宾礼仪

迎宾礼仪就是旅游接待者迎接旅游者到来的礼仪。在旅游者到来时,接待人员应给予热情友好的迎接,给对方一种到家的感觉。这对促进双方关系的融洽有很大作用。

①做好准备工作。如到车站、门口迎接旅游者。

②热情欢迎。见到旅游者，首先问候，表示欢迎，如“一路辛苦，欢迎光临”。主动自我介绍。

③安排住宿。旅游者到达后应及时安排住宿，并向对方简单介绍住宿地的各方面情况，并向旅游者提供旅游路线及说明。

2. 送别礼仪

在旅游者离开的时候，旅游接待人员应做好以下工作：

①帮助游客做好离店手续，准备好结账，切不可在游客离开后再上前要求游客补“漏账”。

②提醒旅游者检查行李，如旅游者提出要求可帮忙搬运过重行李。

③根据旅游者要求事先联系好接送车辆及代办飞机票、火车票业务。

④告别致欢送词。

3. 握手礼仪

握手是一种很常用的行为礼节。握手礼一般在相互见面、离别、祝贺、感谢、慰问等情况下使用。乡村旅游接待人员迎送旅游者时应主动伸出右手，以手指稍用力握住对方的手掌 1～3 s 为宜，双目注视对方，面带笑容，上身要略微前倾，头要微低。过紧的握手，或只用手指部分，漫不经心地接触对方的手都是不礼貌的。

握手的禁忌：

①不要用左手与他人握手。

②不要握手时争先恐后，而应当遵守秩序，依次而行。

③不要在握手时戴着手套，只有女士在社交场合戴着薄纱手套与人握手才是被允许的。

④不要在握手时戴着墨镜，只有患有眼疾或眼部有缺陷者方可例外。

⑤不要在握手时将另外一只手插在衣袋里。

⑥不要在握手时另外一只手依旧拿着东西而不肯放下，如仍然拿着香烟、报刊、公文包、行李。

⑦不要在握手时面无表情，不置一词，好像根本无视对方的存在，而纯粹是为了应付。

⑧不要在握手时长篇大论，点头哈腰，滥用热情，显得过分客套。过分客套不会令对方受宠若惊，而只会让对方不自在，不舒服。

⑨不要在握手时仅仅握住对方的手指尖，好像有意与对方保持距离。正确的做法，是要握住整个手掌，即使对异性，也要这么做。

⑩不要在握手时只递给对方一截冷冰冰的手指尖，像是迫于无奈似的。这种握手方式在国外叫做“死鱼式握手”，被公认是失礼的做法。

⑪不要在握手时把对方的手拉过来、推过去，或者上下左右抖个没完。

⑫不要以肮脏不洁或患有传染性疾病的手与他人相握。

⑬不要在与人握手之后，立即揩拭自己的手掌，好像与对方握一下手就会使自己受到“污染”似的。

⑭不要拒绝与他人握手。在任何情况下，都不能这么做。

4. 介绍礼仪

介绍就是通过语言使双方认识或发生一定的关系，是社交礼仪中的重要环节。旅游接待人员的自我介绍更是至关重要，正确的介绍方法可以使旅游者抛弃陌生感，与旅游接待人员缩短距离，相处融洽。旅游接待人员在进行自我介绍时，应先向对方点头致意，得到回应后再向旅游者介绍自己。自我介绍时，还应善于用眼神表达自己的友善，但应注意时间，介绍时间不宜超过 1 min，过长时间的介绍往往会引起旅游者的反感。

5. 递名片的礼节

旅游接待人员在与旅游者交换名片时，应双手递接，目视对方，微笑致意。接过名片应认真看一遍或读一读对方名字，不要马上装入口袋，更不要拿在手中玩弄。

(二)举止礼仪

举止礼仪主要是指旅游接待人员在日常接待工作中的礼节，接待人员在日常工作中要注意仪表，举止大方。旅游接待人员仪态的具体要求是正确的站姿、端庄的坐姿、优雅的走姿。旅游接待人员在为旅游者服务时不允许出现不文雅的举止，如吸烟、修指甲、剔牙、抠鼻、抓痒、挠头发、打哈欠、伸懒腰、吃东西等。端庄、自然、大方、稳健的举止，可以从站姿、坐姿、走姿及体态语言 4 个方面加强练习。

1. 站姿

站姿是仪态美的起点，又是发展不同动态美的基础。良好的站姿能衬托出美好的气质和风度。站姿是生活中常见的静态造型，也是人们在交际场所最基本的姿势，是其他姿势的基础。在我国自古就有“站有站相”的说法。

(1)正确的站姿

正确的站姿从整体上给人以挺、宜、高的感觉。站姿的基本要求是：从正面看，身躯应当正直，头、颈、身躯和双腿应与地面垂直，两肩齐平放松，两臂和手在身体两侧自然下垂，手指自然弯曲，掌心向内轻触裤缝，或将右手搭在左手上，贴放在腹部。侧视，其下颌应微收，双眸平视前方，精神饱满，面带微笑，胸部稍挺，小腹收拢，整个形体显得庄重、平稳、自信而有力度；两脚间的距离以不超过双肩为宜，站立时间较长时，可以以一腿支撑，另一腿稍稍弯曲，但上身始终要保持挺直。男女的站姿应形成不同侧面的形象，男子应站得刚毅洒脱、舒展大方；女子应站得婷立端庄，秀丽俊美。当然，在某些场合站立时为避免呆板之嫌，可作灵活变动，标准站姿的脚姿可作适当的变化。如两脚分开，两脚前后差距不要超过一脚长；以一只脚为重心支撑站立，另一只脚稍弯曲以便休息，然后换脚；在必要时可单手或双手背于身后。一般情况下，女性可将右手搭在左手上，拇指交叉，脚跟并拢，脚尖分开呈"V"字形，身体重心应尽量提高，以体现女性线条之美。另外，女性穿旗袍时，可站成丁字形，双手交叉置于肚脐位置上，站立时要保持面带笑容。但是，不论在何种场合，上半身一定要保持挺直，下巴要往内放，肩膀要平，腹部要收，臀部不可翘起。男性在站立时，则要体现刚毅、洒脱，双脚可微微张开或者与肩同宽，身体不能东倒西歪，双手放到体侧，但不能超过肩宽；站立时，脚可以向后撤半步，但上体仍须保持正直。

(2)不良站姿

在站立时，应当避免下面几种不良站姿：

东倒西歪，耸肩或靠在墙上或椅子上。这给人一种无精打采、懒洋洋的印象。

身体抖动或晃动，给人以漫不经心或没教养的感觉。

两腿交叉站立，这给人以不严肃的感觉。

交际场合双手不可叉在腰间，也不可抱在胸前，更不要下意识地做小动作。例如，挠头皮，摆动打火机、香烟盒，玩弄皮带、衣带，一只脚在地下不停地划弧线。这些动作不但会使你显得拘谨，给人以缺乏自信和经验的感觉，而且也有失庄重，从而有损自己的形象。

女性的站姿还要与服饰相适应，穿紧身短裙，应脚跟靠紧，脚掌分开呈"V"字状；穿礼服或旗袍，可双脚微分。

不论男女，站姿都切忌缩颈、含胸、驼背、腆肚、撅臀。这样会破坏自己的形象。

两臂可以随谈话内容适当做些手势，但在正式场合，不宜将手插在裤袋里或交叉在胸前，更不要下意识地做小动作。过多的小动作，会给人留下缺乏自信和经验的感觉，而且也有失仪表的庄重。

2.坐姿

文雅的坐姿不仅给人以沉着、稳重、冷静的感觉，而且也是展现自己气质和风度的重要形式。坐姿要遵循的原则是给他人以端庄、沉着、稳重、冷静之感。我们需要通过得体的坐姿来展现自己的气质与风范。

(1)正确的坐姿

得体的坐姿,缺少不了面带微笑,以使自己显得自然放松。另外,在入座时要轻而平稳,动作要协调柔和。一般来说,应从椅子左边入座,先走到座位前,转过身后,右腿后撤小半步,轻稳地向后坐下,与此同时,神态要从容自若。如果需要挪动椅子,应当先将椅子移到要坐的位置,然后就座。

女性入座时,应该表现得端庄而文雅,如穿裙子则应用手将裙的后面部分向前稍稍拢一下。女性入座后,腿位与脚位的放置有所讲究,以下 3 种坐姿可供参考:

一是双腿垂直式。小腿垂直于地面,左脚跟靠定于右脚内侧的中部,双脚之间形成 45°左右的夹角,但双脚的脚跟和双膝都应并拢在一起。这种坐姿给人以诚恳的印象。

二是双腿斜放式。双腿并拢后,双脚同时向右侧或左侧斜放,并与地面形成 45°左右的夹角。此种适用于较低的座椅。

三是双腿叠放式。双膝并拢,小腿前后交叉叠放在一起,自上而下不分开,脚尖不宜跷起。双脚的置放视座椅高矮而定,可以垂放,亦可与地面呈 45°角斜放。采用此种坐姿,切忌双手抱膝,穿超短裙者慎用。

男性入座后,双膝并拢或微微分开,并视情况向一侧倾斜,两脚自然着地。在社交场合,不论坐椅子或沙发,最好不要坐满,正襟危坐,以表示对对方的恭敬和尊重,双目正视对方,面带微笑。

(2)坐姿中的禁忌

尽量避免以下坐姿:

①上体不直,左右晃动。

②猛起猛坐,弄得椅子乱响。

③随意把头向后仰靠,这样会显得很懒散。

④双脚不停地抖动,甚至脚跟离开鞋跟进行晃动。

⑤两腿分得很开,伸得很远或摇晃两腿及脚尖。

⑥不要用脚钩住椅腿,这会显得小气,欠大方。

⑦叠腿要规范,切不可呈“4”字形的不雅坐姿。

3. 走姿

得体合宜的行姿属于动态美。凡是协调稳健、轻松敏捷的行姿都会给人以美感。正确的步态可以表现出一个人朝气蓬勃、积极向上的精神状态,并给人留下美好的印象。“行如风”,就是说人在行走的时候恰如风行水上,像轻风一样轻盈,有一种飘逸自然的美。正确的行走姿态是:

整个身体要伸直,背和腰都不要弯曲。有不少人习惯弯曲着背部行走,久而久之便成了固定的姿势。要纠正这一缺点并不难,只需你时常提醒自己抬头挺胸。其次,膝盖部分要伸直,膝部弯曲,全身就不能成为直线。

步姿要从容稳健。双目向前平视,微收下颌,面带微笑。双肩平稳,自然地摆动双臂,幅度不可太大,以小幅度摆动为宜;双肩不可太过僵化,切忌做左右式的摆动。上身挺直,头正挺胸,收腹,立腰,重心稍向前倾。切忌左右摇摆或摇头晃肩,更不要扭动臀部。这些姿势都会显得很不雅观。

跨出的步子应是全脚掌着地,膝和脚腕不可过于僵直。男子行走,两脚跟交替前进在一线上,两脚尖稍外展。女子两脚却要踏在一条直线上,称"一字步",以显优美。跨出的步子,应该是脚跟先着地,膝盖不能弯曲,脚腕和膝盖要灵活,富有弹性。走路时应有一定的节奏感,走出步韵来。

步幅适当,一般应该是前脚的脚跟与后脚的脚尖相距为一脚长,但因性别不同和身高不同会有一定差异。当然,步幅大小跟服饰和鞋也有一定关系。例如,女性穿裙装(特别是穿旗袍、西服裙)和穿高跟鞋时,步幅宜小些,穿长裤时步幅易大些。在行走的速度上,不能太快,如果有急事要超过前面的行人,也不得跑步,可以大步超过,并转身向被超越者致意道歉。一般来说,为体现出刚强雄健、英武豪迈的阳刚之美,男性以步子稍大为佳;女性则以碎步为佳,以显示出端庄文静、含蓄典雅的美感。

以下是应避免的走姿,日常生活中应加以注意:

走路脚尖出去方向不正,成明显的外八字脚或内八字脚;弯腰驼背、歪肩晃膀;走路大甩手,晃腰摆臀,左顾右盼;两脚不落在一根直线上,明显地叉开双脚走;步子太大或太碎,上下颤动;走路时吸烟,双手插在裤兜,左顾右盼;无精打采,身体松垮;脚步拖泥带水,蹭着地走。

在日常生活中,人们往往因为对身体其他姿态的信息含义过于重视,而忽视了走姿不雅的负面信息传递作用。所以,大家应对此予以注意,练就出刚毅、优雅的走姿。这对你在生活工作中形象的树立会有很大的帮助。

旅游接待人员在为旅游者服务时不允许出现不文雅的举止,如吸烟、修指甲、剔牙、抠鼻、抓痒、挠头发、打哈欠、伸懒腰、吃东西等。端庄、自然、大方、稳健的举止是旅游接待人员所必须具备的个人素质。

4.体态语言

体态语言即通过人体及姿态发出的无声信息,包括人们的动作、姿态等。体态语言虽不是表达的主要手段,但它可以起到辅助的作用,能使实际语言更富有感情色彩,表达更充分,更有感染力。

(1)微笑

微笑是指不露牙齿,嘴角的两端略向上翘起,眼神中有笑意的笑容。微笑是对人的尊重和理解,微笑是一种礼节。见面时点头微笑,人们会意识到这是尊重和欢喜的表示。微笑是最富魅力的体态语言之一。发自内心的微笑是渗透情感的微笑,包含着对人的关怀、热忱和爱心。情是微笑的一种重要内力,它赋予微笑以色彩、能量而形成强烈的感染力。人际交往中为了表示尊重和相互友好,微笑是必要的。微笑是一种健康、文明的举止。一张甜蜜的带着微笑的脸总是惹人喜爱的。

微笑礼仪的要求是发自内心,显示亲切,要由眼神、眉毛、嘴巴、表情等方面合作来完成,要防止生硬、虚伪、笑不由衷。

(2)目光

眼睛被人们称为心灵的窗口。这是因为心灵深处的奥秘常常会自然而然地从眼神中流露出来。旅游接待人员在与旅游者交流时,目光的交流总是处于重要的地位。信息的交流要以目光的交流为起点。交流过程中,要不断应用目光表达自己的意愿、情感,还要适当观察对方的目光。

根据服务礼仪规定,旅游接待服务人员在与游客交流时,允许注视的常规部位如下:

①对方的双眼。注视对方双眼,表示自己聚精会神,一心一意,重视对方,但时间不宜过久,一般以 3～6 s 为宜。

②对方的额头。注视对方的额头,表示严肃、认真、公事公办。这种注视适用于极为正规的公务活动。与服务对象长时间交谈时,可以注视对方的额头。

③对方的面部。当你长时间交谈时,或为对方服务时,可以注视对方的面部。但是,注视对方面部应该以整个面部作为注视区域,最好注视对方的眼三角区,以散点柔视为宜。不要聚焦于某一点,这样被认为是不礼貌的。

④对方的局部。旅游接待人员在为旅游者提供服务时,往往会因为实际需要,对游客的某一部分进行注视,如递接物品时注视对方的手。但除特殊情况的需要外,过多地注视旅游者的头部、胸部、腹部或者臀部,都会被认为是极不礼貌的表现。

(3)手势

手是传情达意的最有力的手段。正确适当地运用手势,可以增强感情的表达。手势是旅游接待工作中必不可少的一种体态语言,学习手势语是大有学问的。有的接待人员在服务过程中,手势运用不规范、不明确、不协调,表现出的寓意含混,给游客留下漫不经心、不认真、接待人员素质不高等印象。

不同手势的含义:

①“O”形手势，即圆圈手势。此手势19世纪流行于美国，表示“OK”。“OK”的含义在所有讲英语的国家内是众所周知的，但在法国“O”形手势代表“零”或“没有”；在日本代表“钱”；在一些地中海国家用来暗示一个男人是同性恋者；在中国这个手势用来表示“零”。

②翘大拇指手势。在英国、澳大利亚、新西兰等国，翘大拇指代表搭车，但如果大拇指急剧上翘，则是侮辱人的信号。在表示数字时，他们用大拇指表示5。在中国，翘大拇指是积极的信号，通常是指高度的赞扬。

③“V”形手势。第二次世界大战期间，英国首相温斯顿·丘吉尔推广了这个手势，表示胜利。非洲大多数国家也如此。但如果手心向内，在澳大利亚、新西兰、英国则是一种侮辱人的信号，代表“up yours”。在欧洲各地也可以表示数字“2”。

④塔尖式手势。这一手势具有独特的表现风格，自信者、高傲者往往使用它，主要用来传达“万事皆知”的心理状态，是一种消极的人体信号。

⑤背手。英国皇家的几位主要人物以走路时昂首挺胸，手背身后的习惯而著称于世。显然这是一种拥有至高无上的权威、自信或狂妄态度的人体信号。将手背在身后还可起到一定的“镇定”作用，使人感到坦然自若，还会赋予使用者一种胆量和权威。

四、日常礼貌服务

①对待游客谦虚有礼、朴实大方、表情自然、面带微笑、态度诚恳。

②应尊重游客的风俗习惯和宗教信仰，对游客的服饰、形象、不同习惯和动作，不评头论足，按照游客的要求和习惯提供服务。

③同游客见面或握手等，能正确运用礼貌形式，动作规范。

④提供服务严格遵守约定时间，不误时，不失约，快速准确。

⑤同游客交谈时注意倾听，精神集中、表情自然，不随意打断游客谈话或插嘴，时时表示尊重。

⑥不做游客忌讳的不礼貌动作，不说对游客不礼貌的话。

【案例阅读】

礼仪礼貌周

1996年3月1日，在宁波东港大酒店员工餐厅的通道上，一位二十来岁的姑娘，肩上斜套着一块宽宽的绸带，上面绣着：礼仪礼貌规范服务示范员。每当一位员工在此经过，示范员小姐便展露微笑问候致意。餐厅里，喇叭正在播放一位女员工朗诵的一篇描写饭店员工文明待客的散文诗。不一会儿，另一位员工在广播中畅谈自己对礼仪礼貌的认识和体会。原来东港大酒店正在举办“礼仪礼貌周”，今天是第一天。

东港大酒店自被评为四星级饭店以后，一直处于营业的高峰期，个别员工过于劳累，原先的服务操作程序开始有点走样，客人中出现了一些关于服务质量的投诉。饭店领导觉察到这一细微变化后，抓住苗头进行整改，在员工中间开展“礼仪礼貌周”活动。“礼仪礼貌周”定于每月的第一周，届时在员工通道上有一位礼仪礼貌示范员迎送过往的员工，每天换一位示范员，连总经理们都轮流充当服务员，在员工中引起很大反响。为配合“礼仪礼貌周”，员工餐厅在这一周利用广播媒介，宣传以礼仪礼貌为中心的优质服务，有发言，有表演，有报道和介绍，内容生动活泼，形式丰富多彩，安排相当紧凑，员工从中获得很大启迪和教育。饭店同时在员工进出较频繁的地方张挂照片，宣传文明服务的意义，示范礼仪礼貌的举止行为，介绍礼仪礼貌方面表现突出的员工。

1996 年 5 月 1 日，又一个“礼仪礼貌周”开始了。一月一度的“礼仪礼貌周”活动在东港大酒店已成为一项雷打不动的制度，整个饭店的礼仪礼貌水平大大提高。

【评析】

礼仪礼貌是任何服务行业服务质量的集中体现。有些服务行业一味追求经济效益，在营业情况较理想之时，往往会忽视服务质量。四星级的东港大酒店就不一样，生意红火时更加注重服务质量。“礼仪礼貌周”就是在客房率和餐饮上座率居高不下的时候推出的。

每月第一周作为“礼仪礼貌周”在饭店内开展这样的活动，有助于使礼仪礼貌意识在员工头脑中牢牢扎根，通过不断的强化活动，使讲究礼仪礼貌成为员工的一种自觉行为。另一方面，饭店领导以身作则示范礼仪礼貌，这对广大员工是一股强大的鞭策力。再则，在这个活动期间，通过视觉和听觉等方面的刺激，强化礼仪礼貌意识，其效果必将胜过单纯的课堂教育或培训。

第三节 乡村旅游接待人员仪表仪容

一、仪表仪容的总体要求

容貌端正，举止大方；
态度和蔼，待人诚恳；
端庄稳重，不卑不亢；

服饰庄重，整洁挺括；

打扮得体，淡妆素抹；

训练有素，言行恰当。

二、仪容的具体要求

（一）个人卫生

1. 注意口腔、鼻腔卫生

班前忌喝酒，忌吃生葱、生蒜、韭菜等有浓烈异味的食品，以免口腔产生异味。要经常清理鼻腔，修剪鼻毛，避免影响接待服务。

2. 手部卫生

手的清洁能反映一个人的卫生习惯。平时应勤洗手，保持双手清洁。上班时，不留长指甲或涂有色指甲油。

3. 身体卫生

为保持身体卫生，应做到“四勤”，即勤洗手、洗澡；勤理发、修面；勤换洗衣服；勤修剪指甲。

（二）容貌

容貌是个人礼仪的重要组成部分。旅游接待者在工作前，一定要把自己修饰的整洁、得体。拥有精神的面貌，不仅自己心情愉快，而且也会给旅游者留下一个美好的印象。

1. 容貌的基本要求

①头发梳理整洁，前不齐眉，侧不盖耳，后不过领。男性不得留鬓角、胡须。女服务员如留长发，应用统一样式的发卡把头发盘起，不擦浓味发油，发型美观大方。

②按从业要求，上班不佩戴项链、手镯、戒指、耳环等贵重饰物。

③容貌要清洁，保持干净。上班时，女士应化淡妆；男士应修面。

2. 面部修饰礼仪

对于旅游接待人员来讲，化妆要少而精，要强调和突出本身所具有的自然美部分，一般以浅妆、淡妆为佳，不能浓妆浓抹，还要避免使用气味浓烈的化妆品。

(1)淡妆的基本程序

①清洁面部。化妆前先进行面部清洁，因为化妆后妆面艳丽程度、效果的持久与皮肤的洁净程度成正比，皮肤越洁净妆面效果越好。

②基面化妆。基面化妆又叫打粉底，目的是调整皮肤颜色，使皮肤平滑。化妆者可根据自己的皮肤选择合适的粉底，涂抹于面部，并根据面部的不同区域，分别敷深、浅不同的底色，以增强脸部的立体效果。

③眉毛的修饰。修饰眉毛，先要在原眉的基础上把过长的、易下垂的眉毛一根一根地修剪至合适的长度，靠近眉头应留得长一些，越靠近眉梢就越应短一些；然后，根据人的脸形特点，确定眉毛的造型，用眉笔勾画出轮廓，再顺着眉毛的方向一根根地画出眉型；最后，把杂乱的眉毛拔掉。

④涂眼影。涂眼影是为了突出眼睛的位置，使五官更加分明。眼影应涂于眼睑沟内及上眼睑或眼角部位。上眼睑的眼影要有深浅层次，从睫毛到眉毛下沿，由深渐浅。眼角的眼影，可在内眼角涂稍深一些的眼影，并与鼻侧影自然融合，以显鼻梁挺直。外眼角可涂深色眼影，以改变眼睛的外形。

⑤画眼线。眼线的作用主要是突出眼睛的轮廓，增加眼睛的外观效果。画上眼线，把镜子放低，眼睛向下看，在眼睑最边缘处画上眼线；画下眼线，把镜子抬高，眼睛向上看，沿着下睫毛根部画上细细的眼线。画眼线要注意上下眼线应有差别，一般上眼线比下眼线画得长、粗、深。

⑥涂腮红。涂腮红主要是通过涂抹胭脂以弥补肤色的不足。胭脂颜色的选用，要根据肤色、着装、场合而定。涂胭脂的部位，以颧骨为中心，高不过眼，低不过嘴角。具体涂法要根据每个人的脸形而定，长形脸要横着涂，圆形脸要竖着涂，但都要求腮红向脸部原有肤色自然过渡。

⑦涂口红。嘴唇是面部较引人注目的部位，尤其是涂上口红更是如此。它的大小、形状、薄厚、颜色都能展示人的不同性格及化妆风格。因此，涂口红时，先要选择口红的颜色，再使用唇线笔勾出理想的唇线涂上口红。唇线要略深于口红色，口红不得涂于唇线外，唇线要干净、清晰，轮廓要明显。

⑧检查化妆效果。对不合适的部位进行必要的修改，直到自己满意为止。

(2)化妆礼仪

化妆虽已逐渐成为众多农村女性每天的必修课，但一些人却忽略了化妆中应注意的各种礼仪，造成了或大或小的尴尬。因此，女性朋友应在化妆过程中注意遵守以下礼仪，以避免使自己或他人面临尴尬：

①勿当众化妆。应事先化好妆，或是在专用的化妆间进行。若当众进行化妆，则有卖弄风骚或吸引异性之嫌，弄不好还会令人觉得身份可疑。

②勿在异性面前化妆。聪明的人绝不会在异性面前化妆。对关系密切者而言，那会使对方发现自己不愿暴露的一面；对关系普通者而言，那样作则有“以色事人”，充当花瓶之嫌。无论如何，都会使自己形象失色。

③勿使化妆妨碍于人。有人将自己的妆化得过浓、过重，香气四溢，令人窒息。这种“过量”的化妆，就是对他人的妨碍。

④勿使妆面出现残缺。若妆面出现残缺，应及时避人补妆，若听任不理，会让

人觉得你低俗、无品味。

⑤勿借用他人的化妆品。借用他人的化妆品不卫生，会让人觉得你不讲究，应尽量避免。

⑥勿评论他人的化妆。化妆是个人之事。所以，对他人的化妆不应横加评论或进行非议。

⑦男性不要过分化妆。

3. 发型修饰礼仪

"美丽从头开始"。发型修饰既能保护和美化头部，也能为仪容修饰礼仪增加光彩。一般观察人都是先从头部开始，而头发位于人体的最高部位，所以更容易先入为主，引起别人的注意。因此，修饰外形应"从头做起"。发型修饰的礼仪，应注意的问题有以下几个方面：

①发型要得体。发型是头发的整体造型。要选择得体的发型，除个人喜好外，最重要的是要考虑个人条件和所处场合及职业因素。年轻的旅游接待人员的发型可以个性、时尚一些，但应避免过于前卫、怪异的发型。

女性发型应依脸形确定。椭圆形脸亦称鸭蛋脸、瓜子脸，此为标准脸形，可配任何发型。圆形脸发型尽量向椭圆形脸靠拢；额前的头发盘起来，不要让过长过齐的发帘遮住前额，两边的头发应帖服，不要蓬起来。方形脸的发型应削去棱角，使脸形趋于圆润；可将方阔的额头用头发遮住，两侧的头发可稍长一些并可烫一下，以曲线的美掩盖方形的欠缺，产生椭圆形脸蛋的视觉效果。三角形脸的发型应尽可能增加额头两侧头发的厚度；采用侧分，使头发掩盖尖窄的额头；头发不要向后梳。倒三角形脸的发型应尽可能隐藏过宽的额头，增加脸下部的丰满度。棱形脸的发型应使两侧头发厚度大一些，用"刘海"遮住前额，可采用蘑菇头发。

男性亦应注意发型的选择。短发型适合快节奏的生活特点，又能体现青少年的精神风貌。一般来说，男性的头发以中短发(5～7 cm)为宜。男性的发型选择与脸形相配，长脸的不宜留太短的头发，下巴较方的人可以留些鬓发。中等个头的男性什么发型都合适，而高瘦的应留分段式长发，矮胖或瘦小的人应剪短发。

②头发要勤于清洁护理。头发必须经常地保持健康、秀美、干净、清爽、卫生、整齐的状态。要真正达到此要求，首先要重视头发的洗涤。要洗好头发，一是要注意水的选择。洗涤头发，宜用大约在 40℃左右的温水。水温过低或过高，都对头发有害而无益。尤其要注意水质，各种矿泉水，包括含碱或含酸过多的矿泉水，均不宜用来洗头。二是要注意洗发剂的使用。目前，人们洗头时大都会采用一些洗发剂如香波等。在选用洗发剂时，除了要使之适合自己的发质外，还应使之具有去污性强、营养柔顺头发、刺激性小、易于漂洗等优点。采用洗发剂洗头，一定要将其

漂洗干净。三是要注意头发的变干。洗头之后,最好令其自然晾干。此种做法,最有益保护头发。若打算令头发迅速变干,可用电吹风将其吹干。但其温度不宜过高,否则会毁伤头发。

头发的护理就是对头发的保护。要保护好头发,就要有意识地使之免于接触强碱或强酸性物质,并尽量防止对其长时间曝晒。洗头时使用洗发剂之后,会使头发的养分受到一定的损失,致使其干燥、分叉、断裂甚至脱落。为此,可在洗头之后采用适量的护发剂。此外,一些质量上好的发乳、发露、发油、发胶以及生发水、亮发蜡等,只要使用得法,也会产生一定的护发作用。护理头发还要对头发进行必要的"养",即为头发增加营养。真正要养护好头发,关键还是要从营养的调理与补充等方面着手。一般认为,辛辣刺激之物若食用过量,将有损于头发。烟、酒对头发的危害则尤为严重。如欲减少发屑,应少吃油性大的食物,多吃含碘丰富的食品。欲使头发乌黑发亮,则适宜多吃蛋白质和富含维生素、微量元素的食物,尤其是要多吃核桃一类的坚果,或黑芝麻一类的"黑色食品"。

③修饰头发要自然。现在人们可以通过美发来对头发进行修饰,但美发不仅要美观大方,而且要自然随意,不宜过分雕琢。例如,烫发要看一下是否适合本人的皮肤、年龄及职业;染发则应选择适合自己肤色的颜色,尽量避免怪异的颜色。

三、接待人员着装要求

(一)着装的基本原则

①衣着打扮要整齐清洁。

②衣服要妥帖合身。

③凡穿戴大衣、风衣、帽子,进入室内应及时脱下。

④任何时候不能在旅游者面前整理衣裤,脱鞋脱袜。

(二)着装的"TOP"原则

着装应遵循 TPO 原则。TPO 是英文里时间(Time)、地点(Place)和目标(Objective)3 个单词的缩写。这个原则的基本含义是要求人们在服装穿着、饰品佩戴和配件使用方面,必须适应具体的时间、地点和目标的要求,即穿着这套衣服将在什么时间(T)、什么地点(P)、什么场合(O)出现。同时还要兼顾其他因素,如和谁见面、谈什么事、要达到什么目的等。

1. 时间原则

穿衣服要考虑时间因素是指要考虑不同时代、时期的变化和一年中春、夏、秋、冬四季节的变化以及每天早、午、晚三段时间的变化。因时制宜,穿着得体。

(2)地点原则

着装的地点原则实际上是指着装要与环境协调。如果不分环境、不分地点地胡乱穿戴，必会招人侧目，自己也会感到尴尬。例如，穿着睡衣走街串巷，严肃的会议等场合穿牛仔、T恤，都是不符合地点原则的。

(3)目标原则

着装的目标原则也可理解为场合原则，是指服饰要与穿着场合的气氛相和谐。一般应在事先知道为什么参加这个活动？活动的内容是什么？都有什么人参加？这样可根据经验设计、挑选适合场合气氛的服饰。例如，在参加乡亲的婚礼要穿得喜庆、鲜艳，而参加葬礼则要穿得庄重、沉稳。

(三)女性旅游接待人员着装礼仪

1. 根据身材选服装

服装的款式要与身材协调，这样才能体现出女性特有的美感。人的体型各有不同，着装中考虑到体型的不同，会起到扬长避短的效果。一套得体的服装，能让人显得精神、富有生气，能使人体本身所具有的内在条件与服装这一外部条件有机结合，和谐地统一起来，创造出最佳的形象效果。相反，如果穿着不合体，不仅不会增加人体的美感，反而会破坏原有的人体美，使穿着者显得呆板、不自然，甚至很滑稽。

2. 不同体型女性选择衣着的技巧

现实生活中，体型十全十美的人很少，多数人或多或少存在体型上的缺陷。若能了解自己体型上的缺陷，并依自己的体型特点选择着装，便能扬长避短，产生美的效果。例如，体型较瘦的人应尽量避免暴露四肢，穿长衣、长裤、长袖立领的连衣裙均较合适。体型矮小的人应选择简单的直线型服装，如合身的外套或夹克，有竖条纹的裤子。腰粗的人应选用肩部较宽的衣服，以产生肩宽腰细的效果。腿较短的人可选择上衣较短、裤稍长的服装。腿较粗的人，宜穿上下同宽的深色直筒裤、过膝的直筒裤，不宜穿太紧、太短的裤或裙。颈长的人适合穿领较高的服装。颈短的人可选用无领或低领款式的服装。

(1)A型身材女性衣着的选择

A型身材的特征是面形多为鹅蛋面、心形或梨形，臀部和大腿却较肥大。腰部有清楚的线条，但却较短。A型身材的人穿衣服，不妨注意下列要点：不要穿质地柔软贴身的长裙或直身裙，以免暴露肥大的臀部；多穿有垫肩的上衣，这样可平衡较大的下肢；长裙的装束令你看来身材均匀，近乎纤瘦；束腰的衣裙和皮带有强调腰部的作用；贴身的毛衣太突出臀部，不合宜，如果穿时应佩戴饰物，以分散注意力。

(2)H 型身材衣着的选择

H 型身材的特征多是脸形属于方形、长方形、圆形或椭圆形，腰部生得高而不太明显，四肢略为纤细。H 型身材是国际时装模特儿的身型。拥有 H 型身材的人，最适宜穿流线感和稳重端庄的服装式样。一些肩膀设计夸张且能表现臀部和大腿而又明显分出腰部的款式，最能突出这类身材的优点。由于 H 型女性的腰部曲线不太明显，因此穿衣时应尽量做到：给人一个腰部纤细的假象，不妨采用弹性腰带来束腰，这样能加强腰部线条；一件连身长裙，最能尽显你优美修长的身段；长而束高腰的衣物，不但突出腰部，更让人羡慕有一双细长的美腿；高领的硬身恤衫可掩饰你较短颈部。鉴于 H 型的人腰部较高、颈较短，加上背上至脊骨的一段距离间肌肉组织较丰厚，容易给人一种肚皮凸出的感觉，所以，这类人走路时，切记尽量抬高头部，做出挺胸收腹的姿势，自然能够保持高贵、完美的 H 型形象。

(3)O 型身材衣着的选择

O 型身材的女性面部多属圆形或梨形，下颚和面颊较圆润；颈部较短，没有明显的腰肢，臀部扁平，大腿线条却纤瘦优美，手臂结实。简单地说，O 型身材的女性身材较矮，最多是中等高度而已，不适宜穿连身的长衣服。应选择能强调腿部优美曲线的直身裤和松身衣的装束，可以给人一种修长的感觉。O 型身材的女性忌穿贴身的衣料，这会令丰厚的背部表露出来，背心式的宽外套和蝙蝠袖的衣服明显地加宽和加重背部负荷。总而言之，O 型身材的人应穿强调肩部和令臀部不会有紧绷感的衣服式样，这样便可达到身材修长的效果。

(四)男性旅游接待人员着装礼仪

1. 男士着装的礼仪整体要求

男士着装的礼仪整体要求是自然得体、协调大方。除此之外，还要注意一些约定俗成的着装规范及原则。

2. 不同体型男士衣着选择技巧

①身高、肩宽的男士，宜选择竖条纹衬衫，上装应选袖口窄而腋下宽大，裤子则应选择略微紧些为好。

②瘦小的男士，最好选择简单明快、舒适贴身的花形或直线形服装。

③身材肥胖的男士应穿深色套装，裤子应略长、略瘦些，但衣裤不能过于狭窄。

④肩窄的男士宜使用垫肩，适合穿一字领休闲衫等，这样肩部看上去会宽些，不宜穿宽大的外套、皮夹克、无袖上装及上面紧的上装。

(五)衣着与色彩

服装是最讲时尚的，其中又以色彩最具时尚感。不同的色彩有着不同的象征意义。暖色调：红色象征热烈、活泼、兴奋、富有激情；黄色象征明快、鼓舞、希望、富有朝气；橙色象征开朗、欣喜、活跃。冷色调：黑色象征沉稳、庄重、冷漠、富有神秘感；蓝色象征深远、沉静、安详、清爽、自信而幽远以及高傲与神秘。中间色：黄绿色象征安详、活泼、幼嫩；红紫色象征明艳、夺目；紫色象征华丽、高贵。过渡色：粉色象征活泼、年轻、明媚而娇美；白色象征朴素、高雅、明亮、纯洁；淡绿色象征生命、鲜嫩、愉快和青春。服装的色彩是着装成功的重要因素。因此，着装应特别注意色彩的选择与搭配。

1.“三色”原则

“三色”原则即全身着装颜色搭配最好不超过 3 种颜色，特别是在正式场合，所使用的服饰配色包括西服套装、衬衫、领带、腰带、鞋袜等在内的一切服饰，都不应超过 3 种颜色。因为从视觉上讲，服饰的色彩在 3 种以内较好搭配，而且比较协调，否则就会显得杂乱无章。

2.色彩的搭配

(1)百搭色

在选择服装颜色的过程中应记住 3 种颜色：白色、黑色、米色。这 3 种颜色被称为“百搭色”。也就是说，这 3 种颜色和任意的其他颜色搭配都是合理的。因此，不妨在衣柜中多准备几件这 3 种颜色的衣服，它们总会让你的衣服搭配出新的感觉。

(2)服装色彩与肤色

服装穿着要符合自己的肤色特点，要根据自己皮肤的特点来选择服装的颜色，以达到映衬和改观肤色的目的。皮肤浅黄，是多数中国人的肤色特点。这种肤色在服装色彩选择中的范围较广，但还可根据黄色皮肤的细微差距来选择服装颜色。肤色较苍白者，宜选偏暖色调的服装，忌穿紫红色、黑色或白色上衣。肤色偏黄者，最好不要选与肤色相近的或较暗的服装，如棕色、土黄、深灰、蓝紫色等，它们容易使人显得缺乏生气；宜选橙色、红色的偏暖基调的服装，以增加皮肤的红润感；肤色偏黑者，宜选择柔和明快的中性色调服装，以增加明朗、健美感，不宜着黑、绛紫、墨绿、深褐及深冷色调的上衣；皮肤白皙的人，服装可选择的颜色较多，以暖色调为好。

(3)服装色彩与体型

服装色彩的选择还要与体型协调。浅色服装及暖色调和亮度大的服装，具有一种扩大物体体积的作用，可以给人以丰满感，最适宜于身材瘦小者穿着，如红色、黄色等。对于体型太胖的人来说，如选择浅色的衣服会使你显得比本来面貌更臃肿，而选择冷色调的衣服，会有收缩的效果，让人显得消瘦一些，如深绿、暗蓝、蓝紫等。体型高大的人最好也避免穿浅色调和大花朵等色彩鲜艳、亮度大的服装，而选择深色、单色或色调柔和的衣服，那样会显得稳重、娴静、安详、可亲。对于矮个子来说，最好不要穿深色调或灰暗的衣服，不妨选择色调浅、亮度大的服装。例如，穿上浅灰色的衣服，再配上亮度大的帽子，显得比原来高一些，但切勿将亮度大的鞋子和帽子配在一起穿戴，否则就会产生相反的效果，显得比原来更矮。对于体型有缺陷的人，也可根据色彩的规律，结合自己身材的特点，科学地进行配色，以获得较为满意的效果。例如，窄肩身材的人，下身的穿着应偏向较深的颜色，或者穿同一色调的服装；上身长的人，就要选用全身统一色调的服装，或者上装的颜色深于下装，这样就会产生腿部增长的感觉，使人觉得匀称一些。

【知识链接】

"笑透，不笑露"与导游人员的着装

时逢炎夏，天热衣薄。导游人员特别是女导游人员，衣着、服饰要特别注意，以保持自己典雅风度。我们中国人有一俗语，叫做"笑脏，不笑补"。就是说，人家衣服脏了，可以笑话，而人家衣服干净但有补丁，那是不可以笑话的。这大约是中国长期勤俭形成的习俗吧。在西方也有一个习俗，叫做"笑透，不笑露"。

西方游客，对我们一些女导游穿衣服太透而表示反感，认为欠文雅。甚至一些社会学家还认为："衣服太透，连内衣都看得见，会诱导犯罪。"一位从纽约回来的中国女外交官也谈到类似观点。她说，在纽约的招待会上，西方女士们对中国一些女士衣着"透明度过高"表示反感。然而，西方女士们在隆重场合，特别是晚会，他们的晚礼服上面露得很多，这种"露"被视为"装饰的一部分"。像奥斯卡金像奖的发奖仪式，女明星们穿得是很"露"的。她们认为"露"是文雅的，并不"诱导犯罪"，这就是"笑透，不笑露"。

当然，中国人不一定习惯于这一习俗，应当既不太"露"，更不要"透"；特别要注意，防止衣服"太透"。在接待场合，夏日服饰，导游人员应特别注意下列几点：夏装要透气、吸汗，而不暴露过多。女导游员不要穿超短裙；可以光脚穿鞋；如果穿长丝袜，袜子口一定不要让人看见；无论天气多热，切勿撩裙当扇，有伤风雅。男导游不要穿圆领汗衫，不要穿短裤。鞋袜更要讲究，因时间、地点而变换。有的导游员喜欢带足金戒指、宝石手表，其实这既不便于工作，又容易使客人感到不舒服。导游讲究着装，主要是讲究一个度，也就是讲究分寸，着装过分随便，过分个性化或是过分奢华，都是不合适的。

【案例阅读】

尴尬的女导游

××旅行社一位女导游带团到苏州旅游。由于该导游个性豪爽又与团里客人相处不错，到临别前的一晚几个客人请其到某酒家吃饭，导游自恃酒量好，席间当客人敬酒总是来者不拒，结果喝的酩酊大醉，由几个游客扶着出了酒家的门。在门口，游客让她一人先等一会儿，其他人负责走远一点去叫出租车。由于喝酒过量，该导游已无法站稳，于是躺到了身旁一辆新的私家车上，恰好此时车主人从酒家走出来看到这一幕，不由分说就找了个水桶将水劈头盖脸朝导游身上泼去，导游惊醒过来走开，但即使如此，迷信的车主还是觉得不够，再打了几次水往该导游躺过的地方不断冲刷，场面非常尴尬。

【评析】

本案例中的女导游由于在饮酒方面没有对自己加以节制，产生了恶劣的行为举止，结果给游客留下了很差的印象，前期的工作成果也随之消失，造成非常恶劣的影响。作为一名导游员，时刻不能忘记自己的身份，在各方面都应对自己严格要求。本案例实在是一个深刻的教训，值得让每个已成为旅游接待从业者的人深思。

【案例】

微笑也要有分寸

某日华灯初上，一家饭店的餐厅里客人满座，服务员来回穿梭于餐桌和厨房之间，一派忙碌景象。这时一位服务员跑到餐厅经理处汇报，说客人投诉有盘鲜菜中的蛤蜊不新鲜，吃起来有异味。

这位餐厅经理自信颇有处理问题的本领和经验，于是不慌不忙地向投诉的客人那个餐桌走去。一看，那不是熟主顾老食客张经理吗？他不禁心中有了底，于是迎上前去一阵寒暄：“张经理，今天是什么风把您吹来了，听服务员说您老对蛤蜊不大对胃口……”这时张经理打断他说：“并非对不对胃口，而是我请来的香港客人尝了蛤蜊后马上讲这道菜千万不能吃，有异味。变了质的海鲜，吃了非出毛病不可！我可是东道主，自然要向你们提意见。”餐厅经理接着面带微笑，向张经理进行解释，蛤蜊不是新鲜货，虽然味道有些不纯正，但吃了不会要紧的，希望他和其余客人谅解包涵。

不料此时，在座的那位香港客人突然站起来，用手指指着餐厅经理的鼻子大骂起来。其意思是，你还笑得出来，我们拉肚子怎么办？你应该负责任，不光是为我们支付医药费这么简单。这突如其来的兴师问罪,使餐厅经理一下子怔住了!他脸上的微笑一下子变成了哭笑不得。到了这步田地,他揣摩着如何下台阶。他在想,总不能让客人误会刚才我面带微笑的用意吧,又何况微笑服务是饭店员工首先应该做到的。于是,他仍旧微笑着准备再作一些解释。不料,这次的微笑更加惹起了那位香港客人的恼火,甚至于流露出想动手的架势,幸亏张经理及时拉拉餐厅经理的衣角,示意他赶快离开现场,否则难以收场。

事后,这一微笑事件终于使餐厅经理悟出了一些道理来。

请分析:上述案例出现错误的主要原因是什么?如果你是餐厅经理,你如何做?

【复习思考题】

1. 简述导游人员的职业道德。
2. 简述握手和介绍时应注意哪些事项?
3. 简述对旅游接待人员的仪容、仪表的要求。
4. 在接待过程中,旅游接待人员怎样才能做到遵纪守法、服务热情。

参 考 文 献

[1] 马勇，刘名俭. 旅游市场营销管理. 3 版. 大连：东北财经大学出版社，2008.

[2] 毛福禄. 模拟导游. 大连：东北财经大学出版社，2000.

[3] 刘静艳，等. 导游学教程. 广州：中山大学出版社，2001.

[4] 杜炜，张建梅. 导游业务. 北京：高等教育出版社，2002.

[5] 李海平. 农家乐旅游与管理. 杭州：浙江大学出版社，2006.

[6] 杨炯蠡，殷红梅. 乡村旅游开发及规划实践. 贵阳：贵州科技出版社，2007.

[7] 夏林根. 乡村旅游概论. 上海：东方出版中心，2007.

[8] 徐耿. 导游概论. 2 版. 北京：旅游教育出版社，2001.

[9] 北京导游人员资格考试教材编写组. 导游业务. 北京：北京燕山出版社，2007.

[10] 国家旅游局人事劳动教育司. 模拟导游. 北京：中国旅游出版社，1997.

[11] 国家旅游局人事劳动教育司. 旅游政策与法规. 北京：旅游教育出版社，1999.

[12] 国家旅游局人事劳动教育司. 导游基础知识. 北京：旅游教育出版社，1999.

图书在版编目(CIP)数据

乡村旅游经营管理/杨永杰,耿红莉主编.—北京:中国农业大学出版社,2011.3(2018.7 重印)

ISBN 978-7-5655-0206-4

Ⅰ.①乡… Ⅱ.①杨…②耿… Ⅲ.①乡村-旅游业-经济管理 Ⅳ.①F590.6

中国版本图书馆 CIP 数据核字(2011)第 010565 号

书　　名 乡村旅游经营管理

作　　者 杨永杰　耿红莉　主编

策划编辑 董夫才　赵　中　　**责任编辑** 杨建民　王学艳

封面设计 郑　川　　**责任校对** 陈　莹　王晓凤

出版发行 中国农业大学出版社

社　　址 北京市海淀区圆明园西路 2 号　　**邮政编码** 100193

电　　话 发行部 010-62818525,8625　　读者服务部 010-62732336

编辑部 010-62732617,2618　　出　版　部 010-62733440

网　　址 http://www.cau.edu.cn/caup　　**e-mail** cbsszs@cau.edu.cn

经　　销 新华书店

印　　刷 北京时代华都印刷有限公司

版　　次 2011 年 3 月第 1 版　2018 年 7 月第 3 次印刷

规　　格 787×980　16 开本　15.75 印张　286 千字

定　　价 23.00 元